“十四五”国家重点图书出版规划项目

中国语言资源保护工程

中国语言文化典藏·普格彝语

曹志耘　王莉宁　李锦芳　主编

刘正发　杰觉伊泓　钱婧萱　著

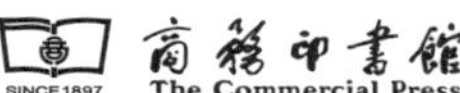

序

随着现代化、城镇化的快速发展，我国的语言方言正在迅速发生变化，而与地域文化相关的语言方言现象可能是其中变化最剧烈的一部分。也许我们还会用方言说“你、我、他”，但已无法说出婚丧嫁娶各个环节的方言名称了。也许我们还会用方言数数，但已说不全“一腡穷，两腡富……”这几句俗语了。至于那些世代相传的山歌、引人入胜的民间故事，更是早已从人们的生活中销声匿迹。而它们无疑是语言方言的重要成分，更是地域文化的精华。遗憾的是，长期以来，我们习惯于拿着字表、词表去调查方言，习惯于编同音字汇、编方言词典，而那些丰富生动的方言文化现象往往被忽略了。

2017 年，中共中央办公厅、国务院办公厅《关于实施中华优秀传统文化传承发展工程的意见》首次提出“保护传承方言文化”。2020 年，国务院办公厅《关于全面加强新时代语言文字工作的意见》明确提出“科学保护方言和少数民族语言文字”。语言方言及其文化的保护传承写进党和政府的重要文件，具有重要的历史意义。党中央、国务院的号召无疑是今后一个时期内，我国语言文字工作领域和语言学界、方言学界的重要使命，需要我们严肃对待，认真落实。

中国语言资源保护工程于 2015 年启动，已于 2019 年顺利完成第一期建设任务。针对我国传统语言方言文化现象快速消失的严峻形势，语保工程专门设了 102 个语言文化调查点（包括 25 个少数民族语言文化点和 77 个汉语方言文化点），按照统一规范对语言方言文化现象开展实地调查和音像摄录工作。

为了顺利开展这项工作，我们专门编写出版了《中国方言文化典藏调查手册》（商务印书馆，2015 年）。手册制定了调查、语料整理、图册编写、音像加工、资料提交各个阶段的工作规范；并编写了专用调查表，具体分为 9 个大类：房屋建筑、日常用具、服饰、饮食、农工百艺、日常活动、婚育丧葬、节日、说唱表演，共 800 多个调查条目。

调查方法采用文字和音标记录、录音、摄像、照相等多种手段。除了传统的记音方法以外，还采用先进的录音设备和录音软件，对所有调查条目的说法进行录音。采用高清摄像机，与录音同步进行摄像；此外，对部分语言方言文化现象本身（例如婚礼、丧礼、春节、元宵节、民歌、曲艺、戏剧等）进行摄像。采用高像素专业相机，对所有调查条目的实物或活动进行拍照。

这项开创性的调查工作获得了大量前所未有的第一手材料。为了更好地保存利用这批珍贵材料，推出语保工程标志性成果，在教育部语言文字信息管理司的领导下，在商务印书馆的鼎力支持下，在各位作者、编委、主编、编辑和设计人员的共同努力下，我们组织编写了《中国语言文化典藏》系列丛书。经过多年的努力，现已完成50卷典藏书稿，其中少数民族语言文化典藏13卷，汉语方言文化典藏37卷。丛书以调查点为单位，以调查条目为纲，收录语言方言文化图片及其名称、读音、解说，以图带文，一图一文，图文并茂，EP同步。每卷收图600幅左右。

我们所说的"方言文化"是指用特殊方言形式表达的具有地方特色的文化现象，包括地方名物、民俗活动、口彩禁忌、俗语谚语、民间文艺等。"方言文化"是一个新的研究领域，需使用的调查、整理、加工方法对于我们当中很多人来说都是陌生的，要编写的图册亦无先例可循。这项工作的挑战性可想而知。

在此，我要向每一个课题的负责人和所有成员道一声感谢。为了完成调查工作，大家不畏赤日之炎、寒风之凛，肩负各种器材，奔走于城乡郊野、大街小巷，记录即将消逝的乡音，捡拾散落的文化碎片。有时为了寻找一个旧凉亭，翻山越岭几十里路；有时为了拍摄丧葬场面，与送葬亲友一同跪拜；有人因山路湿滑而摔断肋骨，住院数月；有人因贵重设备被盗而失声痛哭……。在面临各种困难的情况下，大家能够为了一个共同的使命，放下个人手头的事情，不辞辛劳，不计报酬，去做一项公益性的事业，不能不让人为之感动。

然而，眼前的道路依然崎岖而漫长。传统语言方言文化现象正在大面积地快速消逝，我们在和时间赛跑，而结果必然是时间获胜。但这不是放弃的理由。著名人类学家弗雷泽说过："一切理论都是暂时的，唯有事实的总汇才具有永久的价值。"谨与大家共勉。

曹志耘

2022年4月13日

目录

引言

一 普格

普格县隶属四川省凉山彝族自治州，位于凉山彝族自治州东南部，四川省西南部，地理位置在北纬 27° 13′—27° 30′、东经 102° 26′—102° 46′之间，东、南、西、西北和北面分别与布拖县、宁南县、德昌县、西昌市和昭觉县接壤，县城在普基镇，距离州府西昌市 74 公里。

普格，彝语称为 [zʅ^{34}ʂʅ^{33}p^{h}u^{33}tɕɛ^{55}]“日式普架”，意思是“山垭口下的草甸子”。彝族群众称普基，普格即由普基转音而得名。据有关史料记载，普格战国末至西汉属邛都（今西昌市）。《史记·西南夷列传》记载：“自滇以北，君长以什数、邛都最大，此皆锥结、耕田、有邑聚。”汉武帝元鼎六年（公元前 111 年）设置越西郡，普格纳入越西郡辖地。唐末入南诏，为阿都训，隶属建昌府。蒙古世祖中统三年（1262 年）自立，至元十八年（1281 年）设千户，至元二十六年（1289 年），属建昌卫。明承袭元制。清雍正六年（1728 年），改建昌卫为宁远府，普格阿都正副长官司均属宁远府。民国 2 年（1913 年）置普格设县佐，隶西昌县。民国 25 年（1936 年）四川省调整行政区划，废县佐，改置普格区。1950 年 2 月，普格解放，属西昌署辖。1952 年普格由西昌划归凉山彝族自治州，同年正式成立普格县人民政府。普格辖区面积 1918 平方公里，2021 年 1 月，普格县行政区划调整为县辖普基镇、螺髻山镇等 8 镇和特兹乡等 5 个乡、153 个行政村、8 个居委会，境内有彝、汉、回等 21 个民族居住，总人口 15.57 万人（据

0-1 红军树◆普基

2010 年第六次全国人口普查），其中，彝族人口占总人口的 74.8%。

普格是红军长征经过的地方。1935 年 5 月，长征途中的中国工农红军第一方面军第九军团在军团长罗炳辉、政委何长工、政治部主任黄火青、参谋长郭天明的率领下渡过金沙江，经披砂、松林坪进入普格县境内。红军在大水塘（今坪塘村）一棵大黄桷树下小憩，向群众宣讲革命，在树上刻下“红军”二字并解救受国民党敌机轰炸的群众。在当地群众保护下，这棵黄桷树长期以来长势茂盛，被敬称为 [xo^{21}tɕo^{55}zo^{33}bo^{33}]“红军树”（见图 0-1）。1977 年“红军树”被普格县政府列为重点保护文物，成为青少年爱国主义教育基地。

普格资源丰富，日照充足，冬暖夏凉，雨量充沛，具备良好的自然条件，是粮、油、烤烟、蚕茧、林果、药材等农作物生产基地；有天然的宽广的草场、丰富的水能资源、众多矿产资源、秀丽奇特的旅游资源、幽深美妙的自然景观和文物古迹。特别是民族文化和风土人情更具魅力。普格温泉声名远扬，最大的大漕河温泉瀑布是螺髻山核心景区之一。据说温泉水常年 40°C，从半山悬崖丛林中飞驰而下，落差壮观，具有很强的观赏性（见图 0-2）。

彝族历史悠久，文化灿烂，分布在川、滇、黔、桂四省区，在越南、缅甸等国家也有一部

0-2 螺髻山温泉◆普基

分人居住。彝族有自己的语言和文字，彝语属汉藏语系藏缅语族彝语支，根据 20 世纪 50 年代全国民族大调查中汇集的《彝语调查汇报》的成果，我国彝语分为东部、西部、南部、北部、中部和东南部 6 个方言，共 26 个土语。彝文历史悠久，曾称为“爨文”“韪书”“夷字”“蝌蚪文”“倮倮文”“毕摩文”等。新中国成立后随族称的规范，统称为彝族文字，简称为彝文。彝文是一种音节文字，用它写下的历史文献浩如烟海。

普格是一个以彝族为主体的少数民族聚居县，是彝族火把节的发祥地，民族风情以彝族风情为主。[nɛ^{33}su^{33}tɔ^{55}tsɛ^{33}]“彝族火把节”、[nɛ^{33}su^{33}k^{h}o^{55}ʂʅ^{33}]“彝族年”、[nɛ^{33}su^{33}ʂʅ^{21}ɕi^{33}ȵi^{33}tʂʅ^{33}]“彝家婚俗”、[nɛ^{33}su^{33}pi^{33}mo^{34}sɿ^{55}mu^{33}]“彝族毕摩活动”等异彩纷呈、浓郁淳厚、美不胜收。普格彝语属彝语北部方言。

普格自 1952 年设县以来，百废俱兴，砥砺奋进，先后被国务院批准为对外开放县和国家重点生态功能区。在中央和省州各级党委政府的关怀支持下，普格县的经济、社会、文教卫生等各项事业不断发展进步，城乡面貌发生巨大变化，各方面取得了举世瞩目的成绩。2020 年 11 月，普格县退出国家贫困县序列。

本书记录的方言文化的具体调查点是以讲所地土语彝族人居住的普格县螺髻山镇为中心展开的（见图 0-3）。

0-3 镇政府所在地◆螺髻山

二 普格彝语

（一）概述

普格彝语属彝语六个方言中的北部方言。北部方言分北部和南部两个次方言。北部次方言包含圣乍、义诺、田坝三个土语。南部次方言包含东部土语和西部土语，东部土语以布拖县为中心，又称阿都土语；西部土语以会理县为中心，又称所地土语。北部方言内部通解度较高，以圣乍土语为中心（1980 年国务院批准的《彝文规范方案》以彝语北部方言中的圣乍土语为基础方言，以喜德县彝语的语音为标准音点），土语之间基本能相互通话。

普格县境内主要有阿都和所地两个土语。阿都土语主要分布在普格县东部、东北部和东南部的西洛镇、瓦洛乡等乡镇；所地土语分布在普格西部、西北部和西南部的螺髻山镇、黎安乡等乡镇。阿都土语和所地土语之间可通话。在某种意义上讲，所地土语可视作圣乍土语和阿都土语之间的一种过渡语。从地理上看，所地土语北面与圣乍土语接壤，西面与阿都土语相连。整个所地土语处在盐边、米易、德昌、普格、西昌、昭觉、宁南、布拖、金阳等县与圣乍土语接壤地区。所地土语和圣乍土语之间的区别主要表现在语音。例如，所地土语中的“谁 [k^{h}a^{55}dzɿ^{33}]、肉 [xɯ^{33}]、互相 [dzʅ^{33}]、铜 [dzɿ^{33}]、皮子 [ndzɿ^{33}]、水汤 [zʅ^{33}]、漏 [zʅ^{33}]、砍 [k^{h}ui^{33}]、狗 [ts^{h}ɿ^{33}]、哪里 [ha^{55}ko^{33}]、老鼠 [a^{34}fɛ^{33}]、看 [ŋɯ^{21}]”等词，在圣乍土语中的读音分别为 [k^{h}a^{34}di^{33}]、[ʂɯ^{33}]、[dʑɿ^{33}]、[dʑɿ^{33}]、[ndʑɿ^{33}]、[ʑɿ^{33}]、[zʅ^{33}]、[k^{h}ɛ^{33}]、[k^{h}ɯ^{33}]、[k^{h}a^{55}ko^{33}]、[a^{34}hɛ^{33}] 、[hɯ^{21}]。两个土语语法区别不明显。1980 年，国务院批准推行《彝文规范方案》以来，当地用规范的彝语标准语教学，所地土语在一定程度上受到圣乍土语的影响。加上由于移民搬迁、人口自然流动等原因，投靠亲友搬来普格居住的人数也不少。如今，普格彝族中除了原有的讲所地土语和阿都土语的人外，还有很多从美姑、昭觉等地搬来的人，有的已居住五六十年，有的有二三十年，也有十几年或者几年的。不同土语的人群居住在一起，推动了方言土语的相互影响；但总体上看，普格彝族主要以所地土语和阿都土语为交际语言。

（二）声韵调

本书普格彝语是普格县螺髻山镇德育村（二村）的所地土语，以中老年人讲的口音为准。项目课题发音合作人就住在这个村子，小学文化，会听说一些当地的汉语方言，普通话不熟练。

1. 声母（41 个）

p	pʰ	b	mb	m			f	v
t	tʰ	d	nd	n	ɬ	l		
ts	tsʰ	dz	nz				s	z
tʂ	tʂʰ	dʐ	ndʐ				ʂ	ʐ
tɕ	tɕʰ	dʑ	ndʑ	ȵ			ɕ	ʑ
k	kʰ	g	ŋg	ŋ			x	ɣ
							h	

声母例词

p	pa⁵⁵	公（母）	pɛ³³	踢
pʰ	pʰi³³	开（路）	pʰo²¹	开
b	bi³³	散	bo³³	山
mb	mbo³³	裙子	mbi⁵⁵	蚂蟥
m	ma³³	竹子	mi²¹	熟
f	fi³³	丢	fu³³	烧
v	vo³³	雪	vi⁵⁵	猪
t	to²¹	能	tɛ³³	抱
tʰ	tʰɯ³³	松树	tʰo⁵⁵	敲打
d	dɯ³³	土地	do⁵⁵	毒
nd	ndi³³	酒曲	ndo⁵⁵	厌烦
n	ni³³	发芽	na⁵⁵	引诱

ɬ	ɬɛ^{33}	脱	ɬo^{55}	放（羊）
l	lɯ^{33}	牛	la^{55}	虎
k	kɯ^{33}	愚蠢	kɛ^{33}	打
kʰ	kʰɯ^{33}	苦	kʰɛ^{33}	砍
g	ga^{33}	捞	go^{55}	家
ŋg	ŋgɯ^{33}	荞子	ŋgo^{55}	追
h	hɯ^{33}	借	ho^{33}	养
ŋ	ŋa^{33}	我	ŋo^{21}	想
x	xɯ^{33}	肉	xa^{55}	盖
ɣ	ɣɯ^{33}	力	ɣo^{21}	菜
ts	tsɿ^{33}	栽	tsi^{21}	装
tsʰ	tsʰa^{33}	热	tsʰɿ^{21}	一
dz	ʣɿ^{33}	骑	ʣi^{55}	辣椒
nz	nzɿ^{33}	土司	nzi^{55}	相配
s	su^{33}	血	sɿ^{55}	渴
z	zɿ^{33}	烫	zɯ^{33}	儿子
tʂ	tʂʅ^{33}	拔	tʂa^{55}	占
tʂʰ	tʂʰʅ^{33}	遗留	tʂʰu^{33}	刺
dʐ	dʐʅ^{33}	牙	dʐo^{55}	编织
ndʐ	ndʐʅ^{33}	酒	ndʐa^{55}	美
ʂ	ʂʅ^{33}	金	ʂo^{55}	害羞
ʐ	ʐɯ^{33}	草	ʐʅ^{21}	污物
tɕ	ʨi^{33}	酸	ʨɛ^{55}	磨
tɕʰ	ʨʰi^{33}	叶	ʨʰo^{55}	变
dʑ	ʥi^{33}	蜜蜂	ʥɛ^{55}	唤
ndʑ	nʥi^{33}	脓	nʥo^{55}	冰
ȵ	ȵi^{33}	坐	ȵo^{55}	猴子
ɕ	ɕi^{33}	线	ɕʅ^{21}	嫁
ʑ	ʑi^{33}	烟	ʑɛ^{33}	鸡

2. 韵母（10 个）

i　ɛ　a　o　ɔ　ɯ　u　u̠　ɿ　ʅ

韵母例词

i	hi^{33}	房子	gi^{55}	绝
ɛ	kɛ^{33}	领结	bi^{55}	冰裂开
a	ma^{33}	竹子	p^{h}a^{55}	父
o	lo^{33}	船	tso^{55}	接
ɔ	gɔ^{33}	折磨	dɔ^{55}	毒
ɯ	lɯ^{33}	牛	k^{h}ɯ^{33}	烦
u	vu^{33}	肠子	bu^{55}	草
u̠	t^{h}u̠^{33}	套（野鸡）	ts^{h}u̠^{33}	建
ɿ	zɿ^{33}	小便	tsɿ^{55}	挖
ʅ	zʅ^{33}	压迫	ts^{h}ʅ^{33}	拧

3. 声调（4 个）

调型	调值	例词	
高平调	55	la^{55} 老虎	tso^{55} 接
次高调	34	$a^{34}so^{33}$ 灰色	mo^{34}……之前
中平调	33	la^{33} 来	vo^{33} 雪
低降调	21	$sɿ^{21}$ 懂	$ȵi^{21}$ 二

4. 声韵调说明

（1）所地土语 41 个声母中，有唇音 p、pʰ、b，唇齿音 f、v，舌尖音 ʦ、ʦʰ、s、z、ʥ，舌尖前音 t、tʰ、d，舌根音 k、kʰ、x、ɣ、g，舌面音 tʂ、tʂʰ、ʂ、ʐ、ʨ、ʨʰ、dʐ、ʥ、ɕ、ʑ，边音 ɬ、l，鼻音 m、nb、n、nd、ŋg、ŋ、ndz、ndʐ、nʥ、ȵ，喉音 h。没有鼻冠音，这是与圣乍土语的不同之处。有部分词在发 z 音时，往往发成 ʐ，存在 z、ʐ 不分的现象。

（2）所地土语同圣乍土语一样，只有 10 个元音，如上。10 个元音中有 2 个紧喉元音，即 u̠ 和 ɿ̠。其中元音 u̠ 能与 35 个辅音搭配，不能与 h、ŋ、x、ɣ、ȵ、ɕ 搭配；ɿ̠ 能与 23 个辅音搭配，不能与 b、m、f、t、d、nd、n、k、kʰ、g、ŋg、ŋ、h、x、ɣ、ʥ、nʥ、ȵ 等 18 个辅音配合。紧元音 u̠、ɿ̠ 两个不与高平调和低降调搭配，只与中平调相配。

（3）次高调 34 调不会出现在有意义的单音节词中，属于临时变调。

三 凡例

（一）记音依据

本书彝语方言记音以四川普格县螺髻山镇德育村（二村）老年人所说的彝族北部方言所地土语为准；记录的是该村发音合作人吉木日么（男，彝族，1954年8月出生，小学文化，务农）提供的材料和发音。

（二）图片来源

本书收录普格彝语文化图片近600幅。

这些图片主要是在螺髻山镇拍摄的，也有一部分是在普格县范围内螺髻山镇附近的五道箐、特尔果、荞窝等乡镇山区拍摄的。少数图片拍摄于西昌市北城、西城、东城的城区和安哈镇、西宁镇、樟木箐镇、大箐乡，极少数图片摄于美姑县九口乡和觉洛及昭觉县甘多洛古乡。多数图片拍摄于2016年1月—2018年3月，少数图片拍摄于2010年前后。

图片拍摄者主要为作者本人。个别图片由课题组成员吉木日哈拍摄。由他人提供的注明来源，例如“5-103◆甘多洛古（阿瑟提供）”。

（三）内容分类

本书所收普格彝语文化条目按内容分为 9 大类 28 小类：

（1）房屋建筑：住宅、其他建筑、建筑活动

（2）日常用具：炊具、卧具、桌椅板凳、其他用具

（3）服饰：衣裤、鞋帽、首饰等

（4）饮食：主食、副食、菜肴

（5）农工百艺：农事、农具、手工艺、商业、其他行业

（6）日常活动：起居、娱乐、信奉

（7）婚育丧葬：婚育、丧葬

（8）节日：彝族年、火把节

（9）说唱表演：俗语谚语、歌谣、故事

如果某个条目可归多个大类，优先归入特殊的类。例如，“做过节荞粑”可归饮食、节日，本书归节日。为了阅读方便，一些具有相似性的内容条目只出现一个，其他在文案中说明。

（四）体例

（1）每个大类开头先用一段短文对本类方言文化现象做一个概括性的介绍。

（2）除“说唱表演”外，每个条目均包括图片、方言词条、解释性文案三部分。“说唱表演”不收图片，体例上也与其他部分有所不同，具体情况参看“玖·说唱表演”。

（3）各图单独、连续编号，例如“1-25”，短横前面的数字表示大类，短横后面的数字是该大类内部图片的顺序号。图号后面注明拍摄地点（一般为乡镇级名称）。图号和地名之间用“◆”隔开，如“5-60◆螺髻山”。

（4）在图下写该图的彝语方言词条及其国际音标和汉语意译词。

（5）文案中出现的彝语方言词条用彝文并注明国际音标，其汉语意译词用引号标出。彝文在其他场合出现时，只标注国际音标，不再标出彝文。

壹·房屋建筑

普格彝族居住在典型的高寒山区，县境内螺髻山气势磅礴，宏伟壮观，最高海拔4359米，山顶冰川湖泊星罗棋布。从西昌的大箐沿着国道往南走到县城所在地普基镇，山势北高南低，山脉纵横，溪水流淌，海拔递减。彝族多数聚居在国道两旁的半山腰，世代以山地农业生产为主，牧业为辅。从村寨的聚集到住宅的选址，从房屋的材料结构到房间功能的区分都体现了当地彝族建筑文化的特色和风格。总体上的房屋建筑类型有 [ŋgɔ^{33}lɔ^{33}hi^{33}]“瓦房”、[p^{h}i^{21}hi^{21}]“木板房”、[hɔ^{34}sɿ^{33}hi^{21}]“木杈房”、[ʑɿ^{33}hi^{33}]“草房”等。民间有“彝人住高山，汉人住坝上”“高山由你住，跑马由你骑”的谚语。

传统上，房屋建筑具有聚族而居、据险而居、靠山而居的特点。房屋位置选择向阳山麓，依山建造，以山腰、山梁处为主，山脚、沟坝、河谷地带为辅，可用“村后有山可放牧，门前有地可种粮”两句话概括。自古以来普格彝族社会奉行多子多福的观念也体现在房屋建筑的设计上，多子的家庭儿子结婚后都要独立建房，仅有小儿子同父母居住，故住宅一般不建深宅大院。房屋的结构一般为三间单层或二层，设有极少的窗户。习惯上，正对着门的一间是堂屋，靠里墙偏左侧处挖一坑建火塘，立上三

块石柱或象鼻形雕花的铁块架锅，火塘终年不熄火，是人们从事家务活动和招待客人的中心（现代的房屋建筑已专门建一间小屋用作厨房、接待客人用）。堂屋两侧的称为内屋，开有中门相通。传统房屋以土筑墙或以木头建成，四周没有围墙。房屋从功能上可分为民居、畜圈、作坊等。

随着历史社会的变迁，普格彝族与其他民族尤其是汉族之间的文化接触不断，交往交流交融增多，房屋建筑选址呈现杂姓混居和修建在平坝、河畔的现象。很多房屋建筑已吸收汉族房屋建筑式样，建筑模式和房屋结构跟附近汉族地区的房屋差不多。一些房屋名称为汉语借词，如 [ta⁵⁵mi³³]“大门”，反映普格彝族房屋建筑文化受到了汉族文化的影响。传统的民俗文化元素越来越少，新建的房屋都用砖木结构，堂屋无火塘。很多除了在粉白的墙体或屋檐木块上描绘一些彝族文化元素外，几乎与当地汉族房屋建筑无区别。彝族数千年来与畜牧文化、山地农耕文化相匹配的建筑物，如木板房、木杈房和草房已不见踪影。

1-2◆耶底

[illegible] $[p^{h}i^{21}hi^{33}]$ “木板房”

以木板作顶盖搭建的房屋。建房时，搭建房梁框架后，将松木、杉木等木板在房顶木架上层层铺开。一般两块木板紧挨着并在其缝隙上再放一块木板，依次展开后，在其上横放一块窄木板并用石头压实。如今，这种木板房正在消失。

[illegible] $[z̩^{33}hi^{33}]$ “草房”

采用深山里适用盖房屋的专用草搭建的房屋。通常九、十月割好草后晾晒在山坡上，冬季建房时背回来铺在房顶，用木头、竹片等压盖，用绳索穿缝扎紧。具有冬暖夏凉、干净清爽、通风良好的特点。现已少见。

1-1◆安哈

1-3◆螺髻山

[ʑɛ^{21}p^{h}a^{21}hi^{33}]“土墙房”

墙体由泥土筑成的旧式房屋，其顶上盖着木板、草或树皮。另有 [hɔ^{34}sɿ^{33}hi^{33}]“木杈房”和 [sɿ^{33}tɕɛ^{55}hi^{33}]“垛木房”。搭建木杈房时，房屋墙体外围四面相隔一定距离立上柱子，在柱子中间系上横木条，再用长条形木块一头插在地沟里，一头搭在横木上系牢，依次围拢起来。垛木房的搭建是在房屋墙体外四面，用横木条搭在一起，依次镶嵌垒高，垒成长方形的木头墙房屋。

[ŋgɔ^{33}lɔ^{33}hi^{33}]“瓦房”

屋顶用青瓦盖住的房屋。墙体有泥墙，也有砖墙。一般用白色石灰刮修墙面，具有宽敞明亮、冬暖夏凉的特点。

1-4◆螺髻山

1-6◆螺髻山

[illegible] [hi^{33}o^{21}ndi^{21}] **“楼房”**

两层或两层以上的房屋。这是近年来经济条件好的人家仿照汉族的或城里的建筑样式建起来的房子，通常以钢筋水泥搭建而成。外墙面常用彝族传统文化元素来装饰。

1-5◆螺髻山

[hi^{33}]“平房”

只有一层的房子，堂屋上无阁楼。村民盖房一般不设院子，只开一个正门。彝语 [hi^{33}] 含义有房屋的总称之意。

[ka^{33}kʰu^{34}]“火塘”

堂屋里设有火塘。在堂屋中央偏左或偏右处挖一个坑，坑边上方立上石柱、铁块、钢筋等材质的三角形锅庄。坑里长年烧柴，塘火不熄，寓意生活兴旺。火塘除了具有做饭、烧水、照明、供暖功能外，人们还在此围坐、交流、议事等。火塘有圆的、方的和不规则的。以火塘为中心，整个堂屋从跨门进屋后面向火塘方向，分为 [ka^{33}mo^{34}]“堂左”，即位于火塘左侧的区域，一般是主人坐卧、祭祀的地方；[ka^{34}pʰa^{33}]“堂右”，即位于火塘右侧的区域，一般是客人坐卧的地方；[ka^{33}ha^{55}]“堂上”，即位于火塘上方的一块狭小区域，一般禁止放东西，也不允许有人随便经过或坐卧；[ka^{33}ʥʅ^{34}]“堂下”，即位于火塘下方的区域，做饭、吃饭、消灾仪式等日常起居活动都在此进行。

1-7◆螺髻山

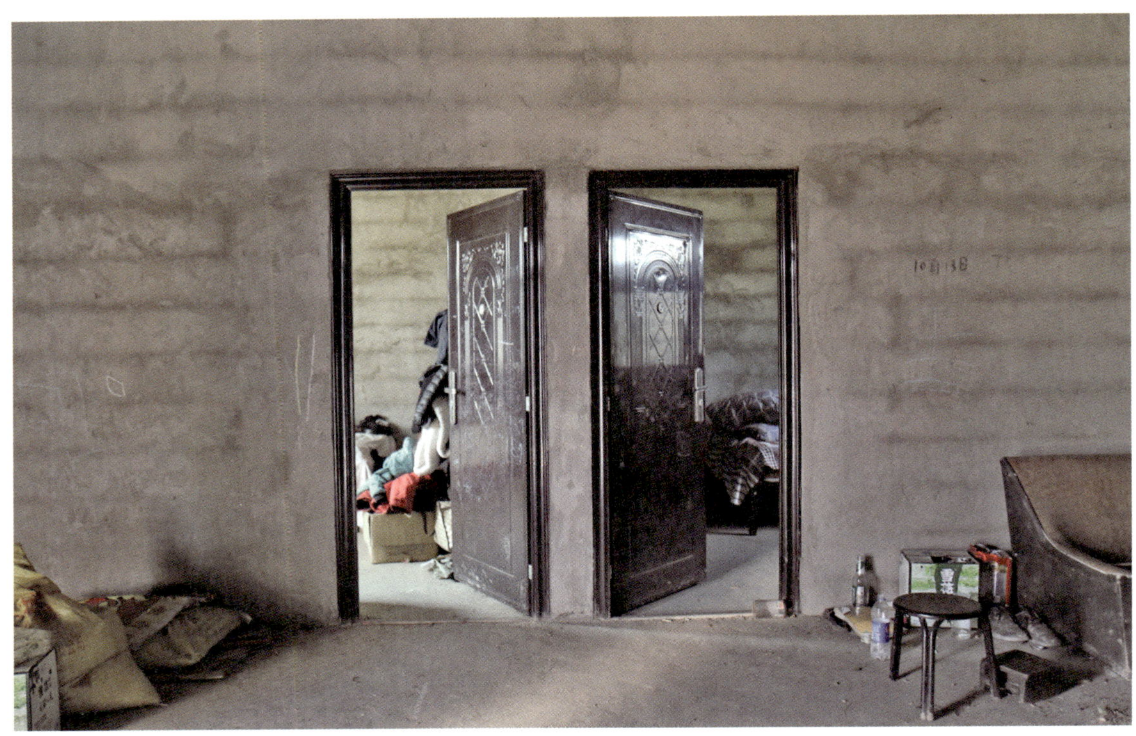

1-8◆螺髻山

ꉹꇸ [ha55khu33]“内房”

堂屋左侧或右侧的一间或两间屋子。有的做祭祀房间；有的放床作卧室；有的存放粮食或杂物。

1-10◆螺髻山

ꃅꇖꇬꅉ [mu33ku33ŋga34dɯ33]“烟囱”

现在乡村新盖的厨房里设火塘和炊灶。“烟囱”是与炊灶相连排出烟雾的通道，一般用砖砌成，立在室内或室外墙体上通向房顶。

1-9 ◆螺髻山

ꏥꃅꉌ [dʑa^{34}mu^{33}hi^{33}] “厨房”

现代的厨房。旧时家里一般没有现代意义上的厨房。通常情况下，火塘就是厨房。现在建房专门盖一间屋作为厨房，厨房里面宽敞明亮，干净卫生，安装有台面、锅灶和烟囱。

ꉌꁍ [hi^{33}bu^{34}] “屋脊”

屋顶中间高起的部分。屋脊上通常立有一些寓意吉祥的飞鸟走兽的小型雕像。古代彝族房屋建筑上是很少有屋脊的，如今不同民族文化交流越发频繁，屋脊也越发普遍。

1-11 ◆螺髻山

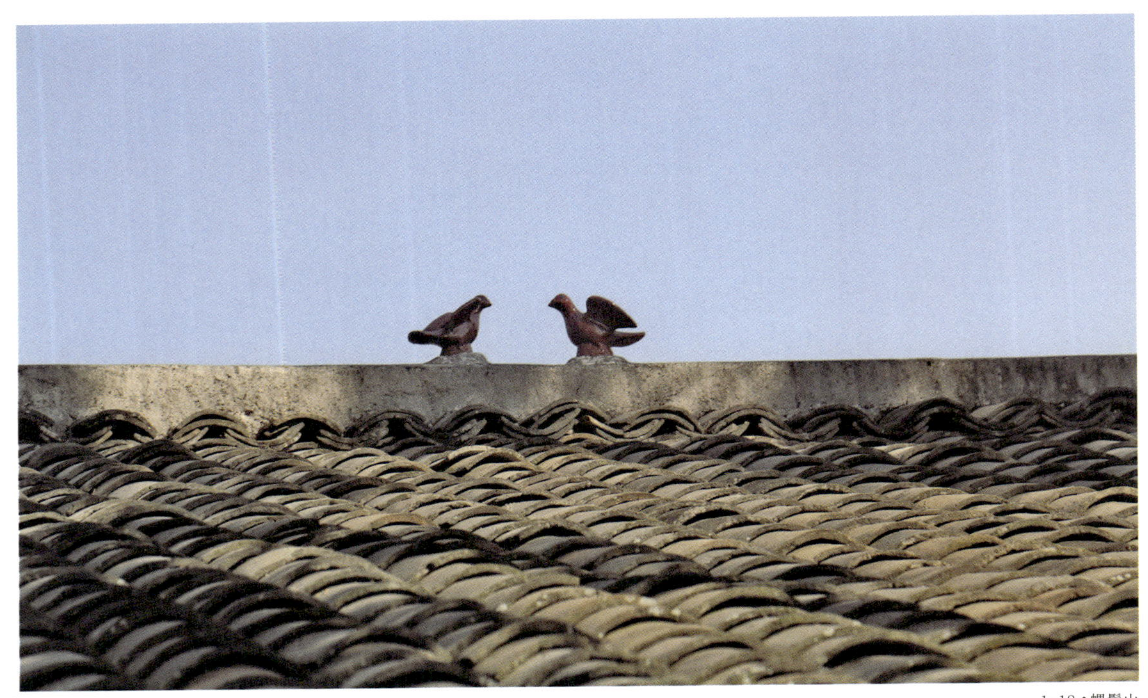

1-12◆螺髻山

[a²¹ɬɿ³⁴bu³³]“鸽子像”

屋脊上安放的鸽子雕像。寓意房主人丁兴旺，家庭和睦。

[hi³³du³³]“屋脊翅膀”

屋脊最两端像鸟翅膀一样的装饰品，象征展翅高飞，吉祥如意。

1-13◆五道箐

1-14◆五道箐

$[hi^{33}nzɿ^{21}]$ “屋脊葫芦”

安放在屋脊上的像酒葫芦似的装饰木制品，象征富贵安康。

$[tsɿ^{33}zi^{33}]$ “托板”

房屋屋檐的组成部分，有板形的，也有圆柱形的，上部（端）钉在木檐上，下部（端）嵌入墙体内，起装饰和承力的作用。

1-15◆螺髻山

1-16◆螺髻山

[hi^{33}na^{55}pɛ^{33}] “一面坡”

只有一面屋顶的房屋。设有屋脊顶梁的一侧高，另一侧低，形似小坡。

[hi^{33}o^{33}ndʑo^{33}] “平顶”

平的屋顶，用水泥铺匀，四角留有下水口，没有屋脊，没有坡面。此类房屋比较少。有的屋顶由泥土铺成，这样的房屋又称为 [si^{34} tɕo^{33}ndʑo^{33} hi^{33}] “土礴房”。

1-18◆螺髻山

1-17◆螺髻山

[ȵi^{21}na^{55}p^{h}ɛ^{33}]“两面坡”

以屋脊顶上为分界线，有两面斜坡屋顶的房屋。

[sɿ^{33}tɕo^{33}ŋgɔ^{33}lɔ^{33}]“土瓦”

泥土搅拌和匀后制成的泥瓦，晒干后入窑烧制而成。在建房时用作盖屋顶的材料。

1-19◆螺髻山

1-20◆螺髻山

1-22◆螺髻山

[ʑo^{55}ʂʅ^{21}ŋgɔ^{33}lɔ^{33}]“玻璃瓦”

盖房顶时，在房顶瓦中镶嵌一两片透明的玻璃瓦，起到屋内采光的作用。此词读音中 [ʑo^{55}ʂʅ^{21}] 是汉语“玉石”的借音。因玻璃跟玉石都有透明度，故把汉语“玻璃”一词的读音借用汉语“玉石”的音，而不读“玻璃”的音。

[tsʰɛ^{33}ɣɔ^{33}]“琉璃瓦”

优质矿石筛选粉碎后高压成形，并经高温烧制而成的一种新型瓦。此词读音中 [tsʰɛ^{33}ɣɔ^{33}] 是汉语“瓷瓦”的借音。“琉璃”的光泽跟“瓷”的光泽一样。“瓷”是早期从外地传入的，比“琉璃”早，故用“瓷”[tsʰɛ^{33}] 来指称“琉璃”；[ɣɔ^{33}] 是“瓦”的借音。这种瓦轻便、耐用、美观，很受欢迎。

[hi^{33}bu^{34}ŋgɔ^{33}lɔ^{33}]“屋脊瓦”

屋脊中央数片瓦背靠背安放在一起，明确房屋中央点位的标志。有时也放一两片透明的玻璃瓦，利于室内采光。

1-21◆樟木箐

1-23◆螺髻山

[ʑa²¹pʰa²¹] “土墙”

用墙板墙锤将泥土舂捶夯实制作成的房屋墙体。这种房屋具有冬暖夏凉的特点。土墙房是传统的房屋，现在越来越少。

[kʰo³³ɕi³³tʂʅɔ⁵⁵ʑa²¹pʰa²¹] “砖墙”

用砖块和水泥砌筑的墙体。具有较好的承重、保温、隔热、隔声、防火等性能。这种墙体的房屋，近几年越来越多见。

1-24◆螺髻山

1-27◆螺髻山

[ŋgɯ^{21}tʰu^{21}] “门槛”

门框下端连接地面的横木板、石条或金属条。主要作用是挡住雨雪积水、风沙尘埃，防止老鼠、蛙、蛇等进入。

[ta^{55}mi^{33}] “大门”

整个房屋通向外面最主要的门，一般开在房屋正中间。门有铁质的，有木质的。这个词是汉语借词。传统上，一座房屋只有一扇大门，不分大小，现在建的很多房屋已借鉴汉族的建筑样式，房屋结构的有些名称因没有相应的彝语词，故直接借用汉语词语。

1-25◆螺髻山

[ŋgɯ^{21}tɕʰa^{33}] “门框”

镶嵌在门四周的边框。支撑门扇和墙体。

1-28◆螺髻山

[ŋgɯ^{21}ti^{33}] "门头"

在院门或大门的门楣上方镶嵌的一块方匾牌。上面雕有龙鹰、虎豹、花草等图案，装饰门面，起到美化作用。

1-29◆螺髻山

[ŋgɯ^{21}ɬi^{33}] "院门"

进出院落的大门。一般是铁制的。门上有门楼，两边是围墙。

1-26◆螺髻山

1-30◆五道箐

[$p^{h}o^{55}lo^{21}$] “门房”

门楼，院门顶部形似屋顶的部分。具有遮挡风雨和装饰的作用。

[$m\varepsilon^{21}ka^{55}$] “门闩”

两扇门接触的缝线的两边，分别钉上有孔的木块或铁圈，插上横木条或铁条，使推不开门或上锁。

1-31◆安哈

[$s\eta^{33}\eta g\text{ɯ}^{21}ti^{33}$] “木门墩”

镶嵌在门槛与门框低端的方形墩子。起加固作用。有用木头做的，也有石头或铁做的。

1-32◆樟木箐

1-33◆螺髻山

[sɿ^{33}tsʰa^{34}ȵɔ^{33}]“木窗”

用木料做的窗户。木架中部镶嵌铁条或木条，用以支撑。此词读音中 [tsʰa^{34}] 是汉语“窗”的借音。传统的房屋一般没有窗户。

[sɔ^{33}ʥɿ^{34}tʰu^{33}tsʰa^{34}ȵɔ^{33}]“三角窗”

房屋侧面靠房顶的墙面上设置的三角形窗户。便于通风和照明，用三块木板固定。

1-35◆螺髻山

1-34◆螺髻山

[ŋgɔ^{33}lɔ^{33}tsʰa^{34}ȵɔ^{33}]“天窗”

房屋顶上开的窗户。用于屋内采光。

[xo^{33}du^{33}tsʰa^{34}ȵɔ^{33}]“钢架窗”

用钢筋做窗架的窗户。新建房屋经常用这样的窗户。用铝合金制作的能左右推拉滑动的窗户，称为 [ȵu^{33}xo^{21}ʨi^{33}tsʰa^{34}ȵɔ^{33}]“铝合金推拉窗”。

1-36◆螺髻山

1-37◆螺髻山

[illegible] [xo^{33}gu^{34}]“院子”

房屋门前，用泥土或砖块筑成的围墙围起来的空地部分。或大或小，标准不一。人们常聚在此处唱歌跳舞、吃饭喝酒、聊天聚会、乘凉休息。

[illegible] [hi^{33}lɿ^{33}xo^{33}gu^{34}]“四合院”

参照汉族四合院建筑式样修建的房屋。中间有院子，四周大小高矮的房屋将院子合围在中间，各个部分组成一个整体。墙面用泥土或砖块做成。

1-39◆樟木箐

1-38◆五道箐

[lɿ^{33}ʥɿ^{33}xo^{33}gu^{34}]“院落”

用墙或栅栏围起来的院坝。有的一面有房屋，三面由砖墙或泥墙围合而成；有的四面都由房屋组合而成。院落中除人住的正房高大外，另三面的房都比较矮小，基本上为厨房、牲畜圈和储物间。

[sɿ^{33}xo^{21}ko^{21}]“木篱笆”

用木棍一根紧挨着一根排起，中间横搭一根木条，用藤绳捆扎结实的篱笆。用来拦住鸡、鸭、猪、狗、牛、羊等，保护菜地、田地。用竹条扎成的篱笆，称为 [ma^{33}xo^{21}ko^{21}]“竹篱笆”；用一丛丛或一束束灌木荆条简易堆放而成的篱笆，称作 [tɕʰɿ^{33}xo^{21}ko^{21}]“荆条篱笆”。

1-40◆安哈

1-41◆螺髻山

[tsɯ^{33}p^{h}u^{33}xo^{21}ko^{21}] “土围墙”

用泥土筑成的围墙。用来挡住牛、羊等牲畜破坏庄稼、保护田地的一种泥土墙。为坚固永久而不被侵蚀，常常在其上放石块或树皮、松叶、木渣等加固。用大小不一的石头层层堆放而成的，称作 [lɔ^{21}ma^{55}xo^{21}ko^{21}] “石头围墙”。

[bo^{33}ɕɿ^{33}p^{h}u^{33}tsɿ^{33}] “山坡村落”

山腰坡地上形成的聚居村落。修建房屋的地基，是人们在陡坡上挖掘、平整而成的。住在山坡上，空气凉爽，有树有草，人们容易找寻枯柴干木来烧火做饭，割草来喂养牛羊。

1-44◆五道箐

[sɿ^{33}tɕo^{33}xɔ^{33}ga^{33}] “土巷道”

在村庄里，各家各户之间开辟或留出的行走或放牧的通道。两边筑有泥墙，以便保护庄稼不受牲畜禽兽的破坏、践踏。这种通道设在房屋之间或田地之间，通向村外。

1-42◆安哈

[ʥo^{21}gu^{33}p^{h}u^{33}tsɿ^{33}] “平地村落”

山脚下地势低平的地方形成的聚居村落。此词读音中的[p^{h}u^{33}tsɿ^{33}]是汉语“铺子”的借音。“平地村落”是相对住在山坡上而言的，实际上很多地方的地势不平。住在平地，人们出行方便。

1-43◆螺髻山

1-45◆樟木箐

ꃪꉼꅺꂾꌺ [vi⁵⁵xo³³ndi⁵⁵mo²¹sɿ⁵⁵] “圈旁厕所”

猪圈一侧附带设置的便所，大小便与猪肥混合。此词读音中 [mo²¹sɿ⁵⁵] 是汉语“茅厕”的借音。旧时，人们在山林里或田地间解决内急问题，没有固定场所。如今随着生活条件变好，有固定场所，即与畜圈建在一起或室外单独设置。在房屋旁边附带修建的一边低矮细长而伸向室外庄稼地里的，常常是人工冲水洗涤的便槽，称为 [mu³³du³³mo²¹sɿ⁵⁵] “旱厕”。

ꏦꂷꂿꈀꂾꌺ [tʂʰɯ³³mu³³mɛ²¹nza⁵⁵mo²¹sɿ⁵⁵] “田边厕所”

家附近的田边地角上挖一个坑，搭上木板或砌上砖，用木条合围、砖块砌围或塑料薄膜围住、遮挡而成的便所。马路边的大石头旁或地坎下面随意搭建而成的简陋而实用的粪坑，称作 [lo³³gu³³mo²¹sɿ⁵⁵] “野外厕所”。

1-46◆螺髻山

1-47◆螺髻山

[vi^{55}xo^{33}]“猪圈”

养猪的棚栏或房子。旧时都用圆柱形木头砌成，现在用砖块砌成或泥土筑成。

[lɯ^{33}xo^{33}]“牛圈”

夜间关养牛的地方。一般用木头、泥墙、砖块等材料垒砌成棚或栏的样式。简易的棚或栏上面是没有盖的。正式的都盖成房屋似的，以免牛被雨雪淋着、冻着。圈内一年四季都用生草或干草喂牛和垫圈，经一段时间后成为肥料，用来给庄稼施肥。

1-48◆螺髻山

1-49◆螺髻山

ꏸꉻ [$tɕ^{h}ʅ^{55}xo^{33}$] “山羊圈”

圈养山羊的地方。旧时一般用树枝围成，现在都用砖块砌成和泥土筑成。盖圈时地上挖一个大坑，上面用圆柱形木条紧挨着铺成。羊在木条上歇息，粪便经木条缝隙落到坑里，干净利索，羊粪可作肥料。圈养绵羊的地方，称作 [$ʑo^{34}xo^{33}$] “绵羊圈”。

ꃅꉻ [$mu^{33}xo^{33}$] “马厩”

喂养马的场所。有的是房屋外墙的一个角落，有的再用木条或泥墙围成圈。简易且方便喂食。

1-50◆大坪

中国语言文化典藏

1-51◆螺髻山

[ʑɛ^{33}xo^{33}]“鸡圈”

养鸡的窝棚。用木块、木条、木板或钢条围成。旧时没有专门的鸡棚，养的鸡夜里在人住的房屋门后的墙角里歇息。现在，家禽喂养都建有专门的场所。养鸭的圈，称作 [ɛ^{33}xo^{33}]“鸭圈”；养鹅的圈，称作 [o^{21}xo^{33}]“鹅圈”。

1-53◆螺髻山

[ʑʅ^{33}k^{h}i^{55}lo^{33}]“水井”

汲取饮用水的地方。一般一个村寨共用一口水井。在古代，居住在高寒山区的人，水井的位置离家远，吃水都用桶去背或挑，人们之间的交流交往频繁。现在水井用得少了，每家每户都安装了自来水管。

[ʥa^{34}ta^{33}hi^{33}]“粮房”

堆放粮食的房间或房间的一角。有的人家在堂屋上设置一层木架楼，专门用来堆放粮食，称为 [ʥa^{33}ʦi^{34}hi^{33}]“储粮阁楼”。

1-52◆螺髻山

ꌦꍚꉻ [sa^{55}ʦ^{h}u̱^{33}hi^{33}] “牌楼”

建在交界地的建筑物，一般由石柱基座和木楼组成，成为地界。图为立在西昌市和普格县行政管理区域边界进入普格县一侧的公路上的牌楼，是一种装饰性的建筑，用来区分管辖的标志。楼柱用钢筋混凝土筑成，底座宽大，上部窄小，柱身刻有民族化特点的图案，顶上楼层由二楼三间构成。样式模样修得越来越气派。材质都是大理石、木头和水泥。

1-54◆五道箐

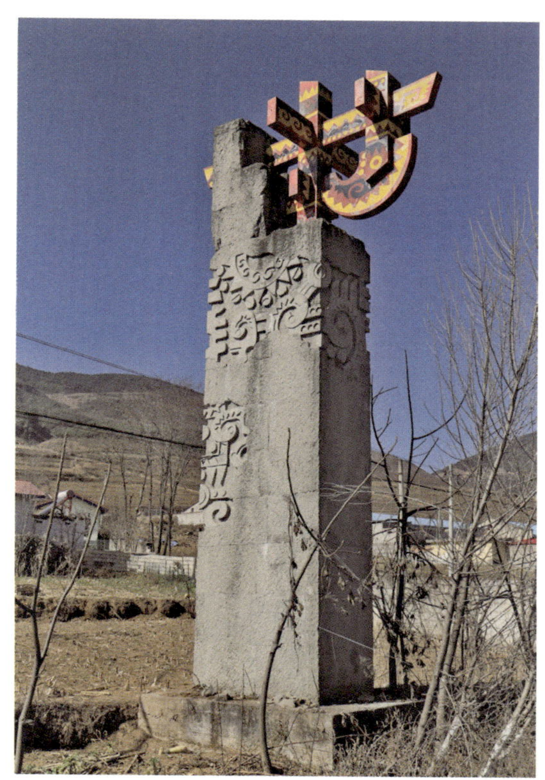

1-55◆五道箐

[$di^{21}bu̠^{33}$] “界桩”

作为地界标志的桩子，通常有基座，常用钢筋混凝土材质做成。图中是一座矗立在西昌市和普格县交界处普格县一侧的旧式的标志物。界桩上面写有文字，有木雕等装饰图案，高大、显眼，有当地民族文化特色，起到指示界线的作用。

[$bo^{21}ts^{h}i^{33}$] “碓”

旧时，家里用来舂稻谷或砸硬核桃的石器、铁器。现已少见。

1-56◆西城

1-57◆耶底

ꀋꃆꃗꉼ [tɕʰɔ³³lɔ³³vu⁵⁵hi³³] “磨坊”

村寨里一户人家使用或多户人家公用的磨面的房屋。一般一户用的磨坊设置在院落里的正房边，集体用的磨坊设置在村公所里。现在很少有人使用。“磨坊”里有一对木马，木马上安放一块大木槽，槽上中央安放石磨。

ꆿꀸ [lo³³pʰi²¹] “磨槽”

一截大圆木头精工挖琢而成的木槽，也有石质的。在槽中央两边各有两个口安装横木，横木上方安放磨。槽用来盛装磨下来的面粉。图中是一个废弃的磨槽。

1-59◆樟木箐

1-58◆樟木箐

[illegible] [tɕ^{h}ɔ^{33}lɔ^{33}] “磨”

由上下两块锉成圆柱形的石头组成，用来粉碎粮食的工具。磨的上半部分称为[tɕ^{h}ɔ^{33}lɔ^{33}a^{21}bɿ^{33}]“公磨”，下半部分称作[tɕ^{h}ɔ^{33}lɔ^{33}a^{21}mo^{21}]“母磨”。公磨凿有放入粮食颗粒的洞口，称作[tɕ^{h}ɔ^{33}du̠^{33}]“磨眼”，磨壁中间，装有用木头制作的手握把柄，称作[tɕ^{h}i^{33}lo^{55}]“磨柄”。母磨的中央，装有连接上下磨的短木头，称为[tɕ^{h}i^{33}ko^{33}]“磨轴”。

[illegible] [nɔ^{33}su^{33}ŋo^{55}ʥi^{33}] “拱桥”

建在河上面，河中立柱，两端以拱作为上部结构，起主要承重构件的桥梁。供人畜车辆通过。用砖块、石头、水泥等材质铸成。稳固结实，经久耐用。

1-60◆荞窝

1-62◆荞窝

ꌦꐚ [sɿ^{33}dʑi^{33}]“独木桥”

架在小河沟上面，用一根或几根独木头搭起的简易桥。旧时用木头，现在也用废弃的水泥电杆等替代。

ꉻꐚ [xo^{55}dʑi^{33}]“吊桥”

河谷上选址，将承受拉力的悬索作为主要承重构件的桥梁。桥两头建设石柱或水泥柱，用数根铁索拉直埋入土里架起，上面铺上木板，方便人畜通过。

1-61◆

1-63◆特尔果

[ʑʅ^{33}ŋga^{33}lu̠^{33}]“过河石”

也称为 [lu̠^{33}tsʅ^{33}dzi^{33}]。在溪水或田边沟渠上，把一个个大石头以相隔一步的距离依次放入水里，供人涉水跨越过河。旱季的乡村小河上，随处可见。

[nzɔ^{33}ʑʅ^{33}da^{55}du^{33}]“房檐下的笕”

横放在屋檐下承接雨水流下的长管，由竹筒或塑料胶管剖成两半制成。用塑料制成的，称作 [ɕʅ^{21}tɕo^{55}da^{55}du^{33}]“塑料笕”。此词读音中 [ɕʅ^{21}tɕo^{55}] 是汉语“橡胶”的借音。

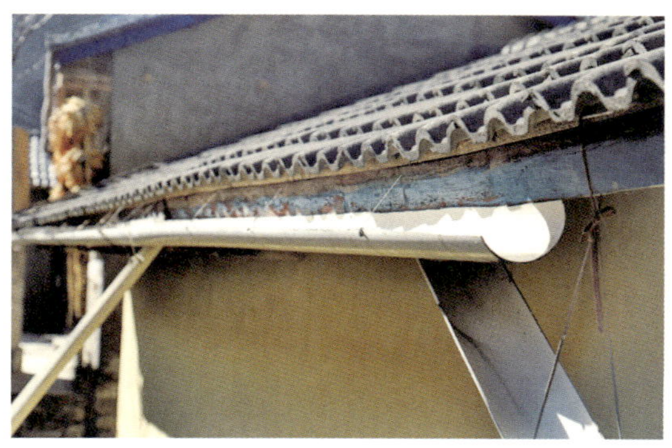

1-64◆安哈

[nzɔ^{33}ʑʅ^{33}ti^{33}du^{33}]“滴水瓦”

放在屋檐最下端，用来引流汇集雨水的瓦，形似三角形的木片。

1-65◆五道箐

1-66◆五道箐

1-67◆螺髻山

[sɿ^{33}mɛ^{21}ʥi^{55}] “燕尾板”

钉在房檐一侧，形状像燕子尾巴的木板。起稳固、装饰作用。

[vi^{55}ʥa^{33}ŋga^{33}dɯ^{33}] “倒食口”

猪圈外侧墙体上挖出的一个洞。设置管道连通圈内的猪槽，便于倒入猪食喂猪。

[ʑɛ^{21}p^{h}a^{21}ndi^{55}bu̠^{33}] “墙绘”

雕刻或描绘在墙上的各种具有彝族文化元素的特色鲜明的飞禽走兽、花草虫鱼的图案。现在运用到新农村建设中，用来美化房屋，体现民族文化、民风民情。

1-68◆五道箐

三 建筑活动

1-69◆特补

[hi^{33}dɯ^{33}nzɿ^{21}] “挖地基”

修建房屋前，在选好的地址上，用锄头挖房屋的地基，是修建房屋的第一步。

[hi^{33}tsʰu̠^{33}ko^{33}] “起地基”

挖好地基后，用石头、水泥、湿泥巴等材料浇灌地基。夯实房屋基础后，准备筑墙。

1-70◆特补

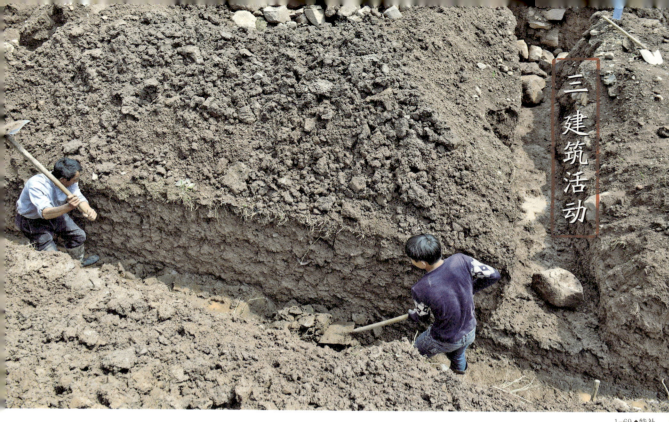

1-71◆螺髻山

[lɔ21ma55tsɿ33] “垒墙脚”

用石头或砖块砌墙脚。稳固墙基。

1-72◆荞窝

[tɕɔ55dʑɿ33] “砌砖墙”

用砖混合水泥把墙体垒起来。此词读音中 [tɕɔ55] 是汉语“砖”的借音。旧时，建造房屋的材料用石头、泥土、树木和草料。现在，新盖的房屋基本上用砖来砌墙，而砖都是从外面运进来的，故直接借用汉语名词。

1-73◆特补

ꉌꄥ [hi³³tʰu̠³³] "封顶"

修建房屋的最后一道工序。在房屋顶上钉上木条，准备盖瓦片、木板或平铺水泥等工序。

贰·日常用具

家中的日常用具，普格彝语称为 [zi^{33}bu^{34}zi^{33}o^{55}]“惹补惹噢”，即锅碗瓢盆、席篓筢箕，具有简单、结实、实用的特点。既有传统的也有现代的，传统的有 [ma^{33}]“竹”、[sɿ^{33}]“木”、[hɯ^{33}]“铁”、[dʑɿ^{33}]“铜”等材质制品；现代的有 [ɕɿ^{21}tɕo^{55}]“塑胶”等塑料制品。制作传统的用具，一般就地取材，根据所需器具的硬度和用处选取不同材质制造。材料取自当地盛产的树木、竹子或石头。树木有青冈木、香樟木、桃木、松木、杉木等。竹子有岩基竹、斑竹等；石头有大理石、青石等。制造出来的各式各样的用具能够自产自销、自给自足，包括餐具、炊具、卧具、坐具等。用具种类和造型多样，主要有木碗、皮碗、木盘、簸箕、筛子、背篓、菜篮、竹席、竹垫板等。

普格彝族日常最常见的用具是木质漆器和竹制品。木质漆器一般用樟木、桦木和杜鹃木制作。工艺造型精美，图案丰富，样式多样，是典型的彝族漆器工艺文化的载体和代表。漆器上描绘红、黄、黑三色花纹构成的图案图形，具有浓郁的民族文化色彩和特征，呈现出独特的审美与智慧。这种精美鲜艳的漆器，现在普格县境内已经不再有生产基地，而是盛产于喜德县、西昌市等地方。漆器是彝族历史上最悠久的传统

工艺品和用具，制作上经过从原木、粗坯、细坯、干磨、吃青、补灰、打底、细磨、磨花、制漆、绘图等 35 道工序。制作出来的器物，既是日常生活用品，也是现代工艺品、装饰品。2008 年 6 月，“彝族漆器髹饰技艺”已成功进入国家级非物质文化遗产名录，得到进一步保护与传承。竹制品主要有竹席、簸箕、筛子、背篓、扫帚、竹刷子、竹垫板、竹篼等用品。此外，铁制品和铜制品也不少。铁制品有铁锅、刀具、铁三脚架、铁钩等。瓷盆、瓷碗和木桶、木瓢、木碗也常用。

随着社会开放进步，经济发展迅速，彝汉文化交往交流日趋频繁紧密，销售日用品的商铺和新型集镇集市不断出现，现代工业品流通加速，交通出行日益便利，人们往返于村寨和城镇之间越来越方便和轻松，现代塑料制品的瓢、盆已在家庭中大量被使用，逐步取代传统的木桶、木盆等木制品。电灯、自来水普及，马灯、煤油灯、背水桶等用具消失。日常生活中已呈现出传统木、竹制品与现代塑料制品混杂使用的现象。种类名称上已有很多汉语借音、借词。

一 炊具

2-3◆樟木箐

[$ka^{55}lo^{55}$]“三锅庄石”

火塘边呈三角形的点上，相隔一定距离立起的三块圆柱形石头或弧形铁托。其上可放铁锅，用于做饭或烧水。近年来很多家庭只立或放三颗小石头，起象征性的作用。做饭、烧水都在厨房操作。

2-2◆螺髻山

[$xo^{33}ka^{33}$]“三脚架”

三根铁条分别焊在铁圈上制成三角形的锅架，用于支撑锅具。其上可置放铁锅或水壶来做饭或烧水，基本上每家都在使用。集市、商场或杂货店均有销售。螺髻山镇集市上有专门的铁匠制作此用具。

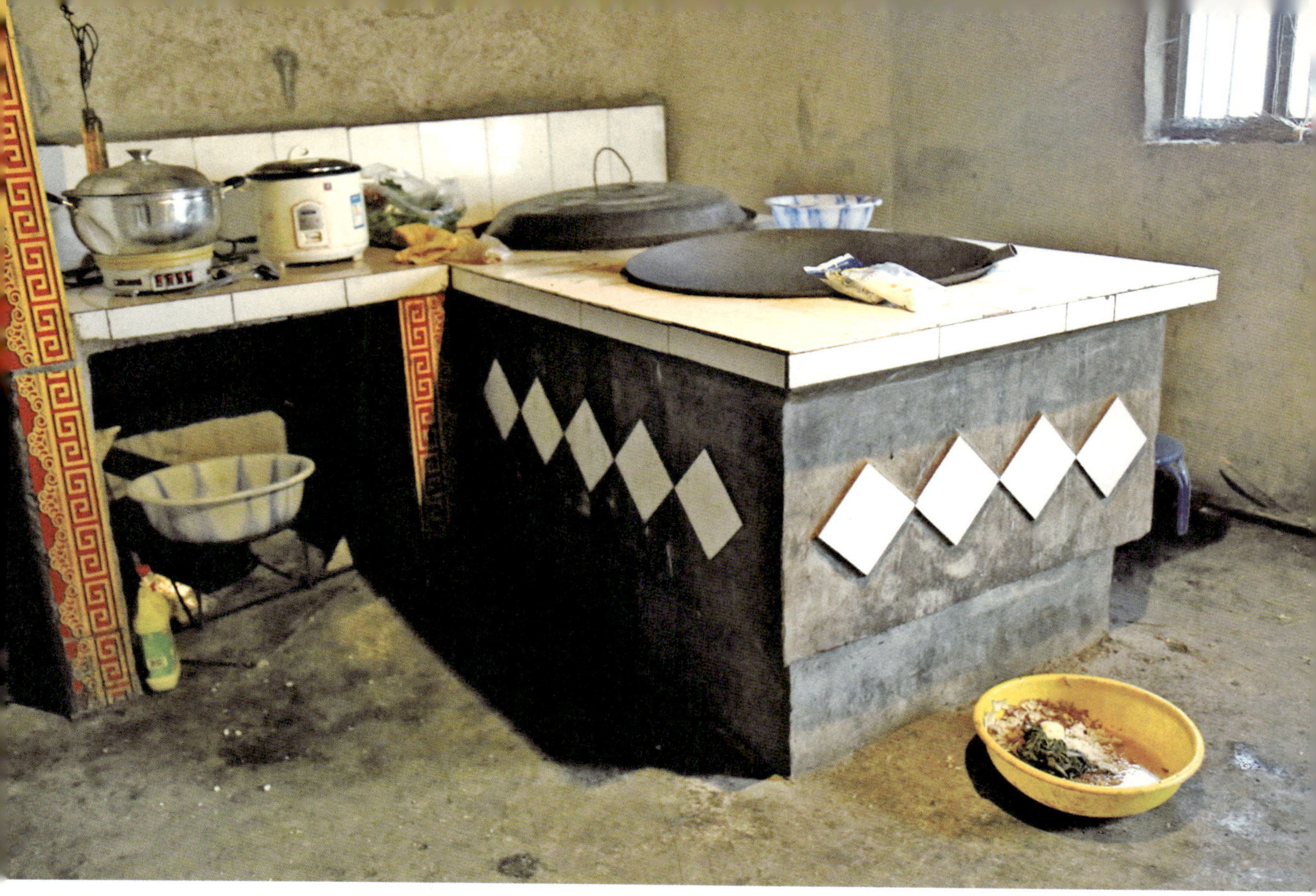

2-1◆螺髻山

[ka^{33}di^{33}] “灶”

传统意义上，家里的灶是堂屋中四季不熄火的火塘。近年来很多家庭专门用砖石砌一个生火做饭的地方，安上灶具，当作厨房。这种灶通常可容纳两口大锅，满足不同的烧水做饭或煮猪食的需求。

[xo^{33}du^{33}ka^{33}di^{33}] “炉子”

铁质火炉。用铁铸成的圆柱形的生火用具。炉体内添置柴火、煤炭等燃料，其上放置铁锅，用来做饭、烧水或煮菜、煮猪食和烧烤土豆或玉米棒。也是冬季烤火取暖不可少的物件。

2-4◆螺髻山

2-5◆螺髻山

2-6◆螺髻山

[hi^{34}dʑʅ^{33}] “锅”

用于蒸煮、炒烙饭菜的铁制品。有大有小。根据实际用途，用来做饭的，称为 [dʑa^{33}mu^{33}hi^{34}dʑʅ^{33}]“饭锅”（图 2-5）。用来煮猪食的，称为 [vi^{55}dʑa^{33}tɕo^{55}hi^{34}dʑʅ^{33}]“猪食锅”。

[ka^{55}nzʅ^{55}] “吊锅”

一种有提手和盖子的椭圆形烧水用具。使用时，用铁链子吊在火塘上方烧水，也可以放在三脚架上或三锅庄石上烧水。

[sʅ^{33}ka^{21}ʑɛ^{33}] “木锅盖”

用厚实的木板拼接镶嵌组合而成的锅盖，形似圆盆。外围用铁丝或竹片捆绑牢固；最上面的中间固定一个有凹槽的木块，方便用手揭盖。

2-7◆螺髻山

[li^{55}ȵi^{33}] “甑子”

上口略大于下口的圆柱形木制炊具，主要用来蒸饭。使用时将半生半熟的米或玉米面倒进去，盖住甑盖放入锅中蒸熟。整体由甑盖 [li^{55}ȵi^{33}ka^{21}ʑɛ^{33}]、甑体 [li^{55}ȵi^{33} du^{33}]、甑带 [li^{55}ȵi^{33}ma^{33}ŋgo^{33}] 多根竹片缠绕在一起系在甑体外圈的上、中、下三圈的带子、甑畀 [li^{55}ȵi^{33}xa^{55}] 置于甑体内底部上端的用竹篾片编成的向上略拱的圆锥体四部分构成。

2-8◆螺髻山

ꀠꐚ [ba^{33}dʑo^{34}] “吹火筒”

用来吹火塘里的火或灶台内的火的圆筒形空心竹管。使用时，把竹管的一头对准火源，另一头用嘴吹气。气流通过竹管底端的孔吹向柴火，使其燃起或越烧越旺。

2-10◆螺髻山

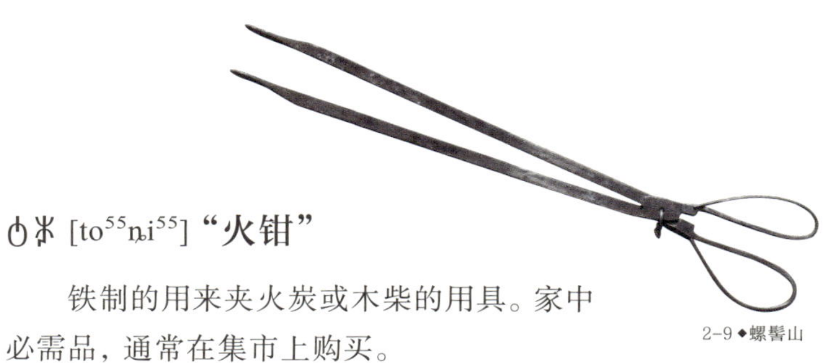

2-9◆螺髻山

ꄀꆀ [to^{55}ȵi^{55}] “火钳”

铁制的用来夹火炭或木柴的用具。家中必需品，通常在集市上购买。

ꒉꀯ [ʑɿ^{33}pu^{33}] “背水桶”

背水用的上口宽下口窄或上下口一样粗大的木桶。其背腰上缠一圈又一圈的铁丝或藤条。在没有自来水的时候，家里用水都要去离家很远的水井或溪水边背水或挑水。用其背水时，将木桶装满水后，在桶肩处系上一根绳子到背水人的前胸系实，桶底一侧靠在背腰部起身背走。现在背水木桶已被塑料制作的 [ɕɿ^{21}tɕo^{55}ʑɿ^{33}pu^{33}] “塑料桶” 取代，一般不用背水了。

2-11◆耶底

2-13◆螺髻山

2-14◆螺髻山

[lɔ^{55}fu^{55}] “叶子刷”

由带叶子的竹枝捆绑而成的用具（见图 2-13）。用来清洗锅、碗、筲箕、簸箕里的残存剩物和油渍的刷子。还有一种称作 [ma^{33}tso^{33}lɔ^{55}fu^{55}] “竹片刷”，将一截竹管从一头劈成长长的竹片，再在另一头用竹片或绳索捆绑制成。

[sɿ^{33}tɕo^{21}] “木碗”

一种漆上原生树漆的木制碗。用来盛汤、装饭等。木碗身上雕绘有各式各样色彩斑斓的花纹图案。

2-18◆北城

2-12◆螺髻山

[ɕɿ^{21}tɕo^{55}bo^{21}li^{55}] “塑料瓢”

塑料制成的用来舀水或舀面粉、粮食的用具。早期人们使用的是“瓜瓢”和“木瓢”。“瓜瓢”是把一个成熟的大葫芦劈成两半后挖掉瓤，晒干变硬而成；[sɿ^{33}bo^{21}li^{55}] “木瓢”是木料制作的。如今瓜瓢、木瓢已被 [va^{33}ʐo^{21}bo^{21}li^{55}] “铝瓢”、[ɕɿ^{21}tɕo^{55}bo^{21}li^{55}] “塑料瓢”（图 2-12）等用具替代。

[lɔ^{33}k^{h}ɔ^{33}] “搪瓷碗”

用复合材料制作的碗。具有轻巧、耐摔、抗腐蚀性好的特点。有淡绿色、灰色、白色等多种颜色。有的在碗身上绘制各式各样的图案。用泥土烧制而成的，称作 [ŋgɔ^{33}lɔ^{33}sɿ^{33}lɔ^{33}k^{h}ɔ^{33}] “陶碗”。

2-19◆西城

2-20◆螺髻山

2-15◆樟木箐

2-16◆螺髻山

[ti^{34}p^{h}i^{33}] **“臼”**

用来捣碎辣椒、大蒜等作料的器具。有时也可以用来给谷子脱粒。用大块硬青石头凿锉雕刻成的，称为 [lɔ^{33}ti^{34}p^{h}i^{33}] “石臼” 。用一块铁板制成的，称为 [xo^{33}du^{33}ti^{34}p^{h}i^{33}] “铁臼” 。用短圆柱形青冈树木挖制而成的，称为 [sɿ^{33}ti^{34}p^{h}i^{33}] “木臼” 。

[ti^{21}sɿ^{55}] **“杵”**

用来捣碎辣椒、青椒、大蒜的器具。由石头、木头和铁棍儿等材质制作。使用时，与臼搭配。

2-17◆樟木箐

[ɬɿ^{33}tɕo^{21}] **“皮碗”**

用树皮、牛皮、牦牛皮、羊皮等动植物皮制作的碗。主要用来装玉米粒、荞麦粒等。

2-21◆螺髻山

[t^{h}u^{33}tɕo^{21}zɯ^{33}] **“银碗”**

用银制作的碗。一般当作工艺品观赏。用铜制作的，称作 [ʥɿ^{33}tɕo^{21}zɯ^{33}] “铜碗” 。

2-22◆西城

2-23◆螺髻山

[kʰɔ³³tɕɿ³⁴] “碗柜”

用木料或竹料制作成的柜子。柜子正面留有方形的小孔洞，用来透气；两侧和后面都是密不透风的板材。柜子里面分上下两层，左右两半，能放置碗、盆、筷、勺等餐具。

[tsʰi⁵⁵tʰi³³] “饭盆”

用木材制作的有高底盘的盘口收紧一点的盆子。有的原木色；有的盆身漆上原生树漆，用红、黄、黑三色刻画花纹图案。主要用来装米饭和面饼、荞条、荞粑。

2-27◆螺髻山

[dʑa³⁴ga³³bo²¹sɿ³³] “饭筲箕”

用竹篾丝编制的类似大铲子的扁形竹具。一般用于过滤半生半熟的米饭或盛装米饭。根据不同的用途，分多种类型，如[dʑa³³tsi³³bo²¹sɿ³³]“装饭筲箕”、[ɕɿ³³tsʰṳ³³bo²¹sɿ³³]“装肥筲箕”等。

2-28◆螺髻山

[ndʐʅ^{21}tsi^{21}du^{33}] “竹筷筒”

专门存放筷子或小物品的圆筒或扁筒。用竹片、藤条或细铁丝制成。现在更多的已被塑料制品替代。

2-24◆螺髻山

2-26◆螺髻山

[xɯ^{33}p^{h}i^{33}] “肉盘”

用木材制作的有矮底座的盆口展开的扁平形盘子。有的原木色；有的盘身漆上原生树漆，用红、黄、黑三色刻画花纹图案。主要用来盛肉。

2-25◆螺髻山

[k^{h}ɔ^{33}dʑu^{33}] “汤盆”

用木材制作的有矮底座的盆口收紧的圆形盆子。有的原木色；有的盆身漆上原生树漆，用红、黄、黑三色刻画花纹图案。主要用来盛装汤菜。

[ɔ^{34}tʂ^{h}ʅ^{55}] “木勺”

用木材制作的一种勺子。有的原木色；有的身上漆上原生树漆，用红、黄、黑三色雕刻花纹图案。主要用来舀汤喝和吃饭。吃饭时人手一支，各自使用而不混用。细小一点的木勺，可用作女士发簪或装饰物品。

2-29◆螺髻山

2-30◆螺髻山

2-31◆螺髻山

[xɯ^{33}tʰɔ^{33}tɛ^{34}po^{33}] **“砍肉板”**

用木头加工制成的厚实的长方形菜板。一端有把手，方便拿用。主要用来砍肉块。

[ma^{33}tɛ^{34}bo^{33}] **“竹垫板”**

用竹片编制的竹席。砍肉时放在肉垫板下面盛放肉块。

2-32◆螺髻山

[vi^{55}si^{55}ʥʅ^{33}mu^{33}] **“杀猪刀”**

钢制的长短大小不一的刀具。类型多样，刀尖细长而锋利。专门用来杀猪。

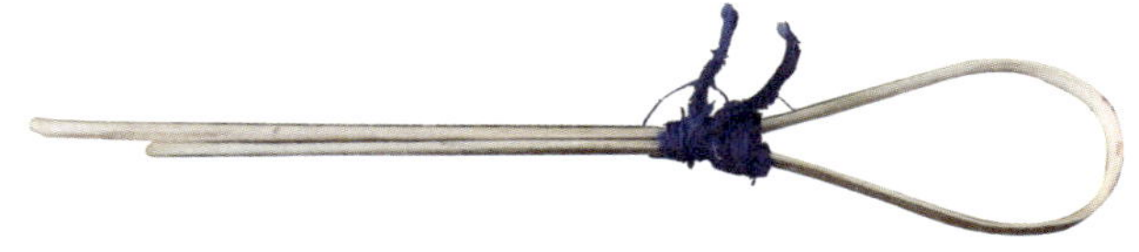

2-33◆螺髻山

[vi^{55}vu^{33}nza^{55}ma^{33}gu^{34}] **“竹片圈”**

一段竹片从中间弯曲成半圆形，专门用来灌制香肠。灌制香肠时，将洗净的肠的一端套住圈口扎紧，把调好的肉块、豆腐等材料，从圈口缓缓灌装下去，逐步挤进空肠里。灌装满后取下竹片圈，与另一端肠口系实挂晒。

2-34◆螺髻山

[sɿ^{33}i^{55}go^{33}] “木床”

用木材或铁条制作的床。旧时人们在火塘边铺上竹席睡觉。随着社会变迁，逐渐改变旧习，在屋内安放木床或铁床睡觉。

[mu^{33}dɯ^{33}i^{55}] “地铺”

用羊毛毡子铺在竹席上做床铺。旧时彝人围绕火塘起居，常在火塘边铺竹席，在竹席上铺羊毛毡子或床单，打地铺睡觉。现在除家里来客人多要打地铺外，平时自家人都在床上睡觉。

2-35◆螺髻山

2-36◆樟木箐

θ̂ ψ [ma^{34}tɕɔ^{33}]“竹席”

用竹丝条或竹篾片编制的席子，用作床垫或铺在地上。这是一种传统竹席，一根一根的竹条劈成两半后按一定工序编制，竹芯在一面，竹背在另一面。这种竹席一般铺在火塘边或院子里，供人们席地而坐或睡觉。

ꀕ ꉆ [zɿ^{33}dʑi^{55}]“草席”

用稻草或山草编制的席子，用作床垫或铺在地上睡觉。夏天睡在上面凉爽、舒适。

2-37◆螺髻山

2-38◆螺髻山

[ʑɔ^{33}ɕɛ^{33}k^{h}o^{33}du^{33}] “羊毛毡垫”

用绵羊毛擀制出来的垫子，用于床垫或铺在地上坐卧。比较柔软、舒坦。

2-40◆螺髻山

[ʑo^{33}ɕɛ^{33}o^{33}t^{h}u^{21}tsi^{21}du^{33}] “羊毛枕芯”

填充枕头的绵羊毛。松软、舒适，富有弹性。

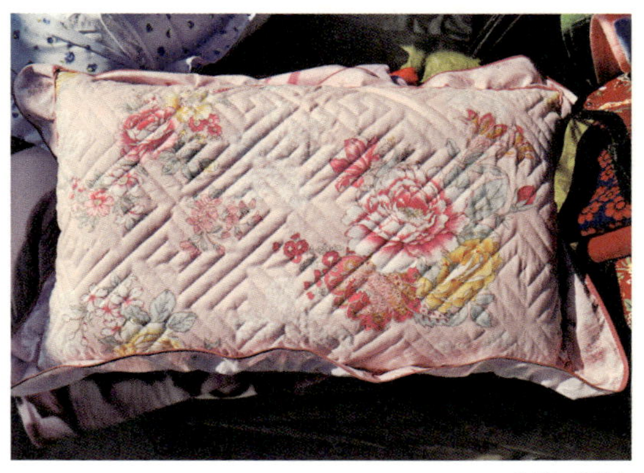

2-39◆螺髻山

[o^{33}t^{h}u^{21}du^{33}] “枕头”

现在用的枕头是布料做的；原来也有竹子编的或木头削成的。枕芯的填充物，一般是荞麦壳、棉花、稻谷壳等。

2-41◆螺髻山

ꀮꇤꄡ [bu³³ga³³du³³]“蚊帐”

垂挂在床上方，防止蚊虫或灰尘进来的帐幔。通常在集市上购买。因屋里一年四季烧火熏烟蚊子较少，使用的人家不多。

ꂾꄃ [mɔ²¹tʰa²¹]“毛毯”

睡觉时盖在身上的毯子。用羊毛、羊绒或其他材料制作，保暖效果好。此词读音 [mɔ²¹tʰa²¹] 是汉语“毛毯”的借音。旧时寝卧用具中没有这种床上用品。

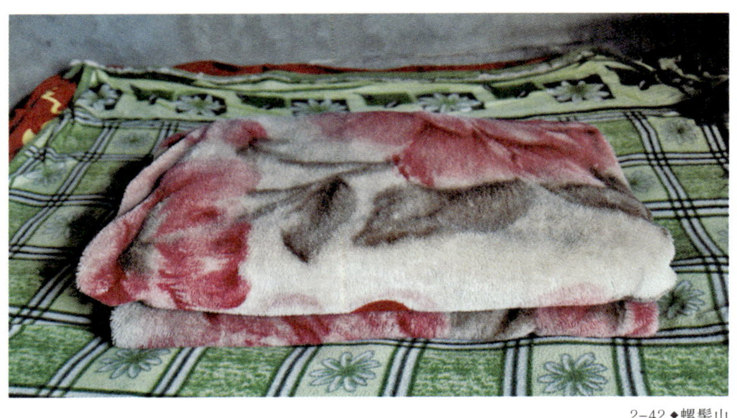

2-42◆螺髻山

三 桌椅板凳

2-43◆螺髻山

[dʑɯ^{33}tʰi^{33}ma^{21}li^{55}pu^{33}] “圆桌”

用木材制作的圆形桌子。有原木色的；有漆原生树漆，用红、黄、黑三色雕刻各式各样花纹图案的（见图2-68、2-69）。用来吃饭或盛放物品。举行葬礼或婚礼的场面，安排吃饭时不使用桌椅，而是把食材放在地上，主宾客半蹲或半坐在食材周围用餐，称为[mu^{33}dɯ^{33}ȵi^{33}ta^{33}dʑɯ^{33}]“席地围坐就餐”。

2-44◆螺髻山

[dʑɯ^{33}tʰi^{33}l̩^{33}dʐ̩^{33}tʰu^{33}] “方桌”

用木材制作的方形桌子。通常比圆桌小。

2-45◆北城

[la^{55}t^{h}i^{33}] "茶几"

现代家庭用来沏茶喝茶的矩形矮脚桌子。通常放在客厅正中央。茶几上刷有原生树漆，用红、黄、黑三色刻画各式各样的图案花纹（见图 2-68、2-69）。

2-46◆螺髻山

[hi^{33}n̥i^{33}du^{33}] "躺椅"

用木材或竹子制作框架，用棉布或纱布制作躺背的椅子。人躺在上面休息，舒适安逸。一般从集市购买。

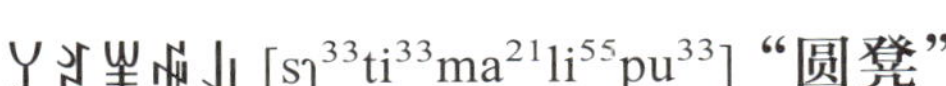

[sɿ^{33}ti^{33}ma^{21}li^{55}pu^{33}] "圆凳"

用木材制作的圆形矮凳。供小孩或单人使用。圆凳上漆有红、黄、黑三色的各式各样的花纹图案。

2-49◆北城

[sɿ^{33}ti^{33}ɛ^{34}tsɿ^{33}] "短凳"

用木材制作的短板形凳子。单人使用。

2-50 螺髻山

2-48◆螺髻山

2-47◆北城

ꉼꄓꑌꄓ [xo^{33}du^{33}ȵi^{33}du^{33}] **“长凳”**

用木材制作的长条形的凳子。家庭或餐馆里与饭桌配套使用，也可单独使用。可供多人就座。人们习惯上蹲坐或盘腿坐。但近年来，提倡坐凳子。政府推行“板凳工程”改变了很多人的旧观念、旧习惯。

ꌠꑌꄓ [sɿ^{33}ȵi^{33}du^{33}] **“木椅”**

用木材制作的有靠背无扶手的椅子。有原木色的；有漆原生树漆，用红、黄、黑三色雕刻花纹图案的（见图 2-68、2-69）。

ꀧꄀꇓꁈꄤ [po^{21}ti^{33}lɿ^{33}bo^{21}tʰi^{33}] **“方凳”**

用木材制作的四方形矮凳。单人使用。此词读音中 [po^{21}ti^{33}] 是汉语“板凳”的借音。

2-51◆螺髻山

ꂷꊭꀧꄀ [ma^{33}ʦa^{21}po^{21}ti^{33}] **“马扎”**

一种木制的从外面传入的小型坐具。凳腿交叉成支架，上面绷上布或绳索，收起时支架合拢。过去远行的人常随身携带，在火车、汽车等交通工具上使用。

2-52◆螺髻山

四 其他用具

2-55◆螺髻山

[vi^{55}ga^{33}ɬi^{55}sɿ^{33}bo^{33}] “晾衣树”

在自家房前屋后种植的果树上晾晒衣服的树枝树丫。有核桃树、李子树、桃树等，临时性强。用石头或石块砌成的晾晒衣服的，称作 [vi^{55}ga^{33}ɬi^{55} lɔ^{21}ma^{55}]“晾衣石”；在柴垛上晾晒衣服的，称为 [vi^{55}ga^{33}ɬi^{55}sɿ^{33}k^{h}o^{21}] “晾衣柴垛”。

[t^{h}a^{21}ʦ^{h}ɿ^{21}k^{h}a^{33}ȵɔ^{33}ʦ^{h}ɿ^{33}du^{33}] “搪瓷盆”

早期传入的用搪瓷制作的洗脸盆。此词读音中 [t^{h}a^{21}ʦ^{h}ɿ^{21}] 是汉语“搪瓷”的借音。现在更多的已被塑料盆取代。“塑料盆”称作 [ɕɿ^{21}ʨo^{55}k^{h}a^{33} ȵɔ^{33}ʦ^{h}ɿ^{33}du^{33}]。旧时常用的“木盆”已消失。

2-53◆螺髻山

[ma^{33}ʑɔ^{34}sɿ^{33}] **“竹扫帚”**

传统的清扫地面的用具。用带叶子的干竹条捆绑而成。用来清扫房屋和地板或房前屋后的地面，清洁效果好。用干芦苇制作，从集市购买回来使用的体积比竹扫帚小的扫帚，称作 [ʑɿ^{33}ma^{33}ʑɔ^{34}su̠^{33}]“芦苇扫帚”；用干高粱穗制作的，称为 [ma^{33}ʑo^{33}ʑɔ^{34}su̠^{33}]“高粱扫帚”。

2-54◆螺髻山

[mi^{21}ʑo^{21}to^{55}du^{33}] **“煤油灯”**

电灯普及前重要的照明工具。往玻璃瓶或罐头瓶里倒入煤油作燃料，瓶口穿进灯芯，一头裸露点燃用，一头插入瓶中即可。有一种煤油灯曾经很流行。因骑马夜行时挂在马背上而称为马灯，现在已绝迹。此词读音中 [mi^{21}ʑo^{21}] 是汉语“煤油”的借音。

2-57◆螺髻山

[ʂu^{55}bu^{34}to^{55}] **“点松明”**

燃松明子，也称为点火把。用来引火或照明。松树枝中含有大量易燃的油脂，松枝被称作 [ʂu^{55}bu^{34}]“松明子”。没有煤油灯和电灯的时代，是家里夜晚最主要的照明材料。

2-56◆螺髻山

2-58◆螺髻山

[xo^{33}du^{33}mu^{21}du^{55}tɕɛ^{33}du^{33}] “火盆”

用来烤火取暖的铁盆。也常用来烧玉米、土豆或烤肉。使用时，在盆里放入干炭或短木柴燃烧。

2-61◆螺髻山

[dʑi^{55}tɕi^{33}tɕʰi^{21}du^{33}] “菜坛子”

腌制白菜、辣椒、黄瓜、萝卜等酸菜的陶罐。也可以用来装肉或装粮食。有的也可以装熬制好的猪油。

2-59◆螺髻山

[vi^{55}ga^{33}tsi^{21}du^{33}] “衣柜”

用木材制作的柜子。专门用来挂放衣服。有的人家用背篓或木桶装放衣物（见图2-62）。

2-60◆螺髻山

[sɿ^{33}kʰɔ^{33}bo^{21}] “木箱”

用木料制作的箱子。能放衣服、首饰等物品。样式多样，大小不一。一般大的装衣物，小的装首饰品。用竹条或竹篾片编制的箱子，称作 [ma^{33}kʰɔ^{33}bo^{21}] “竹箱” 。

2-62◆螺髻山

[tɕɛ^{33}pu^{33}] “衣桶”

用木材制作的木桶。形状圆形或扁平。有木盖子。用来装放衣物或粮食。

[ʑɛ^{21}ʑo^{55}tsɿ^{33}tsʰi^{55}la^{33}] “菜篮”

用竹篾片制作的篮子，中间有提手。用来装土豆、玉米或其他物品。此词读音中 [tsʰi^{55}la^{33}] 是汉语 “菜篮” 的借音。

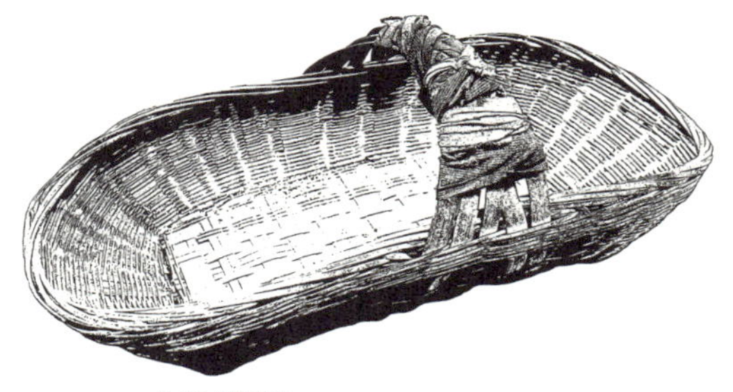

2-63◆螺髻山

[ba^{33}du^{33}] “背带”

用布料或绵羊毛线缝制的布带。长方形的带面上绘有或编织有各式各样的花纹图案。主要用来背小孩。

2-64◆螺髻山

2-65◆螺髻山

2-66◆螺髻山

[nda^{34}lo^{33}] “槽”

在长条形的石头或木头的一面凿空制作成的槽子。用来盛装盐水、粮食、饲料、猪食等东西。有时也用来砍剁猪草。现在已被废弃，不再使用。用石头制作的，称作 [lɔ^{33}ʥɛ^{33}nda^{34}lo^{33}]“石槽”。用木头制作的，称作 [sɿ^{33}nda^{34}lo^{33}]“木槽”。

[ʥɿ^{33}mu^{33}zɯ^{33}] “匕首”

用钢制作的短小而锋利的刀。刀面上常刻有寓意吉祥的文字或刀匠家的刀徽等。这种刀携带轻便，使用便利。牧羊人和祭司毕摩常佩带使用。

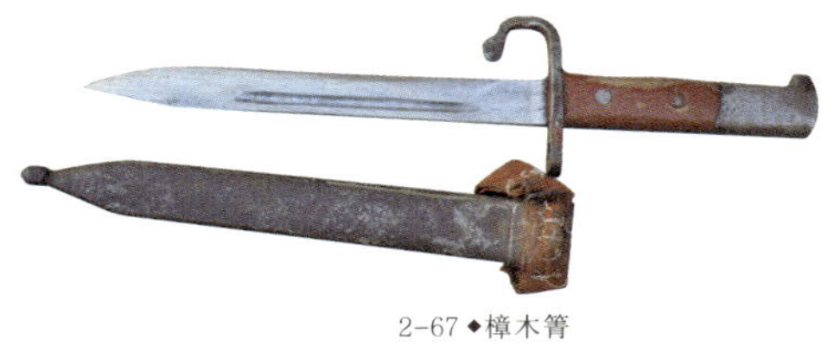

2-67◆樟木箐

2-70◆北城

[sɿ^{33}ʥa^{33}lu̠^{33}ma^{33}tsi^{21}du^{33}] “果盘”

用漆器工艺制作的盘子（见图 2-68、图 2-69）。

2-68◆北城

[illegible] [tɕɿ^{33}ti^{34}] “漆器”

彝族漆器产品种类多样，有餐具、酒具、茶具等，具体包括木碗、木勺、饭盘、餐桌、木酒杯、葫芦形酒壶、黄牛角杯、手镯、刀鞘、笔筒、彩料盒、花瓶等。制作时，采用樟木和桦木等作坯胎、野生土漆及矿物质颜料作髹饰，纯天然，无毒（不含铅）、无异味、耐酸碱、耐高温、不脱漆、经久耐用。制作工序繁多，共有选木、打底、绘图等三十多种工序。器具上绘制有日月星辰等各种图案纹饰，花色丰富，工艺精美。表面漆上红、黄、黑三色原生树漆，红色代表热情豪放而勇敢；黄色象征着光明与未来；黑色寓意庄重与威严。彝族漆器髹饰技艺已进入国家级非物质文化遗产名录。

2-69◆普基

2-71◆北城　　2-72◆北城

2-73◆北城

[vɛ^{33}vɛ^{33}tsi^{21}du^{33}]“花瓶”

用木材制作的柱形瓶子。专门用来插花。

[pi^{21}tsi^{21}du^{33}]“笔筒”

用木材制作的柱形筒，专门用来装笔。

[sɿ^{33}pa^{55}tɕɿ^{33}]“木酒杯”

用木材制作的酒杯。形状有大有小。常与酒壶配套使用。

2-75◆北城

2-74◆北城

[ndi^{55}fu^{33}ndi^{55}nɯ^{33}ʦi^{21}du^{33}] **“首饰盒”**

用木材制作的椭圆形或柱形盒子。专门用来装金银首饰。

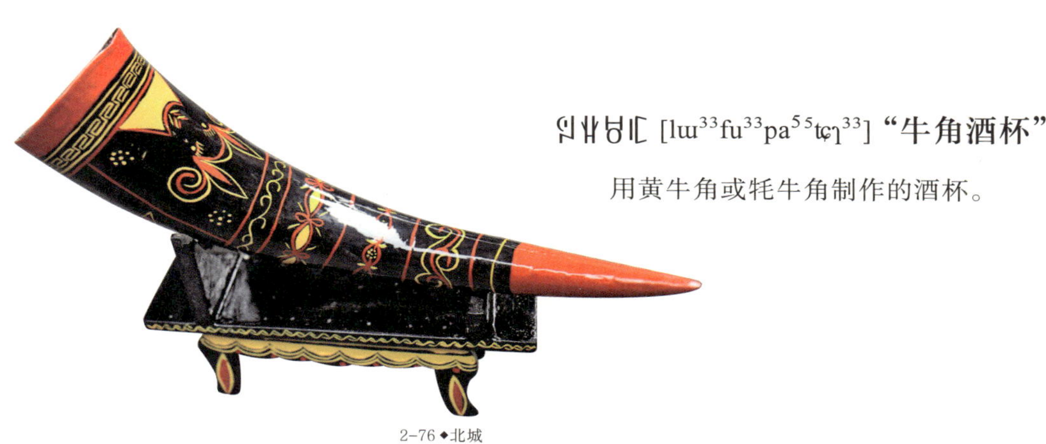

2-76◆北城

[lɯ^{33}fu^{33}pa^{55}tɕɿ^{33}] **“牛角酒杯”**

用黄牛角或牦牛角制作的酒杯。

2-77◆樟木箐

[tɕo^{55}ɕɿ^{33}tɕo^{21}zɯ^{33}] **“鹰爪杯”**

酒杯底托用老鹰的爪子制作的酒杯，旧时常见。现在保护野生动物意识增强，不再用鹰爪制作，而是用鸡爪来替代。

2-78◆北城　　2-79◆北城

[dzʅ^{33}ndo^{33} du^{33}]“饮酒壶”

装上酒后用来饮酒的器具。也可以装酒饮酒兼用。主要用来招待尊贵客人饮酒。有木制的、铜制的和铁制的。外形呈圆形，中间设置饮酒管，整体像圆葫芦。外形成椭圆葫芦形的，称作[sa^{33}la^{33}po^{33}]“萨拉博”。外形像扁葫芦的，称作[ma^{33}ʑɛ^{33}]“玛亚”。

[ʥa^{33}ʦi^{21}p^{h}a^{34}ʂu̱^{33}]“布粮袋”

用麻布制作的口袋，旧时装粮食的器具。用来装米面或玉米、荞麦等粮食。木制的木立柜，称作[ʦɿ^{55}zɯ^{33}]“装粮木柜”；竹制的大箩篓，称为[p^{h}o^{33}li^{33}]“装粮竹篓”。此外，在房间里用木杆或竹竿围起来专门堆放土豆的地方，叫作[dʐu^{33}gu^{33}]“储物间”。

2-82◆樟木箐

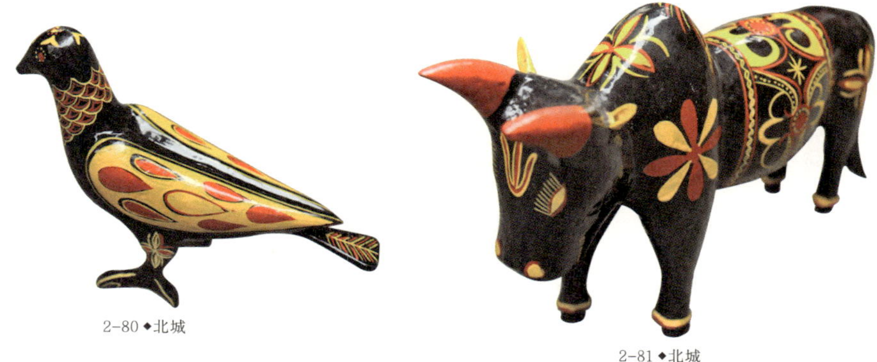

2-80◆北城

2-81◆北城

[ndzʅ^{33}tsi^{34}du^{33}] “酒壶”

装酒的器具。有木制的、铜制的和铁制的。仿照喜鹊形状制作的，称作 [a^{33}tʂa^{33}ndzʅ^{33}tsi^{34}du^{33}] “喜鹊形酒壶”。仿照牛形状制作的，称为 [lɯ^{33}fu^{33}ndzʅ^{33}tsi^{34}du^{33}] “牛形酒壶”。

[xɔ^{33}bu̠^{33}] “号角”

用兽角制作的号角。还有铜角、螺角等。吹出的声音洪亮、高亢。旧时，作战、打猎或祈雨时，用来发号施令、提振士气或威吓震慑。形状多样，长短大小不一。图中号角是螺角，其主人说已承传六七代人，是家里的吉祥物。

2-85◆樟木箐

[ʂʅ^{33}nzʅ^{33}] “篾斗”

竹篾片编制的斗。用来量粮食或装玉米种子。

2-83◆耶底

[ma^{33}po^{21}li^{33}] “竹网兜”

竹片编制的网状篓筐。用来装粮食或物品。

2-84◆荞窝

叁·服饰

普格彝族服饰包括发饰、头巾、首饰、衣、裤、裙、带、鞋等组成部分，其材质、款式、色调、花纹、图案、种类、工艺、饰品、功能等丰富多样，鲜艳夺目。服饰历史久远，从蓬发、赤脚，用树叶、树皮遮身，到梳发，穿草鞋、布鞋；用火草、树皮、兽皮、家畜皮制作衣服来穿，再到梳辫盘头，头饰镶嵌图案，佩戴耳饰、首饰，穿绣花鞋、布鞋、皮鞋等，不断发展完善。

普格彝族服饰特点鲜明。传统的男性裤子是小裤脚。女性服饰绚丽多姿，工艺繁杂精美，花纹图案绚丽多彩；在结构、形状、规格等方面都有明显的差异。服饰分为儿童装、青年装和中老年装。

在过去封闭、经济落后的时代，除极个别富裕人家外，很多人很难穿上好衣裤，常常是“新三年，旧三年，缝缝补补又三年”的景象，一年到头甚至几年都穿不上新衣服，更谈不上穿着多姿多彩的新衣服和佩戴首饰了。衣服全靠家里女人手工缝制，

没有像城里那样有专门做衣服的裁缝和铺子。要做新衣服时，就去赶集。从集市上买回布料和针线，母亲和女儿在农闲时或平时抽空量身、裁剪和缝制。用纯白的绵羊毛制作的披风衣，如 [va^{21}la^{33}]“擦尔瓦”和 [tɕɛ^{55}ʂʅ^{33}]“披毡”，有专门的擀制工具、工艺流程和工艺人。

如今，彝汉文化的不断交往交流交融，经济不断发展，人们思想观念不断开放，奔赴外地打工学习者增多，不断吸收汉族等其他民族的先进文化，跨族婚恋，融合发展，大众服饰流行，传统的制作、工艺、穿着等各方面都发生了很大的变化，村里大小老人都已经不再那么注重穿戴本民族的服饰。很多人除婚丧嫁娶或逢年过节的场合穿戴本民族服装外，平时的服饰穿戴与汉族服饰没有太大的区别。集镇上到处都有机器缝制的款式多样的彝族服饰在售卖。很多村民直接到集市上购买大众都穿戴的 [vi^{55}ga^{33}]“衣服”、[ʂʅ^{33}mo^{55}]“鞋帽”、[ndi^{55}fu^{33}ndi^{55}nɯ^{33}]“首饰”。服饰名称上出现不少汉语借词，反映了服饰文化上的交流发展。

3-1◆螺髻山

[illegible] [zɯ^{33}vo^{33}vi^{55}ga^{33}] **“男装”**

成年男子的服装。由上衣、裤子和腰带组成。正式场合如参加葬礼、做法事等，还要戴有[nzɿ^{21}tʰi^{21}]“英雄髻”（见图 3-34）的头饰，腰挎 [tu^{33}tʰa^{33}]“英雄带”（见图 3-46），手拿 [mu^{21}tɕʰɿ^{33}]“英雄刀”（见图 3-45），富有浓郁的民族特色。

3-2◆螺髻山

3-3◆螺髻山

[illegible] [si^{33}ni^{33}vi^{55}ga^{33}] “女装”

成人女子的服装。由头饰、项饰、上衣、裙子和腰带组成。年老女子服装深沉厚重，颜色暗淡低调；年轻女子的服装，华丽鲜艳，颜色多样。

ꍂꃶꑊꄮ [zɯ^{33}vɯ^{33}i^{33}tʰu^{33}]“男上衣”

男子上衣。以青色、黑色、蓝色、灰色等颜色为主，用棉布、麻布或毛料制成。日常穿的上衣均为右衽大襟衣，公纽子是铜制的圆形粒子。母纽扣是布料缝成的圆条形状，有五六寸长，整齐地缝制在衣服开口两边的衣面上。领口、袖口、胸部、底边、襟边绣上绿、黄、蓝、红色的细条花纹和花边。

3-4◆螺髻山

ꌋꆀꑊꄮ [si^{33}ni^{33}i^{33}tʰu^{33}]“女上衣”

女子上衣。用麻布、棉布或毛料制成。日常穿的上衣都是右衽襟衣，纽扣缝制在腋下的位置。领口、袖口、胸面、底边绣饰红、黄、绿、紫、蓝的羊角形图案、花纹和花边。底面颜色主要是青、黑、蓝等颜色。根据年龄，上衣款式、色彩、图案有明显区别。年轻的鲜艳绚丽，中老年的色暗稳重。种类多，长短不一。

3-5◆螺髻山

ꁆꊭ [po^{21}tsɿ^{33}]“长袖女上衣”

女子贴身穿的长袖上衣。底面颜色有青、黑、蓝等颜色，胸和袖上绣有各种颜色的花纹图案。

3-6◆螺髻山

3-7◆螺髻山

[ka^{33}tsɿ^{33}]“短袖女上衣”

女子上衣的一种款式，短袖。穿在身上的三件上衣中的中间那件。

[lɛ^{21}ka^{33}]“无袖女上衣”

女子上衣的一种款式。穿在最外面的短袖上衣或无袖马褂式上衣。

3-8◆螺髻山

[zɯ^{33}vo^{33}ɬa^{55}]“男裤”

当地典型的男式裤子。裤脚口小，裤裆宽肥，俗称小裤脚。颜色多为黑色或蓝色。裤上没有花纹图案，简洁明快。

3-9◆螺髻山

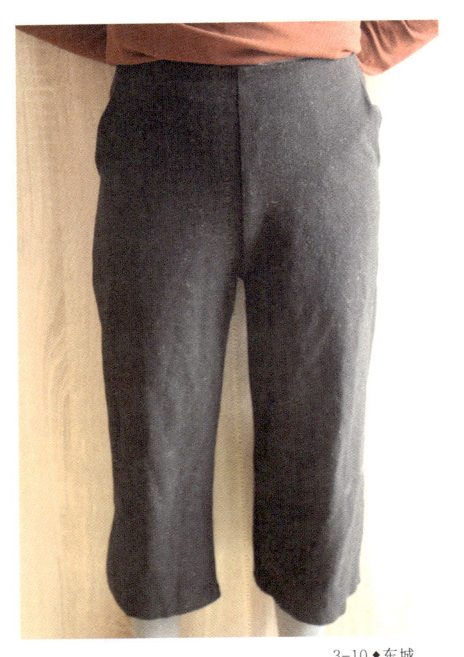

3-10◆东城

3-11◆螺髻山

[si^{33}ni^{33}ɬa^{55}] “女裤”

旧时，女子只穿裙子。女子穿裤子是后来向汉族学来的。女裤从集市上购买。传统上只做女裙，不做女裤。

[nbo^{33}t^{h}u^{33}] “白裙”

女子常穿的裙子。用麻布、棉布或毛料制成。根据年龄，款式、结构、色彩、图案都不一样。年轻的多姿多彩、鲜艳飘逸、活泼亮丽。中老年的色暗厚重。结构款式以女孩换童裙礼（成人礼）为分水岭分为童裙和成人裙。成人裙款式多样，一般分为五节，即用五块布料缝在一起。在缝制第三节时，把第三节的布料折叠然后缝制，形成很多褶子，这种裙子当地汉族人称为“百褶裙”。

3-14◆螺髻山

[va^{21}la^{33}] “擦尔瓦”

用羊毛捻线织成的、毛线编织成的成年男子披在身上的外套。汉语音译“擦尔瓦”。制作时，在领子上用一根小指般粗的羊毛绳串连收紧而成，最下端一节全是垂穗。展开后宽度有两米左右，长度有一米半左右。颜色有黑色、白色和蓝色。除白色款式外，都会在领口、下端和两边镶嵌青、红、黄、蓝、绿、紫等色彩艳丽的线条图案或花纹图案。

3-12◆螺髻山

[nbo^{33}nɔ^{33}]“青裙”

女子穿的百褶裙的一种。由五节不同颜色的材料构成，以中间第三节的颜色分为红、黄、白、青、黑、蓝等裙子。如第三节用白色羊毛制作的，称作 [p^{h}a^{33}t^{h}u^{33}]“白羊毛裙”；用染成青、黑、蓝的羊毛制作的，称为 [p^{h}a^{33}nɔ^{33}]“黑羊毛裙”。用白色布料制作的，称作 [nbo^{33}t^{h}u^{33}]“白裙”（见图 3-11）；用青、黑、蓝色布料制作的，叫作 [nbo^{33}nɔ^{33}]“青（黑）裙”。

[ɕi^{33}ʥʅ^{33}]“蓑衣”

旧时，人们常穿的一种外衣。用藤条、树皮、棕叶、山草等制成。下雨时穿防风御寒。男女均可以穿。现在很少有人常穿。

3-13◆樟木箐

3-15◆螺髻山

3-16◆螺髻山

[ʂʅ³³tɕɔ³³] “披毡”

用羊毛毡子制作的披在身上的一种外套。成年男女都可以穿。制作时将擀制成长方形的羊毛毡子折叠，收紧领口做出衣褶。颜色单一，款式简单，最下端没有垂穗，没有镶嵌花纹图案。

[si³³ni³³a³⁴ʑi³³vi⁵⁵ga³³] “女童装”

未成年女子的服装。女孩子在举行换童裙仪式前穿的，由上衣和裙子组成。款式、图案、花纹比成人衣服简单，整体上鲜艳秀气，简单活泼。

3-18◆螺髻山

[zɯ³³vo³³dʑo³³va³³] “男腰带”

成年男子系裤子的腰带。用布条做成。松软舒适。有黄色、白色、蓝色、绿色、青色、红色等多种颜色，无花纹图案。

[zɯ^{33}vo^{33}a^{34}ʑi^{33}vi^{55}ga^{33}] “男童装”

未成年男子的服装。由上衣和裤子组成。款式、图案、花纹简洁，领口、袖口、裤口等边沿绣有花纹图案，干净利落，鲜活简明。

3-17◆螺髻山

3-19◆螺髻山

[si^{33}ni^{33}dʑo^{33}va^{33}] “女腰带”

成年女子系裙子的腰带。用布条或布片缝制的长条形三四指宽的布片。布片上面绣有各种花纹图案。有红、蓝、青、黄等颜色。色彩鲜艳，刺绣繁杂。

3-20◆螺髻山

[illegible] [ts^{h}o^{33}tso^{33}dʑo^{33}va^{33}] “摔跤腰带”

男女摔跤用的腰带。摔跤时系在腰上供对方手抓用。由两条不同颜色的布条系在一起组成。色彩单一，质地柔软。

3-21◆螺髻山

[illegible] [dʑo^{55}bi^{55}] “腰包”

成年女子系在腰上的三角形布袋。下端缝有类似领带的布条，叫 [ts^{h}ɿ^{33}bi^{21}] “包须”，有红、黄、蓝、绿、紫等多种颜色。腰包穿戴时与裙子系在一起，顺着裙子垂下。色彩缤纷，鲜艳夺目，可放小物品，也起装饰作用。

二 鞋帽

3-22◆东城

[ʑɛ^{33}nzɿ^{21}mo^{55}tsɿ^{21}] “女童帽”

女童戴的帽子。用布料制作。色彩多样，因形状如鸡冠而被称为“鸡冠帽”。此词读音中[mo^{55}tsɿ^{21}]是汉语“帽子”的借音。旧时用布条布帕缠头，包头做帽子，没有帽子的概念。男童帽称作[zɯ^{33}vo^{33}a^{34}ʑi^{33}mo^{55}tsɿ^{21}]。

[si^{33}ni^{33}mo^{55}tsɿ^{21}] “女帽”

女子戴的帽子。由布料缝制而成。绣有花纹图案。

3-23◆螺髻山

[ʂa^{33}zʅ^{33}ɬo^{21}bu^{55}] “草帽”

用稻草、山草编制而成的一种斗笠帽。男女均可戴。做农活、放牧或出行时用，起遮阳挡雨的作用。

3-24◆螺髻山

3-25◆螺髻山

[ma^{33}ndi^{33}ɬo^{21}bu^{55}]“竹尖帽”

一种尖顶帽。用竹篾片编制而成。男女均可戴。

[zɯ^{33}vo^{33}ɔ^{33}t^{h}ɛ^{33}]“男子头帕”

男子缠头、包头的布帕。用青色长布料制作，也有的用蚕丝丝绸。展开后宽度有一尺左右；长度最短的五六米，最长的十几米。颜色单一。一般中老年男子在婚丧嫁娶等正式场合佩戴，起装饰或保暖作用。戴时，布帕一端置于头上后，连续交叉缠绕于头上，多层叠加似圆形，最末端塞进叠层里。

3-27◆螺髻山

[si^{33}ni^{33}ɔ^{33}t^{h}ɛ^{33}]“女子头帕”

女子缠头、包头的布帕。用青色长布料制作。展开后宽度有一尺左右；长度最短的五六米，最长的十几米。颜色单一，材质为一般布料。一般中老年女子在婚丧嫁娶等正式场合佩戴。戴法与男子大体相同，不同之处在于呈椭圆形，末端缠在额头上后塞入叠层里。

3-28◆螺髻山

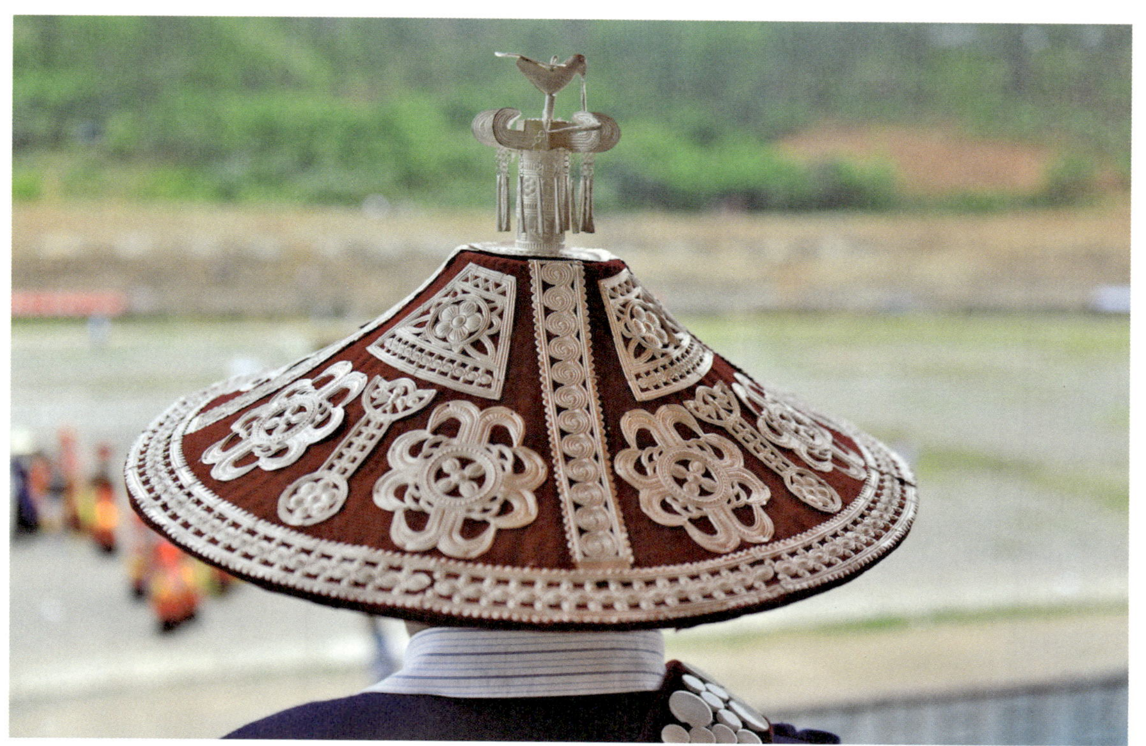

3-26◆普基

[tʰu³³ɬo²¹bo⁵⁵]“银饰帽”

一种银饰尖顶帽。用竹片、布料做帽身，顶饰和帽身用银子打造装饰。这种帽子，主要是毕摩在祭祀作法时佩戴。

[xa⁵⁵pʰa²¹]“盖帕”

女子的头巾。是一块类似洗脸的毛巾。这是用彝语所地土语的中青年女子常戴的典型的头帕。在一个陌生地方熙熙攘攘的人群中，只要看见戴着这种头帕的女性，十有八九是来自用彝语所地土语的女人。凉山彝族地区用不同方言土语的彝族女性头戴的帽子或头帕是有区别的。此词读音中[pʰa²¹]是汉语“帕”的借音。

3-29◆螺髻山

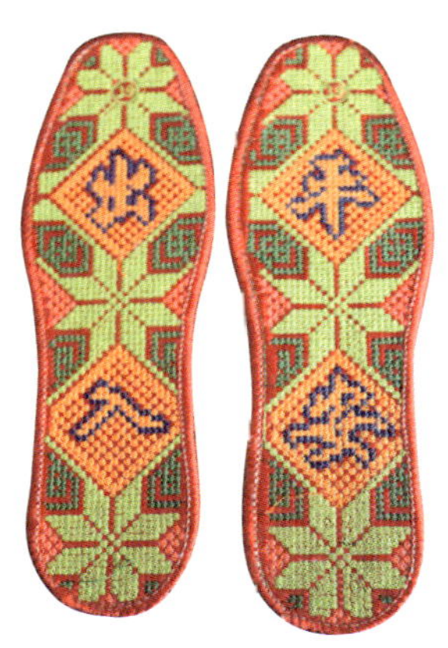

3-30◆螺髻山

[ʑʅ^{33}dʑi^{55}tɕi^{33}ɕʅ^{21}]“草鞋”

用草编制的鞋子。现在穿的人很少。

3-31◆西城

[zɯ^{33}vo^{33}mu^{33}si^{33}ɕʅ^{33}nɛ^{33}]“绣花鞋垫”

手工刺绣的鞋垫。用布料制作。其上绣着各种各样的花纹图案。制作精致，技艺精巧。

[mu^{21}tɕi^{33}ɕʅ^{21}]“麻鞋”

用麻线编制的鞋子。工艺讲究，朴素大方。

3-32◆西城

[ɕʅ^{33}ʑɔ^{33}]“绑腿”

一种男子的裹腿装束。用麻布条或羊皮、羊毛毡垫缠住小腿。主要起防寒、防刺伤的作用。旧时多为仇家冤家械斗中男子的装束，现在已很少见了。

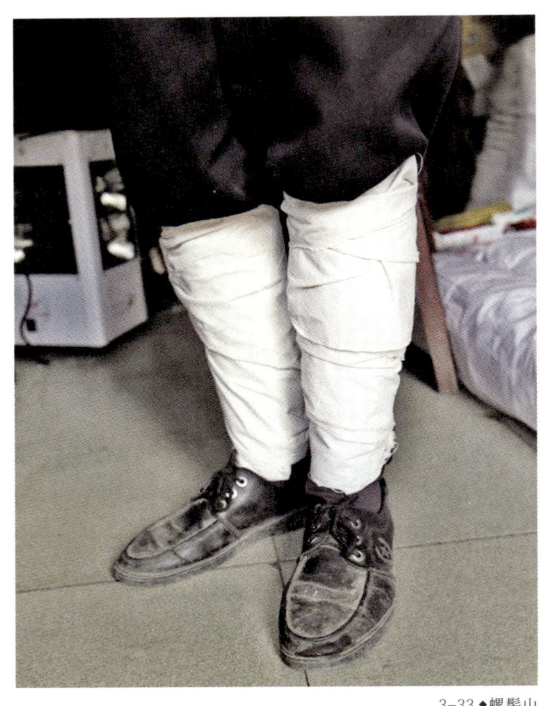

3-33◆螺髻山

三 首饰等

3-34◆螺髻山

[nzɿ^{21}tʰi^{21}] “英雄髻”

一种男子头帕。用青色长条形布料制作，在布帕边沿缠扎一根锥形布锥，斜立在额头前方，俗称“英雄髻”。展开后宽度有一尺左右，长度约十二三米。从整个头饰形状看，如一只翱翔在天上的雄鹰。表现男人英勇善战的气概和威武彪悍的形象。由于年龄不同，英雄髻缠绕的方式也有区别。现在日常生活中越来越少见，影视剧或舞台表演中常见。

3-35◆北城

[ɔ^{33}ȵɛ^{33}tɕʰɛ^{33}du^{33}] “木簪子”

木制的簪子。一根木棍一头削尖，另一头修饰留节。女子用来插稳固定头发。

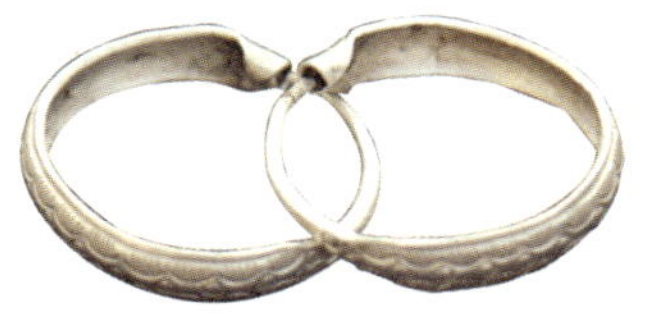

3-36◆螺髻山

[na^{21}po^{33}vo^{33}gu^{21}] “耳环”

女性佩戴的环形耳饰。由金、银、木等材质制作。

3-37◆螺髻山

3-38◆螺髻山

[nɯ^{21}tsɿ^{33}] “短耳坠”

女性佩戴的耳饰。由金、银、木等材质制作。环形上垂挂花瓣形等各种形状的下坠配件。配件形状多样，款式丰富。

[ɬo^{34}zɯ^{33}] “耳珠”

女性佩戴的耳饰。用珠子、银坠和线穿成。一头用红色、白色、蓝色的珠子串起来，另一头挂垂银制品的部件。色彩诱人，独具一格。

[na^{21}po^{33}ɕi^{33}] “耳线”

女性戴的穿在耳垂耳洞里的线圈。普格彝族女性有在未成年时打耳洞的习俗。打通耳洞后，将一根线穿过耳洞后系成线圈一直挂着，以免耳洞愈合。当想戴耳环、耳饰或结婚出嫁前换戴耳饰时剪掉。

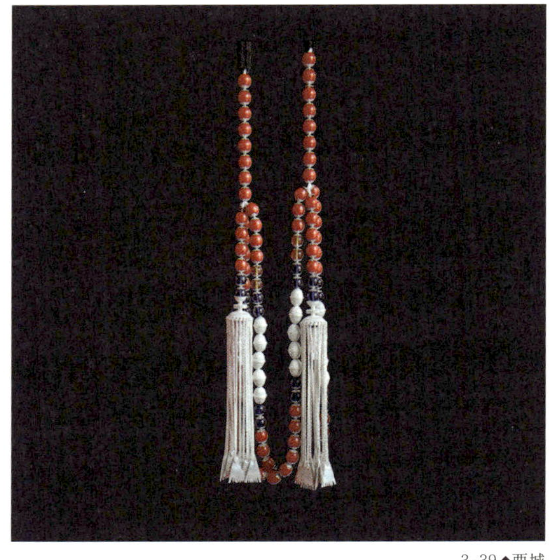

3-39◆西城

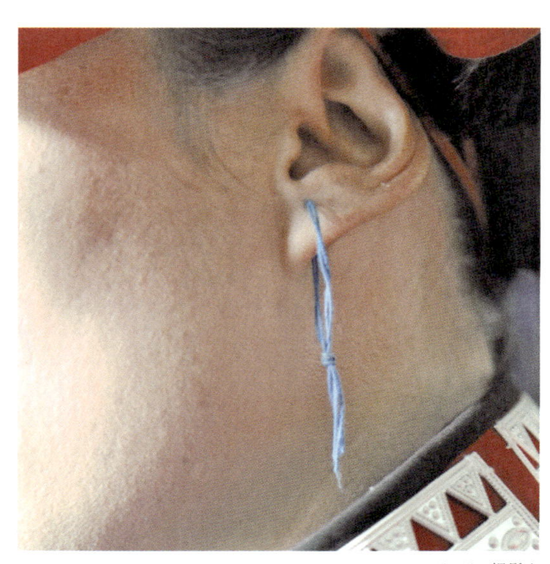

3-40◆螺髻山

3-41◆螺髻山

ꆏꃚ [nɯ²¹vo³³] “长耳饰”

女性戴的耳饰。用银、铜制作。上端制成钩，挂耳洞用；下端制作多根并排垂下的小链子，链子上有饰品，末端有穗儿或花瓣。

ꆹꈈ [li³³kʰo³⁴] “领圈”

女子脖子上围戴的弧形布圈饰品。用布料制作，领圈外面缝绣金银铜制的花纹图案。老、中、青颜色图案有别。青年的鲜艳，中年的暗红，老年的深色。

3-42◆螺髻山

3-43◆螺髻山

ꇉ̑ꇤ [lɛ³⁴kɛ³³] “领结”

女子脖子上围戴的长方形银饰。佩戴时，两端在锁骨相对处扣在一起稳固，增强女子的气质与美感。

ꆹ̑ꍆ [li³⁴dʐʅ³³] “领饰”

女性衣服背面肩膀上的花纹图案。用金、银、布料制作的饰品。颜色鲜艳，纹图多样。

3-44◆螺髻山

3-45 ◆螺髻山

[$mu^{21}tɕ^{h}ʅ^{33}$] “佩刀”

男子斜挎在腰上的长刀。佩戴能体现男子骁勇的气概。旧时男子打猎或杀敌时必备的物品。

3-46◆螺髻山

[tu̠^{33}t^{h}a^{33}]“刀带”

用来挂系战刀的带子，也称“英雄带”。是一根镶有白色骨质圆钮的背带，斜挎在身上，用细牛筋编织而成。现在不再佩刀，但很多场合中男子还是经常把刀带斜挎在腰间作为装饰。

[sɿ^{33}li^{55}gu^{33}]“木镯”

用杜鹃木制作的手镯。镯身漆有红、黄、黑三色图案。制作木制品是传统手工艺。

3-48◆螺髻山

3-47◆螺髻山

[ʑo^{55}ʂʅ^{21}lo^{55}gu^{33}]“玉镯”

女子戴在手上的玉制饰品。用玉石制作。祖传下来或集市购买。此外，还有[ʂʅ^{33}li^{55}gu^{33}]“金镯”、[t^{h}u^{33}li^{55}gu^{33}]“银镯”、[dʑʅ^{33}li^{55}gu^{33}]“铜镯”。其中，银镯常见，制作银饰品是传统手工艺。

[i^{55}ʂo^{55}dʑo^{55}bi^{55}]“挎包”

斜挎在肩上的包。用布料制作。表面绣有各种花纹、图案。用来装针线包等小物件。

3-51◆螺髻山

3-49◆螺髻山

3-50◆螺髻山

[lo^{55}pi^{33}]“戒指”

戴在手指上的饰品。用金、银、铜等材料制作。种类多样，款式丰富。

3-52◆普基

[dʐɯ^{33}tsi^{21}ʥo^{55}bi^{55}]“钱包”

用布料制作的包。表面绣有各式花纹图案。用来装钱币。

3-53◆螺髻山

[dʐɯ^{33}ɛ^{55}tsʅ^{33}tsi^{21}ʥo^{55}bi^{55}]“荷包”

用布料制作的小包。用来装钱币的小布袋。

肆·饮食

普格彝族“靠山吃山，靠水吃水”。粮食作物以种植 [pɔ^{33}ku^{21}]“玉米”为主，辅以 [ŋgɯ^{33}]“荞麦”、[ʂa^{33}]“小麦”、[tʂ^{h}ɯ^{33}]“大米”、[xa^{55}ʂɿ^{33}]“燕麦”、[ʑa^{21}ʑo^{55}]“土豆”等。蔬菜以 [ɣɔ^{21}ma^{33}]“蔓菁”、[ɣo^{21}nzi^{33}]“白萝卜”、[ɣo^{21}p^{h}ɿ^{33}]“青菜”、[pɛ^{21}ts^{h}i^{55}]“白菜”、[tɕɛ^{21}to^{55}]“四季豆”、[pa^{34}ka^{33}]“南瓜”、[ʂa^{33}nɔ^{33}]“豌豆”、[nu̠^{33}]“黄豆”等为主。畜牧业以养 [ʑɛ^{33}]“鸡”、[vi^{55}]“猪”、[a^{34}lɛ^{33}]“山羊”、[ʑo^{33}]“绵羊”为主，以 [lɯ^{33}]“牛”、[mu^{21}]“马”、[ɛ^{33}]“鸭”等为辅。日常主食以米饭为主，辅以土豆、荞麦、面条、烧玉米等食物。肉食以烧烤肉、白煮肉为主，喜欢把鸡、牛、羊肉切成拳头大小的 [xɯ^{33}ma^{33}]“肉块”烤熟或煮熟后食用，汉语称为“砣砣肉”。喜欢做牛肉汤锅、羊肉汤锅或烤全羊、烤乳猪、回锅鸡肉、熏烤腊肉、羊肉干巴、猪肚肉、猪肉香肠等来吃。蔬菜有水煮青菜、白菜、四季豆、南瓜等，煮熟后打蘸水吃；常把蔓菁、白萝卜、青菜做成酸菜（酸菜分干酸菜和湿酸菜）吃。还有豆腐蘸水菜、连渣菜、豆泥儿、酸菜土豆汤等美味。调料有 [ts^{h}ɯ^{33}]“食盐”、[tsi^{55}]“辣椒”、[mu^{34}k^{h}u̠^{33}]“木姜子”、[pa^{33}tsɛ^{33}]“花

椒”、[ɣo^{34}t^{h}u^{33}]“葱”、[ka^{33}si^{33}]“蒜”等。现在味精、鸡精、酱油、醋等调料的使用增多。

普格彝族饮食文化独具民族特色。一是热情好客，以酒为先，杀牲见血。家里来客，热情招呼。根据客人身份或亲疏关系，以杀牛、宰羊、杀猪、烧鸡等不同情形招待。杀牲见血前，先倒酒给客人喝，并把活禽畜带到客人面前过目后宰杀，以表达对客人的尊敬。逢年过节、婚丧嫁娶或解决各类纠纷的场合，酒都是必不可少的东西。民间有“一人值一匹马，一匹马值一杯酒”“彝家待客酒为先”“汉家贵茶，彝家贵酒”等俗语。二是一家待客，邻里相聚。村里某家来客，邻居街坊的老少妇孺不约而同来帮忙，招呼问候，杀牲做饭，喝酒聊天，分享美食和喜乐。三是忌吃狗、马、熊、驴、猴、蛇等肉；忌用餐后把汤匙扣在碗盆边沿上或两人同时落碗筷等。

随着彝汉饮食文化接触增多，饮食的名称术语借用汉语词汇的现象不断增多，如“苞谷”“玉米”“土豆”“四季豆”等。饮食品种也不断借鉴汉式菜品的做法。

一 主食

4-1◆螺髻山

[illegible] [tʂʰa³³dʑa³³] “米饭”

稻米做的饭。用电饭锅混合米和水焖熟；有的水煮半生半熟捞出过滤后倒入甑子里蒸熟。当地主产玉米，生产稻米不多，大米主要从集市上购买。旧时，很少有大米吃。

[illegible] [pɔ³³ki⁵⁵] “玉米饭”

玉米面做的饭，传统的主食。用适量冷水喷洒玉米面和均匀放进甑子里蒸到半熟后倒出来，再喷洒适量冷水后倒进甑子里蒸熟。“玉米饭”现在已普遍被米饭替代，很少做来吃了。此词读音中 [pɔ³³] 是汉语“苞谷”的“苞”字的借音。当地汉语“玉米”叫“苞谷”。

4-2◆螺髻山

[illegible] [tʂʰɯ³⁴ho³³] “大米粥”

稻米做的粥。做时适量掺入一些绿豆、菜叶等。主要做给病人和小孩吃。

4-3◆螺髻山

4-4 ◆西城

[ʂa^{33}mɿ^{55}] “挂面”

用荞麦、小麦制作的面条。一般到集市购买，自己不做。不常吃。

[ŋgɯ^{33}va^{55}zɯ^{33}] “荞饼”

荞麦面制作的饼。传统的特色食品。有两种做法：一种是荞面和水揉好后放进锅里烙制成饼；另一种是荞面和水成糨糊状后慢慢倒入锅里烙制成中间厚边缘薄的饼。

4-6 ◆西城

4-5 ◆西城

[tʂʰɯ^{21}mu^{55}] “米粉”

稻米粉碎成细面后制作的粉条。很少吃。

[ɕɔ^{33}lo^{21}po^{33}] “小笼包”

一种包子。将面粉加水拌匀成软面团，分成小块，做成薄圆形的面皮，放入瘦肉或菜叶做成的馅，再捏成包，放进小笼屉里蒸熟。大人小孩都爱吃，但很少在家里做来吃。集市里的包子铺有专卖的。此词是汉语“小笼包子”的借音。

4-7 ◆螺髻山

4-8◆北城

[ŋgɯ^{33}fu^{33}]“荞粑”

荞麦面制作的圆形粑粑。做时用荞面和水后揉成半寸大小的圆饼，放入锅里用水煮熟，捞出后切成数块食用。

4-10◆西城

[ʐa^{21}ʐo^{55}fu^{33}]“烧土豆”

用炭火烤熟的土豆。主要做零食，有时也做主食。皮脆肉香，很受欢迎。此词读音中[ʐa^{21}ʐo^{55}]是汉语“洋芋”的借音。

[ŋgɯ^{33}tɕo^{55}bu^{21}di^{33}]“荞条”

荞麦面制作的条形粑粑。做时用荞面和水后用手揉捏成条状，放入锅里用水煮熟后食用。

4-9◆螺髻山

4-11◆螺髻山

4-12◆螺髻山

[ʑa^{21}ʑo^{55}tɕo^{55}]“煮土豆”

用水煮熟的土豆。相比烤熟的，更多的农村家庭喜欢食用煮的。

[po^{33}ku^{21}tɕo^{55}]“煮玉米”

用水煮熟的玉米棒。用炭火烤熟的玉米棒，称作 [po^{33}ku^{21}fu^{33}]“烤玉米”。

[xa^{55}ʂʅ^{33}ʂo^{21}mo^{21}]“燕麦炒面”

燕麦粒炒熟后粉碎成的细面。把燕麦炒面放入碗里加入适量的冷水搅拌即可食用。简便省事省时。旧时仇家征战或出远门时都要带上炒面和一个碗，以便随时随地食用。

4-13◆螺髻山

[ŋgɯ^{21}mo^{21}]“荞麦面”

荞麦粒粉碎成的细面。做荞粑、荞饼的原料。

4-14◆东城

4-15◆螺髻山

[fi^{33}tʰi^{21}]“粉条”

用豌豆面制作的条状食品。根据调料，有酸辣的和香甜的。一般自己不会制作，而是到集市购买。此词读音是汉语“粉条”的借音。

[to^{55}ho^{55}]“豆腐”

用水泡过的黄豆磨成豆浆后，倒入锅中煮时用酸菜水搅拌调制，使豆浆慢慢变稠，反复蒸压过滤后成形。盖房上梁时必吃的菜。逢年过节或请人帮忙干农活，也常做来吃。此词读音中[to^{55}]是汉语“豆”的借音。

4-16◆螺髻山

[nɔ^{33}ho^{33}]“连渣菜”

用水泡过的黄豆磨成豆浆后倒入锅里煮熟，不过滤豆渣，直接添加湿酸菜或青菜后一起煮出来的菜。

4-17◆普基

4-19◆螺髻山

ଓ王扌卝卄 [ŋgɯ^{33}pu^{21}ɬu^{55}ʂa^{33}ʥi^{33}]“荞麦米花糖”

荞麦面制作的米花糖，也有葵花籽制作的。此词读音中 [pu^{21}ɬu^{55}] 是汉语“爆儿”的借音。

卄ᗡ [ʥi^{33}ʑʅ^{33}]“蜂蜜”

野蜜蜂酿造的蜂蜜。山里峭壁中找到野蜜蜂后，取来放在家附近的蜂桶或墙壁窟窿里养着。野蜜蜂比家蜜蜂短小精干，酿出的蜜更香醇甜美。

4-18◆西城

ꃅ [ndzʅ^{33}]“酒”

用玉米、荞麦、燕麦等粮食作为原料经发酵酿造而成。主要有白酒、啤酒、葡萄酒、黄酒、米酒等种类。螺髻山镇里有几家制作白酒的作坊，主要原料是玉米或荞麦。

4-20◆螺髻山

4-21◆螺髻山

ꉙꏂꍣ [xa^{55}ʂʅ^{33}ndʐʅ^{33}] “燕麦酒”

用燕麦酿造而成的酒。用煮熟的糯米发酵而成的酒精含量低的甜酒，称作 [ndʐʅ^{33}pɛ^{33}] “米酒”。用玉米酿制而成的酒，称为 [po^{33}ku^{21}nrʅ^{33}] “玉米酒”。用荞麦酿制的酒，称为 [ŋgɯ^{33}ndʐʅ^{33}] “荞子酒”。

ꁮꐞꍣ [bu^{55}tsʰʅ^{33}ndʐʅ^{33}] “药酒”

在瓶罐里，把各种中药材放入白酒里浸泡制成的酒。据说，适当饮用能强身健体，延年益寿。当地人家自行酿制的药酒种类较多。用枸杞放入白酒中泡制而成的，称为 [ko^{33}tɕʅ^{21}ndʑʅ^{33}] “枸杞酒”，[ko^{33}tɕʅ^{21}] 是汉语“枸杞”的借音。用青梅果放入白酒中泡制而成的，称作 [tɕʰi^{33}mi^{21}ndʐʅ^{33}] “青梅酒”，[tɕʰi^{33}mi^{21}] 是汉语“青梅”的借音。用牛鞭、鹿鞭等配上适量的中草药后放入白酒中泡制而成的，叫作 [tɔ^{33}pɛ^{33}ndʐʅ^{33}] “多鞭酒”，[tɔ^{33}pɛ^{33}] 是汉语“多鞭”的借音。

4-22◆东城

4-24◆螺髻山

[illegible] [ŋga^{21}nɔ^{33}la^{55}] **“苦荞茶”**

苦荞炒制的茶。苦荞粒经筛选、烘烤制成。用苦荞茶加热水泡制的茶水，称作 [ŋga^{21}nɔ^{33}la^{55}ʑɿ^{33}] “苦荞茶水”。

4-23◆普基

[illegible] [la^{55}tɕ^{h}i^{33}] **“茶叶”**

从茶树上采摘叶子，经过杀青、炒制等工艺加工后制作而成。煮吃、泡喝都可以。适当饮用，生津解渴，对身体有好处。“茶水”称为 [la^{55}ʑɿ^{33}]。

[illegible] [ʑi^{33}tɕ^{h}i^{33}] **“烟叶”**

烟草的叶子。烘烤的烟叶送到卷烟公司经过加工就能生产出香烟，也可以直接卷制成烟卷吸食。

4-25◆特补

4-26◆螺髻山

4-27◆螺髻山

[ʑɛ³³nɔ³³mo²¹]“蓝花烟”

自行种植的叶子肥厚的烟叶。中老年人最爱吸食的叶子烟。

[mo²¹ʑo²¹]“魔芋”

用魔芋粉作为原材料制作出来的食品。清爽可口，富含可溶性膳食纤维，营养丰富。单独炒食或配以猪肉等菜肴食用。此词读音是汉语“魔芋”的借音。

[la²¹fi⁵⁵]“凉粉”

用荞面、米面、豌豆面等食材制作的粉，夏季风味食品。制作时，面放入锅里煮熟后倒进盘里冷却；食用时，切成条状或片状，配以酱油、醋、辣椒油等作料。清凉爽滑，脆香可口，凉拌吃或煎炒吃。此词读音中[fi⁵⁵]是汉语“粉”的借音。

[la²¹mi²¹]“凉面”

煮熟沥水后的面条。食用时，加入蔬菜，配上酱油、醋、辣椒油、盐、味精等作料。清爽可口。此词读音中[mi²¹]是汉语“面”的借音。

4-28◆螺髻山

4-29◆螺髻山

4-30◆北城

三 菜肴

[ʑa^{21}ʑo^{55}tɕi^{33}tsʰu^{33}] “酸菜土豆汤”

用酸菜和土豆片、土豆丝一起煮熟的汤菜。菜里拌入辣椒、葱蒜、盐等调味品，酸辣香醇，可口下饭，是人们最喜欢吃的汤菜。

[tɕɛ^{21}tu^{55}tɕi^{33}tsʰu̠^{33}] “酸菜四季豆汤”

用酸菜和四季豆豆粒一起煮熟的汤菜。常吃的特色菜。

4-31◆螺髻山

4-32◆螺髻山

4-33◆螺髻山

[tɕɛ^{21}tu^{55}ma^{34}ma^{33}] “豆角米粒”

四季豆的豆粒。一般用白水煮熟后凉拌吃，有时与其他菜混合煮来吃。最常见的是跟酸菜一起煮来吃。

[vo^{21}tɕo^{55}] “煮蔓菁”

用白水煮熟的蔓菁。既是菜也可当辅食充饥。

[xɯ^{33}ma^{33}tɕo^{55}] “坨坨肉”

鸡、猪、牛、羊肉切成拳头般大后煮熟的肉块。肉块捞出来后撒上食盐即可食用。吃“坨坨肉”是最常见的饮食习惯。无论是日常生活还是婚丧嫁娶场合都食用。肉的大小是约定俗成的。据说严格按规格大小来砍肉，如一只整鸡加上鸡头、鸡翅膀、鸡爪、鸡身所有的部分，砍出来只有十二块“坨坨肉”。

4-34◆北城

4-35◆螺髻山

[ɣo^{21}tɕo^{55}ʑa^{21}ʑo^{55}tɕo^{55}]“煮土豆蔓菁”

土豆和蔓菁一起煮熟的菜。特色菜。既是菜，也可以当作主食吃。

[ʑa^{21}ʑo^{55}sɛ^{33}sɛ^{33}]“炒土豆丝”

土豆切丝后炒出来的菜。做时用少许油把切好的土豆丝炒熟，加上葱、蒜、酱、醋等调料后食用。有的与尖椒一起炒来吃，别具风味。

4-36◆螺髻山

[vi^{55}si^{55}sɛ^{33}]“炒猪肝”

煎炒的猪肝。把猪肝切好后放入锅里煎炒，添加辣椒、芹菜、木耳、蒜薹等食材，再加上葱、蒜、酱、醋等调料即可。

4-37◆螺髻山

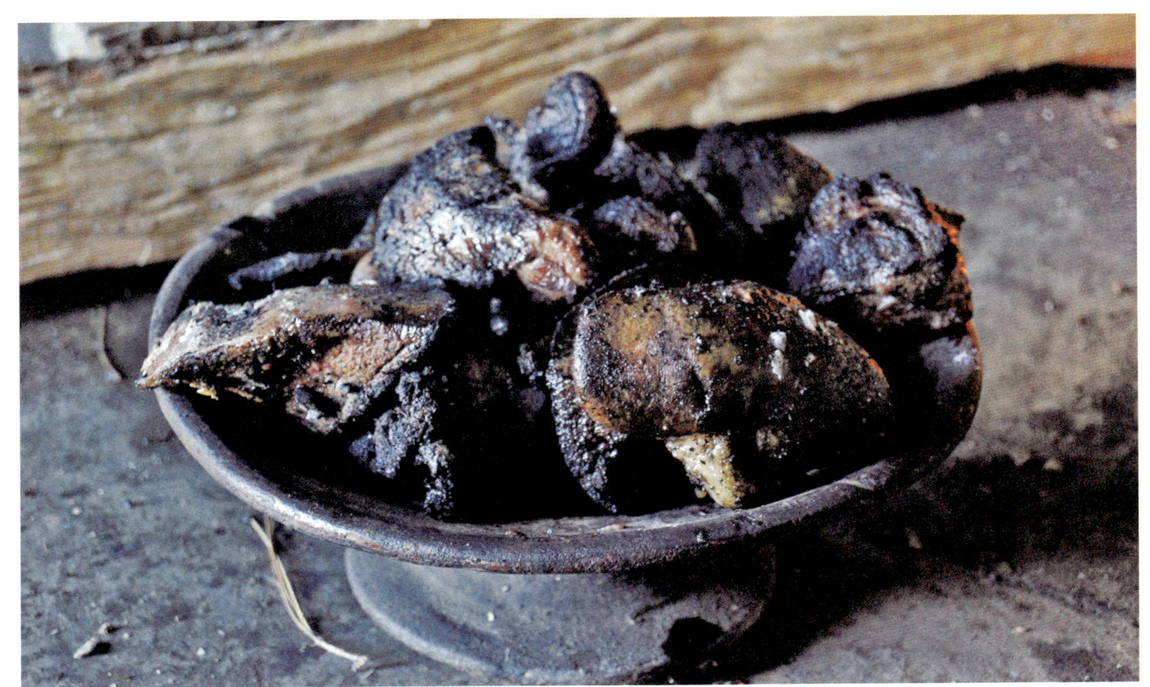

4-38◆螺髻山

[xɯ^{33}fu^{33}] “烧肉”

炭火上烧烤的肉，民族风味特色菜。食材有鸡肉、猪肉、牛肉、羊肉。逢年过节或毕摩作法时宰杀的禽畜，都按惯俗将肝、脾等部位和部分切肉烧熟后配上酒一起祭祀祖先神灵，以祈福求安康。

4-40◆螺髻山

[xɯ^{21}ti^{21}] “冻肉”

特有的菜肴。将过年杀的猪的猪脚、猪皮等切成小块放入锅里煮熟，捞出放进盆、盘、钵等器皿里加入葱、蒜等香料，待肉和汤慢慢冷却凝固而成。老少皆喜欢吃。常作为拜年的礼品孝敬老人。

4-39◆螺髻山

4-42◆安哈

[ʥi^{55}vi^{55}xɯ^{33}sɿ^{55}] **“青椒肉丝”**

青椒和肉丝一起炒的菜。以青椒为主的食材掺和肉丝一起煎炒，添加蒜、姜等调料即可。口味香辣，可口下饭。

[ɣo^{21}nzi^{33}a^{33}vu^{33}] **“萝卜干”**

晒干的萝卜片或萝卜丝。夏天晒制，冬天食用。常作为冬季食用的储备菜。

[tɕi^{21}tu^{55}a^{33}vu^{33}] **“干豆角”**

四季豆成熟后连根拔起挂在屋檐下晒干。食用前将秆、叶茎和豆粒分离。秆叶作肥料，豆粒食用。

4-41◆螺髻山

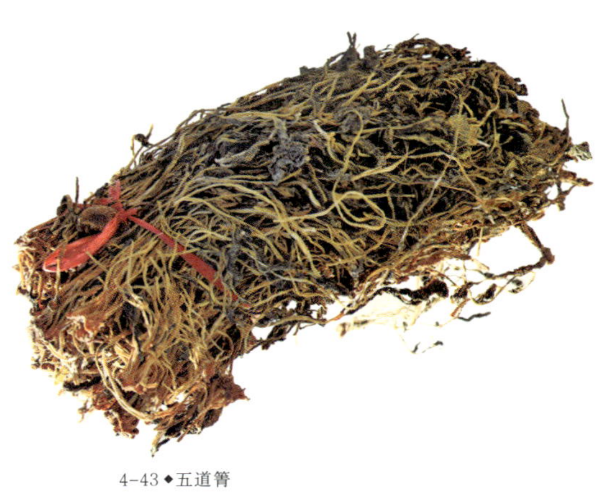

4-43◆五道箐

4-44◆东城

[ɣo^{21}tɕi^{33}a^{33}vu^{33}] “干酸菜”

蔓菁叶子、青菜叶子做的酸菜。制作时，将新鲜菜叶洗净后放入滚烫的热水里焯烫几次，随后捞出放入木桶或坛子里发酵一定时间，之后捞出来晒干。还没捞出来晾晒的酸菜，称作 [ɣo^{21}tɕi^{33}tɕi^{33}dʑi^{33}] “湿酸菜”。

[lɯ^{33}xɯ^{33}du^{21}ɬi^{55}] “牛干巴”

牛肉做的干巴肉。生牛肉或牦牛肉切成条块，撒上食盐、辣椒等调料后挂晒晾干制成 。

[ɣo^{21}tɕi^{33}] “腌酸菜”

把切好的青菜撒上食盐，拌入一点辣椒后装在坛子里腌制成的酸菜。

4-45◆螺髻山

[vi^{55}xɯ^{33}la^{21}ru^{21}] “腊肉”

用火熏烤制成的肉。猪肉、牛肉、羊肉和牦牛肉均可用于制作腊肉。制作时将肉条或肉块撒上食盐、花椒后，挂晒在火塘上方的架子上熏烤，或挂在楼上的木杆上慢慢晾干。

4-46◆螺髻山

4-47◆螺髻山

[vi^{55}sɿ^{33}nza^{55}] “血肠”

清理干净的猪肠里灌装猪血等做成的血肠。制作时，把猪血与豆腐块或土豆丝混合在一起，经熏烤或晾干制作而成。

[vi^{55}vu^{33}nza^{55}] “肉香肠”

清理干净的猪肠里灌装馅料做成的肉肠。把猪肉切成小块，装在盆里撒上食盐、葱、蒜等调料后灌进猪肠里，用火熏烤或晾干。

[vi^{55}hɛ^{55}xɯ^{33}] “猪肚肉”

清理干净的猪肚里装上生肉块制作的肉食，过年时常做的一种肉菜。制作时，把猪肉切成坨坨肉放入猪肚里，慢慢晾干。吃时切开猪肚，取出肉块煮熟。这种肉放多久时间再打开，其肉质、颜色等都跟新宰杀的肉一样新鲜，味道鲜嫩，是一道传统的民族特色菜。

4-48◆东城

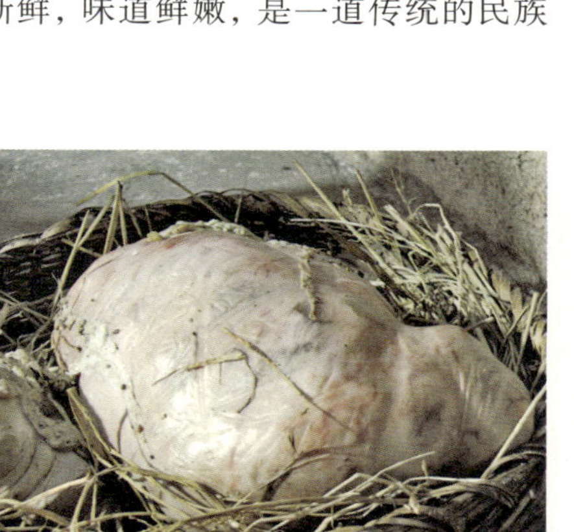

4-49◆螺髻山

伍·农工百艺

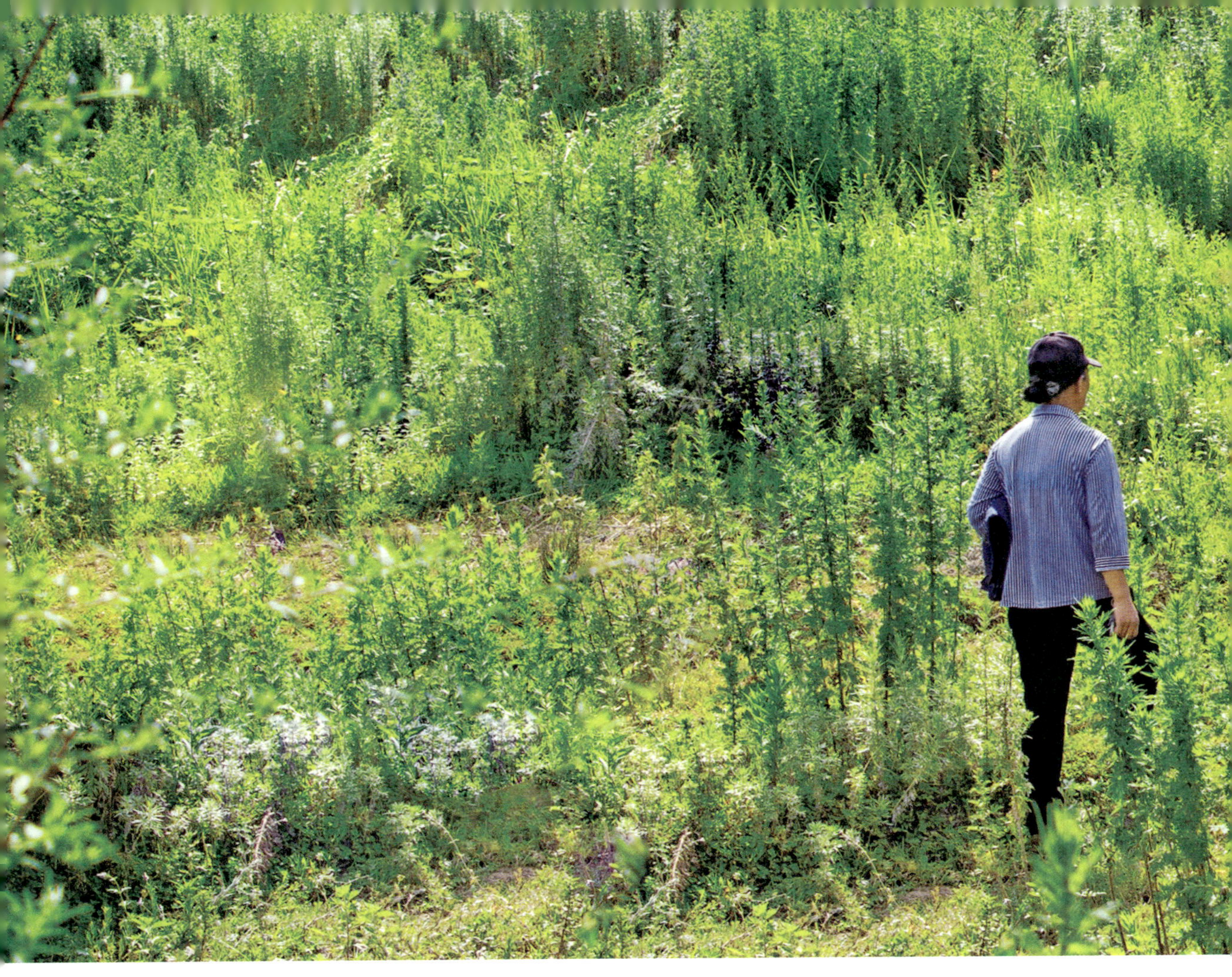

普格彝族地区耕地面积中山地面积大，水田面积小。做农活普格彝语称为[ȵo^{21}bo^{21}tsa^{33}ɕɛ^{33}]，也称为[ɬo^{55}mu^{33}mo^{33}ȵo^{21}]；使用的工具称作[ʥo^{33}gu^{33}ma^{33}la^{33}]。农活多种多样，有挖土、除草、播种、插秧、割荞麦、喂猪、放牛羊、编背篓、背柴火、做木工、擀毡、剪羊毛、养蜂等。做农活的农具繁多，有犁、刀、锄、锉、篓、车、磨、秤、斗等。使用的农具跟当地种植的农作物息息相关。山地和水田主要是耕翻土地、破碎土块、平匀田地、除草加工等作业，使用的农具主要有犁、耙、锄、刀。用来收割、脱粒、清选粮食作物的农具，包括镰刀、连枷、簸箕、风车、打谷机等。这些农具，有自己制作的，有集市上购买的。自己制作的，制作过程中十分讲究传统的工艺工序、花纹图案。集市上购买的，如砍刀、锄头、打谷机、锉子等。传统的简单农具，一般家庭里的男人都会制作，如连枷、背架子、木马等。但很多农具只有专门的匠人才会制作，如石磨的打造和修齿槽，只有俗称“石匠”的人会做。盖房上梁、装窗等木工活只有木匠能做。

有的农具，旧时的生产生活中并不存在，都是后来传入或在集市里购买。农具名称上常采用汉语名称，即汉语借词。

随着中青年人外出到大城市打工的越来越多。除了逢年过节外常年不回家，有的甚至逢年过节也不回家。故而，很多年轻人对做农活越来越陌生，会制作传统农具的人也越来越少。村寨的农活主要由老年人和小孩来承担。有的家庭把自家的农地或农活承包给别人，常年不做或少做农活，导致有些农具闲置，生锈甚至腐烂。

普格彝族家庭长期以来延续古老而传统的耕作方式。男女分工明确，男子主外做重活，女子主内做家务。但近年来，男子出外打工挣钱的多起来，女子不得不在生儿育女、孝敬公婆父母、做好家务的同时，担当起平时只有男子才做的挖地、犁田、筑墙、砍柴、盖房等重活，村寨里传统的男女社会分工在瓦解、变迁中。

一 农事

5-1◆螺髻山

[ts^{h}ɿ^{21}tsi^{21}ts^{h}ɿ^{21}tsi^{21}mu^{33}ʥi^{21}]“梯田”

山区坡地上沿着相同的高度，挖掘修筑成条状阶台式或波浪式的断面田地。其宽度和长度及两块梯田间的高度和大小，依据地面坡度大小、土层厚薄、耕作方式决定。能防止水土流失，有利蓄水和保土，有利作物生长。分水平梯田、坡式梯田、复式梯田等类型。有山地和水田之别。

5-3◆螺髻山

[di^{21}tsɿ^{55}]“田埂”

一块水田边缘高出的部分。主要功能是能挡住水流，使泥土、肥料不流失，也作分界标志或供行人走动。用锄头除掉田埂上的草，称作 [di^{21}tsɿ^{55}tɕu̠^{33}]“铲田埂”。“修补田埂”称作 [di^{21}tsɿ^{55}do^{55}]。

5-2◆安哈

[bo^{34}ɕɿ^{33}] **“坡地”**

位于山坡上能种庄稼的地，有一定的坡度。相对种水稻的水田而言，能种玉米、荞麦、土豆等农作物。

[mu^{33}dɯ^{33}tsɿ^{55}] **“挖地”**

用锄头挖田、地，把土壤翻转过来。一般冬季进行，为春季播种作准备。

5-4◆特尔果

普格彝语·伍·农工百艺

5-5 ◆螺髻山

ꃅꉌ [mu³³ŋɯ³³] "犁地"

用耕牛或机器把泥土翻起以利平整。这是播种或移栽农作物前进行的翻土、打土块等系列活动，以使田地符合农作物种植要求。

ꍈꃅꏸꇬꎭ [tʂʰɯ³³mu³³ʐʅ³³ga³³ʂo²¹] "理田水沟"

用挖锄整理、清除引水沟里的残渣、朽木和石块，以便水流畅通。

5-6 ◆螺髻山

5-7 ◆荞窝

[di^{21}tsɿ^{55}dɛ^{33}]“筑土埂”

为便于更好地播种，用木槌、挖锄等工具在田地里修筑土埂。修筑后，高出土面的部分，叫作 [tsɯ^{33}di^{21}tsɿ^{55}]“土埂”。用木头制作的木槌，也称为 [tsɯ^{33}ndʑɛ^{33}du^{33}]“打土槌”。斜坡上修筑好的两块梯田间高出的部分，称作 [di^{21}tsɿ^{55}]“田埂”（见图 5-3）。

[ɕɿ^{33}tsʰɿ^{55}]“沤肥”

把草放入猪、牛、羊圈里，经过长时间踩踏发酵后造出来的肥料，挖出后堆放在池子里继续发酵。将造出来的肥料挖出来，叫作 [ɕɿ^{33}ndu^{33}]“挖肥”。再把肥料堆放挤压在一起，称为 [ɕɿ^{33}bo^{33}]“堆肥”。把肥料背到田地里垒堆在一起晒着，称作 [ɕɿ^{33}ɬi^{55}]“晒肥”。将晒放在地里的肥料撒在地面上，称为 [ɕɿ^{33}xa^{33}]“撒肥”。

5-8 ◆螺髻山

5-9◆螺髻山

[kʰu^{21}ɬa^{33}tsʰɿ^{55}] “烧草木灰”

干泥土放在干草、干树木堆上一起烧烤而成的灰。这是一种典型的刀耕火种模式。烧好的草木灰撒在田地里，称作[kʰu^{21}ɬa^{33}pʰu^{55}] “撒灰” 。

[zɿ^{33}bu̠^{33}] “稻草人”

在即将成熟的农作物地边上立起或地中间插上木棍，用稻草制成或旧衣服制作的假人，也有的在木棍顶端挂上红、黄、蓝等布条。农家人常用这种方式吓唬来糟蹋或偷吃作物的飞禽走兽。

5-10◆螺髻山

5-11◆螺髻山

[tʂ^{h}ɯ^{33}ʐʅ^{55}]“割稻谷”

用镰刀收割成熟的稻子，三把五把为一堆，便于脱粒。割小麦，称作 [ʂa^{33}ʐʅ^{55}]。收割荞麦，称作 [ŋgɯ^{33}ʐʅ^{55}]。

5-12◆特补

[$pɔ^{33}ku^{21}ɕɛ^{33}$] “掰玉米”

秋天把成熟的玉米棒从玉米秆上掰下来。有两种作业方式：一种是把整个玉米棒子掰下来，背回家再撕掉苞壳；另一种是直接在玉米秆上撕掉苞壳后背回玉米棒子。

[$ɣɔ^{21}ma^{33}tʂʅ^{33}$] “拔蔓菁”

用手在菜地里拔出蔓菁。蔓菁是彝族人家特有的菜。生吃解渴消腻。可以做酸菜或切成片晒干后做干菜。

5-14◆螺髻山

5-13◆甘多洛古（阿瑟提供）

ꋺꎹꀘ [ʐa²¹ʐo⁵⁵pi⁵⁵]“挖土豆”

用锄头、铧犁等工具把土豆从地里挖出来。用锄头挖的，常自己挖自己捡；用铧犁犁的，一人吆喝牛犁出来，两三个人跟在后面捡。

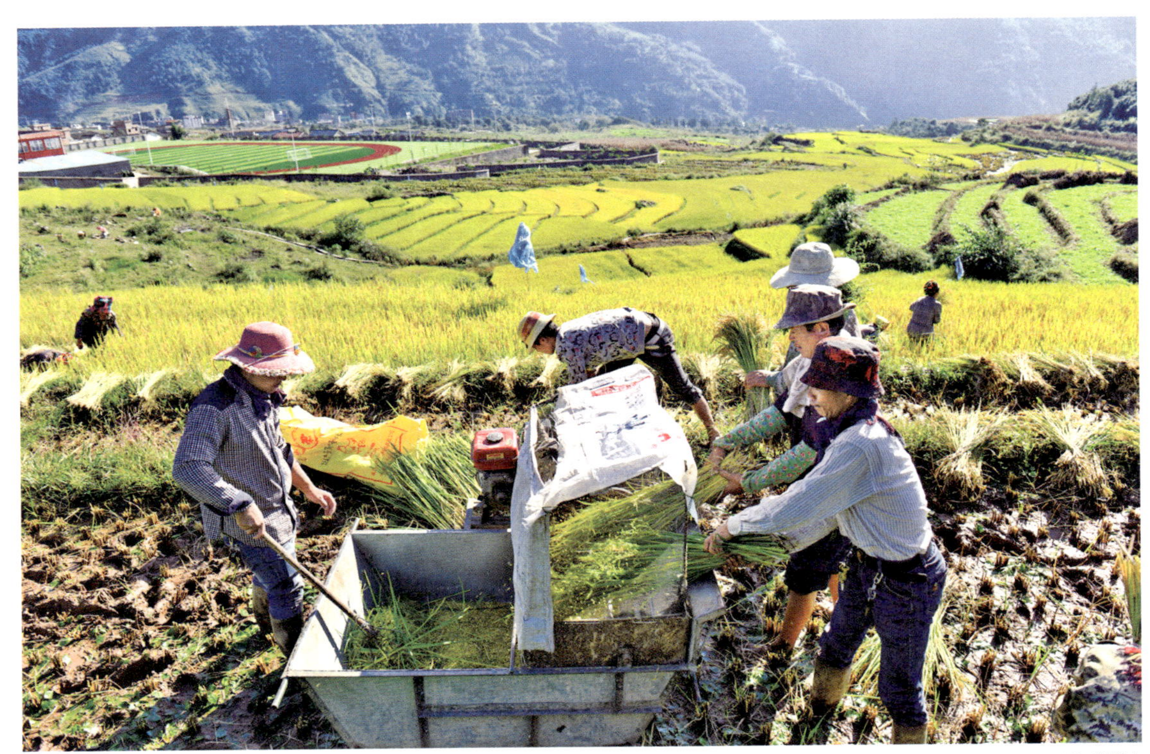

5-15◆螺髻山

[tʂʰɯ33ndʑo55]“打稻谷”

用打谷斗（见图 5-45）或打谷机脱粒稻谷。用打斗打时，双手握紧稻秆根部，高举过头，用力向斗框砸去，反复甩打，谷粒脱落在斗里。用打谷机脱粒时，双手握紧稻秆根部后直接伸进齿轮中反复翻转，谷粒脱落。这种活男女都可操作。用木头连枷或木条脱粒小麦，叫作 [ʂa33ndʑo55]“打小麦”。用木棒或连枷脱粒荞麦，称作 [ŋgɯ33ndʑo55]“打荞麦”。

5-16◆螺髻山

[pɔ33ku21ɭ33]“搓玉米”

用手从上至下旋转着玉米棒将玉米粒搓揉下来。现在常用机器来脱粒。

5-17◆螺髻山

[tʂʰɯ^{33}ɬʅ^{33}]“扬稻谷”

将谷粒跟碎渣分开。用盆、撮箕等用具，将谷粒撮起来，举起比肩高时均匀地倒下去，碎渣、瘪粒随风飘离，饱满谷粒成一堆，碎渣、瘪粒成另一堆。将荞粒跟碎渣、瘪粒分开，称作[ŋgɯ^{33}ɬʅ^{33}]“扬荞麦”。

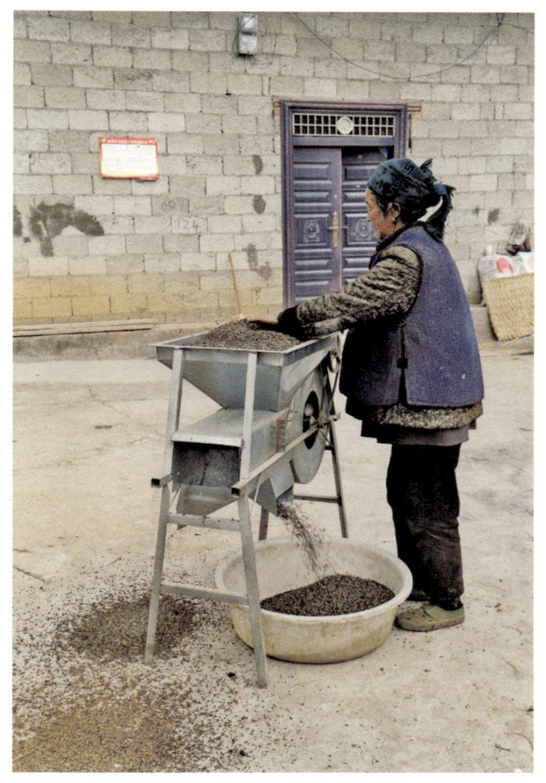

5-18◆螺髻山

[ɬʅ^{33}du^{33}ɬʅ^{33}]“用风车扬”

用风车将水稻、荞麦、小麦等粮食颗粒中的杂质、瘪粒、秆屑、残渣、败叶除去。[ɬʅ^{33}du^{33}]“风车”是木制或铁制农具。其结构的最上部设置梯形的入料仓，下面有一个漏斗出粮食颗粒，侧面有一个小漏斗出残渣败叶，尾部出壳。圆形的“肚子”里安置叶轮，外接铁制摇柄，摇柄摇动时带动风叶转动扬谷物，风的大小跟转动速度快慢有关，转得快风就大，反之亦然。

5-19◆螺髻山

[ŋɡɯ^{33}ʑʅ^{33}ti^{33}] “荞秆垛”

收割荞麦时，把颗粒脱掉后的荞麦秆垒堆在一起晒干，用作积肥和禽畜食用。稻草垒堆在一起的，称作 [tʂʰʅ^{33}zʅ^{33}ti^{33}] “稻草垛”。“玉米秆垛” 称为 [po^{33}ku^{21}zʅ^{33}ti^{33}]。

5-20◆安哈

[tʰɯ^{33}tɕo^{33}ti^{33}] “松针垛”

冬季农闲时，把山林中松树下的松针收集起来，背回家堆在一起作积肥用。把成熟的蕨草收割背回家堆在一起，称作 [nda^{33}bo^{33}ti^{33}] “蕨草垛”。

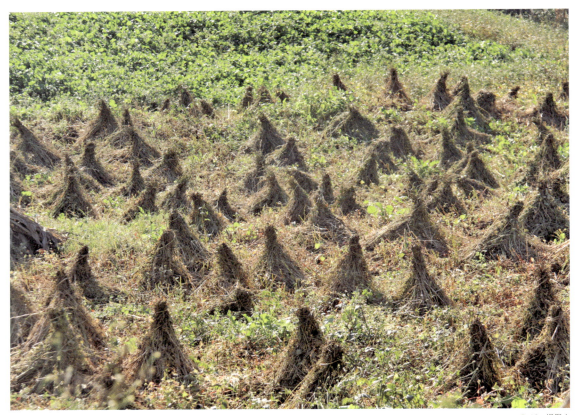

5-21◆螺髻山

ꌦꈡ [sɿ33kʰo21] “木柴垛”

选择山上长势不好或老了的灌木砍倒，劈成条块晒干后背回家堆放在一起，作燃料用。每年过年前，家家户户都把之前砍伐后晒在山上的木材背回来堆好，过年时用。

ꉼꐚ [ŋgɯ33tɕʰi21] “撒荞麦”

播种荞麦。农历四五月期间，在平整好的农田里撒上荞麦种子，经过雨水浸泡后生根发芽。播种玉米，叫作 [pɔ33ku21tsɿ33] “点玉米”。即在犁好的地里用挖锄按一定间隔，刨出一个个小坑，扔进玉米种子后盖上泥土。

5-22◆螺髻山

5-23◆特补

[ʑi^{33}tsɿ^{33}]“种烟”

播种烟叶。在田间按一定的间隔种上烟苗。

5-24◆螺髻山

[ɣo^{21}ma^{33}tsʰɿ^{21}]“削蔓菁”

用刀把从地里拔出来的新鲜蔓菁的根与茎叶分开。用砍刀或菜刀将蔓菁剁碎或切成片，称作 [ɣo^{21}ma^{33}tsʰɿ^{33}]“剁蔓菁干”。把削好或剁好的蔓菁干在竹垫板等用具上暴晒，叫作 [ɣo^{21}tsi^{21}ɬi^{55}]“晒蔓菁干”。

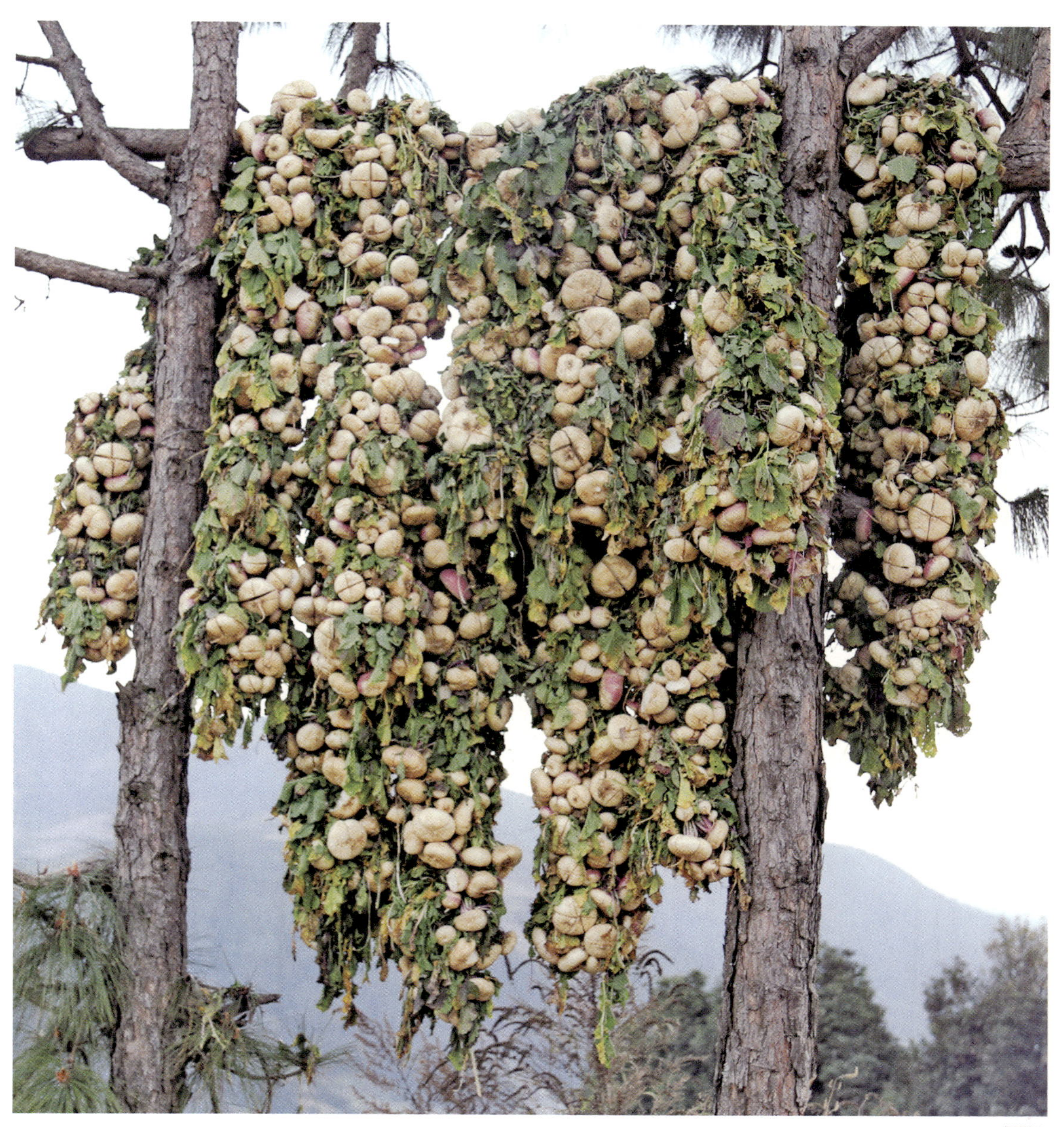

5-25◆螺髻山

ꀋꁧꑌ [ɣo²¹du²¹ɬi⁵⁵] “挂晒蔓菁”

把从地里拔出的新鲜蔓菁连同茎、叶、根编成辫状串连起来，挂在树上或木杆上暴晒。竹垫板或木条杆上放晒或挂晒酸菜，称作 [ɣo²¹tɕi³³ɬi⁵⁵] “晒酸菜”。

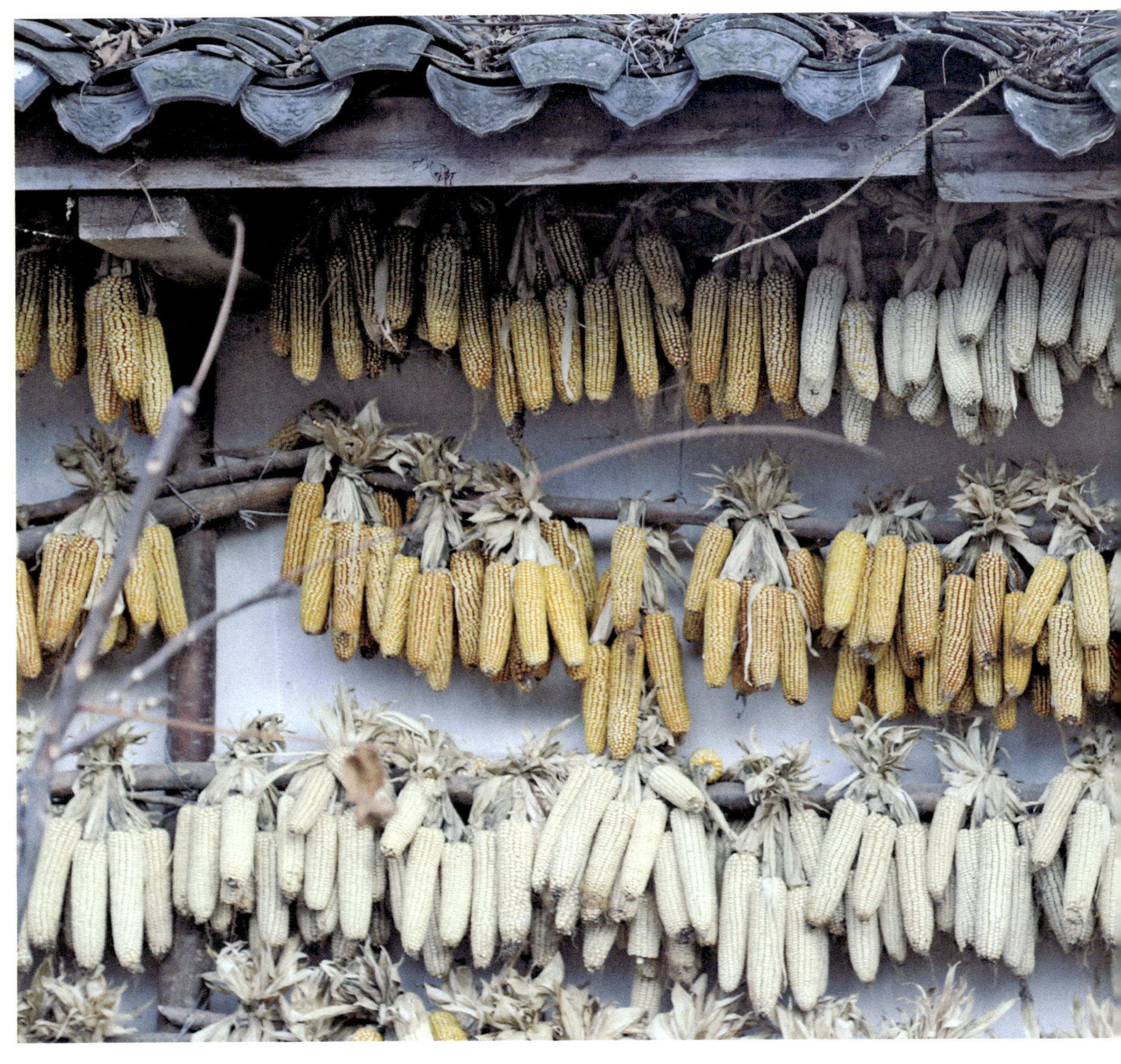

[illegible] [po^{33}ku^{21}ɬi^{55}] “挂玉米”

屋里楼架杆上或屋外墙面木架上挂晒玉米棒子，等彻底晒干后取下脱粒。脱粒后的玉米芯晒在地上或竹垫板上，称为 [po^{33}ku^{21}tɕɛ^{33}da^{33}ɬi^{55}] “晒玉米芯”，晒干了当柴用。

5-26◆五道箐

5-27◆螺髻山

[vi^{55}dʑa^{33}ʂ̩ɯ^{21}]“打猪草”

家庭养猪，一般不用现代合成的饲料喂猪，而是到田地或野外寻找猪能吃的草，回家后剁碎，加上一些粮食煮熟后喂养。

[vi^{55}gu^{55}]“阉猪”

摘除或破坏猪卵巢或睾丸的手术。一般小猪满双月后实施这种手术。小猪阉割后失去生殖机能，性情温顺，易于养肥，提高肉质，提高经济效益。除了猪，公鸡和公羊也可以施以阉割手术。阉割后的公鸡，称为 [ɣɔ^{33}ʂ̩ɯ^{55}]“阉鸡”。阉割后的公绵羊，称作 [z̩o^{21}na^{55}]“阉绵羊”。阉割后的公山羊，称作 [tʂ̩^{h}ʅ^{55}ʂ̩a^{33}]“阉山羊”。

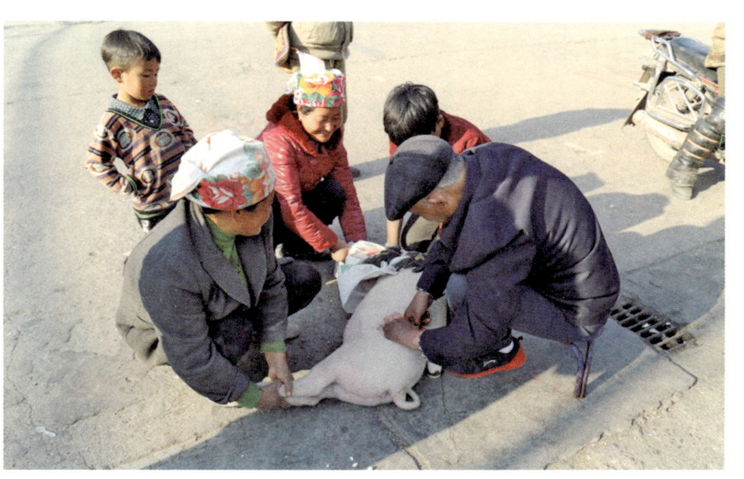

5-28◆螺髻山

5-29◆螺髻山

[tsɿ^{55}mo^{55}p^{h}i^{55}] “薅锄”

用来除去田地里杂草用的锄头。长柄板锄。锄刀身平薄，有的有点弧度，呈月牙状；有的没有弧度，刃口平直。也可以用来收拢地面散乱的沙土、谷物等。

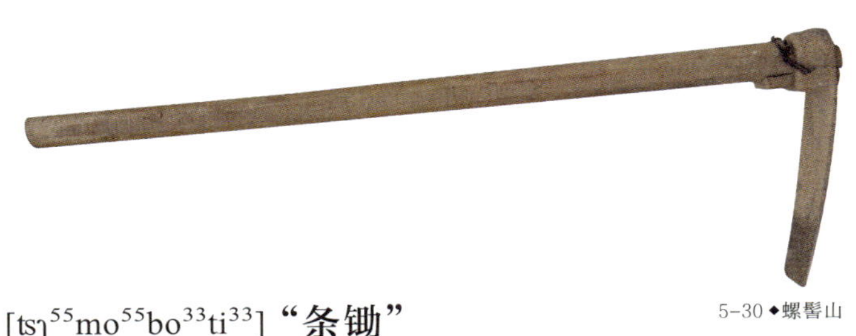

5-30◆螺髻山

[tsɿ^{55}mo^{55}bo^{33}ti^{33}] “条锄”

用来挖地的长柄锄头。锄刀身窄小。用于深挖坚硬地方小面积的泥土、石头；也常用来挖掘埋在土壤里的山药、红薯等。

5-31◆螺髻山

[a^{33}ŋgɯ^{21}ɬɛ^{33}] “铁锹”

铁制的大号铲子。长柄。其柄有木制的，也有铁制的；头是铁制的。种类有方头铁锹和尖头铁锹。用来铲泥巴或煤炭。

5-32◆螺髻山

[lɔ^{33}ndu^{33}tsɿ^{55}mo^{55}] “铁镐”

专门用来撬动石头或深挖洞穴的工具。长柄安设在锄中间，锄的两头一头尖一头扁平，整个呈T形。用来撬捣石头用的一头尖另一头稍扁平的铁棍，称作 [lɔ^{33}li^{55}xo^{33}du^{33}]“钢枪”。

[t^{h}i^{33}tɕa^{55}du^{33}] “扁担”

用木头或竹子削成的扁平状的约长1.8米的木板或竹板。两端系有绳索，绳索下端系有铁钩，用来钩、提水桶或物品。斑竹制的，叫作 [ma^{33}tɕa^{55}]“竹扁担”。木头制的，叫作 [sɿ^{33}p^{h}i^{33}tɕa^{55}]“木扁担”。

5-33◆螺髻山

[a^{33}du^{55}] “竹簸箕”

用竹片编制的簸箕，用来装粮食和装放水果。经久耐用。

5-34◆螺髻山

[ma^{33}lo^{33}] “背筐”

用竹、藤、柳条等编制的筐。安装背带，使用便捷，背在背上，用来背各种农作物或其他物品。由于形状不一样，有的称作 [ma^{33}pu^{33}]“背篓”；有的称作 [k^{h}a^{34}k^{h}a^{33}]“背篼”。

5-35◆螺髻山

5-36◆螺髻山

ꌦꏦꇤꉌ [sɿ³³dʑɔ³³ka³³ŋo⁵⁵] “柴刀”

用钢制作的砍刀。硬度强，刀尖半弯曲。专门用于砍柴。

5-37◆螺髻山

ꍬꃅꀠꆹ [dʐɿ³³mu³³pa²¹li³³] “砍刀”

用钢制作的砍刀。刀把刀身一体，刀头齐平，厚重刚硬。用于砍柴或砍肉、砍骨头。

5-39◆螺髻山

ꆺꈢ [la⁵⁵go⁵⁵] “钉耙”

铁条制作的耙子。用于刨草、刨土、刨田的工具。由木把和钩形的耙头组成。

ꏂꄽꆺꈢ [ɕɿ³³ndu³³la⁵⁵go⁵⁵] “粪耙”

用来刨肥料的铁制钌耙。农业生产中翻地、碎土的传统农具。由木把和几片耙头组成。把儿是木制的，耙头是铁齿。也用于耙土、耙草等。

5-40◆螺髻山

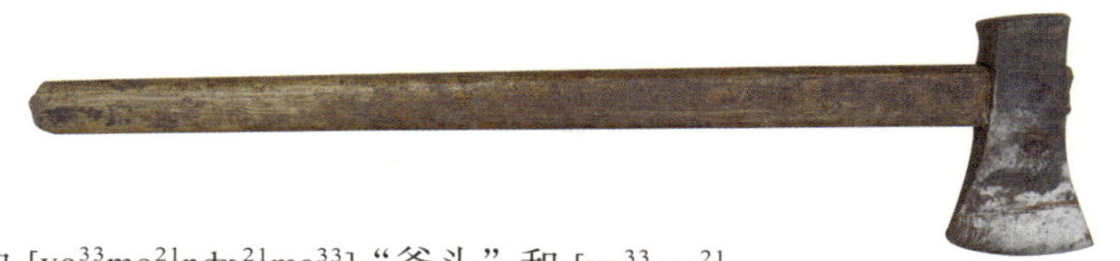

[vo^{33}mo^{21}] “斧子”

用于砍削木柴的刀具。由 [vo^{33}mo^{21}ndʑɿ^{21}ma^{33}] “斧头” 和 [vo^{33}mo^{21} ɣo^{21}du^{33}] “斧柄” 两部分组成。斧头用钢铁制作，斧柄用坚硬的木头制作。

5-38◆螺髻山

5-41◆螺髻山

[sɿ^{33}sɿ^{33}go^{55}] “木犁”

用木头和铁铧口组成的犁铧。一种传统的农具。主要在山地上作业，利用牛、马等畜力来犁地、翻田。还有全部都用铁制作的，称为 [xo^{33}du^{33}sɿ^{33}go^{55}] “铁犁” 。

[la^{33}ta^{33}] “枷担”

犁地时安放在牛脖子上的木枷。由“牛辕”“枷绳”“套颈绳”组成。“牛辕”称为 [lɯ^{33}ȵi^{55}tɕi^{55}]，即犁前枷牛的一块木头。“枷绳” 称为 [lɯ^{33}ŋgo^{33}tɕi^{21}]，即连接枷担与牛辕的两根绳索。“套颈绳” 称为 [lɯ^{33}ʑɛ^{55}sɿ^{55}]，即牛脖子下方连接枷担两端的弧状木块。制作枷担，称作 [la^{33}ta^{33}dɛ^{33}] “做枷担” ，要选用自然半弯的木头，削皮成型后在两端分别穿孔，系上绳索。

5-42◆螺髻山

5-43◆螺髻山

[lɯ^{33}na^{33}ʐʅ^{33}] “套鼻绳”

穿在牛鼻子与牛头上的绳索，即“套住牛鼻的绳”。将一根绳子穿过牛鼻孔，顺着牛脸两侧系成死结固定于牛耳后，方便牵牛。放牛或犁地时，从套鼻绳处系好，牵到手里的绳索，称为 [lɯ^{33}tʂʅ^{21}] “牵牛绳”。

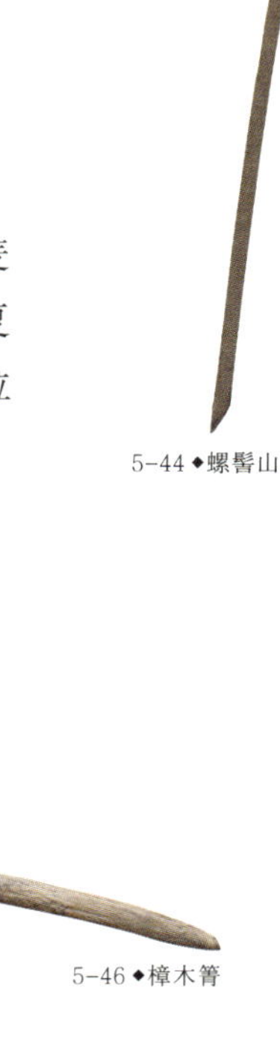

5-44◆螺髻山

[ɬɯ^{21}k^{h}ɯ^{33}] “连枷”

把两根长短不一的木条用粗绳索连接在一起的用具。用于小麦等谷物脱粒。使用时，双手握住短柄，挥动长的一端摔打麦堆，反复摔打，使麦粒脱落。也有双手握住长的一端，挥动短的一头敲打脱粒的用法。

5-46◆樟木箐

[ka^{21}ŋo^{55}] “木叉”

用来收拢草叶的木制叉子。除了木叉外，还有竹叉和铁叉，功能相同。

5-45◆螺髻山

[ndʑo^{55}lo^{33}] “打谷斗”

专门用于稻谷脱粒或者盛装粮食的木器。现在被专门用的稻谷脱粒的机器即“打谷机”替代。

[dʐʅ^{33}mu^{33}tsi^{21}du^{33}] “刀架”

放在房间或储藏室的木架。用于置放各种刀具。做工简易，取用方便。

5-47◆螺髻山

5-48◆螺髻山

[$\mathrm{s}\text{ɿ}^{33}\mathrm{d}\text{ɔ}^{33}\text{ʦ}\mathrm{i}^{21}$]“梯子”

用于爬高的工具。使用时，一头放置在地上，一头固架在上方墙体等物体上，上下自如，便于取放物品。

[$\mathrm{s}\text{ɿ}^{33}\mathrm{p}\text{ɿ}^{21}\text{ʨ}\mathrm{a}^{33}$]“背架子”

用木材制作的木梯状的运输工具。由几根坚韧的木条制作而成，形状像一个“井”字或木梯，高度约1.4米，宽度和人肩差不多，中空部分用麻绳或竹片编成鞭子状的背带；后面底部安装有一个马扎凳式的木架放置物品；中间系上一根麻绳，以备捆绑。背时，货物捆缚在背架的凸面，凹面紧贴人背部，两根背带系着双肩。旧时很流行，现在很少有人用。此词读音中[$\text{ʨ}\mathrm{a}^{33}$]是汉语“架”的借音。

5-49◆螺髻山

5-50◆螺髻山

[mu^{33}ɣa^{55}]“马鞍”

一种两头高中间低的骑马用具。由木头制作，前后均凸起，供人骑坐。旧时，马是男子最亲密、最珍爱的家畜，运输、代步等都离不开马。现在几乎没人使用。有一种挂在马鞍两边的脚踏，供骑马人在上下马时和骑乘时用于支撑骑马者的双脚的铁制马具，称作 [mu^{33}ɣɯ^{21}tɕɛ^{55}ɕɿ^{33}]“马镫”。

[mu^{33}tʂɔ^{33}]“马套绳”

套在马嘴、马头上的绳子。赶马的鞭子，叫 [mu^{33}tʂi^{55}du^{33}] “马鞭”。系在马套绳上的控制马的速度和方向的绳子，称作 [mu ^{33}si^{21}tɕɛ^{33}po^{33}]“牵马绳”。

5-51◆螺髻山

三 手工艺

5-52◆螺髻山

[mɛ^{21}to^{33}] “墨斗”

木工用来打直线的斗，里面装有墨汁和线。用木料制作，用于家具制作的小些，用于建筑工程的大些。使用时，从墨斗中拉出墨线，放到或垂吊在木材上，绷紧后提起墨线松手，在木材上打上黑线，以便后期加工。此词是汉语“墨斗”的借词。用来测量长度的染有墨汁的线，叫作 [ma^{33}nza^{33}ɕi^{33}] “墨线”。

[sɿ^{33}ndʑɛ^{33}du^{33}] “木工尺”

木工用来画水平线的主要工具。由相互垂直的尺头和尺身组成，其规格以尺柄与尺翼长短比例确定。有直角尺、三角尺。有木制的、钢制的、铝制的和玻璃制的。常在工程设计绘制图纸或木工下料等做工时使用。

5-53◆螺髻山

[xo^{33}du^{33}lɛ^{55}tɕɛ^{55}] “螺旋钻”

用来打钻木眼、木洞的螺旋形铁钻。用于钉钉子的锤子，叫作 [xɔ^{33}nzi^{33}t^{h}o^{55}du^{33}] “钉锤”。形似锤子的，称为 [tɛ^{33}t^{h}u̱^{33}] “榔头”。钉锤和榔头都是用来钉钉子的。

5-54◆螺髻山

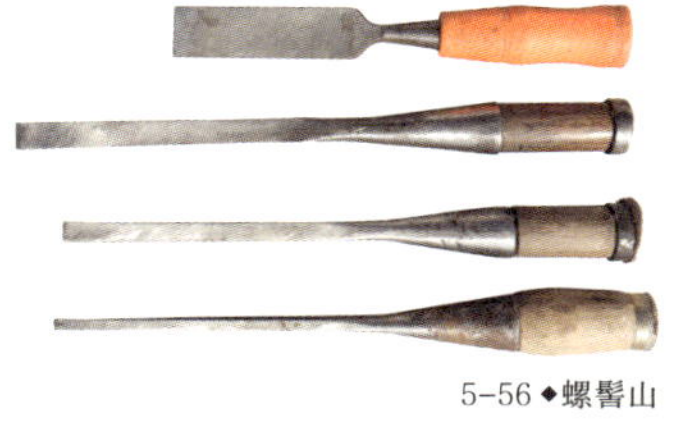

5-56◆螺髻山

5-55◆螺髻山

ꌦꄶ [sɿ33tʰu33] “凿子”

一种钢制的多种用途的木工工具。用于传统木工工艺凿眼、挖空、剔槽、铲削等。在柄或把手另一端的末端带有刃口。有平凿、圆凿、斜刃凿等多种类型。使用凿子打眼时，一般左手握住凿把，右手持锤进行作业。

ꌦꃆꀠ [sɿ33mu21pa55] “木马”

木工做工时用来放置木材、工具及做木工活用的木叉。为做工方便，通常在其表面上钉上铁制木工工具，称为 [sɿ33zi21xo33nzi33] “抓木钉”。

ꌦꏣꏣꎭ [sɿ33ʐʅ55ʐʅ55ʂu33] “短锯”

锯木料用的小号齿形钢锯，由架弓、锯线和锯片构成，用起来简单、方便。使用时通过调节锯条对侧的螺丝松紧来使锯条绷直，可以更换锯片。另有大号齿形的钢锯，称作 [sɿ33nbo33ʐʅ55ʂu33] “长锯” 。还有一种无架弓、锯线，而是在锯片一端安设木制把手，这种锯子称为 [ʐʅ55ʂu̠33o33ʥʅ33] “手锯” 。

5-57◆螺髻山

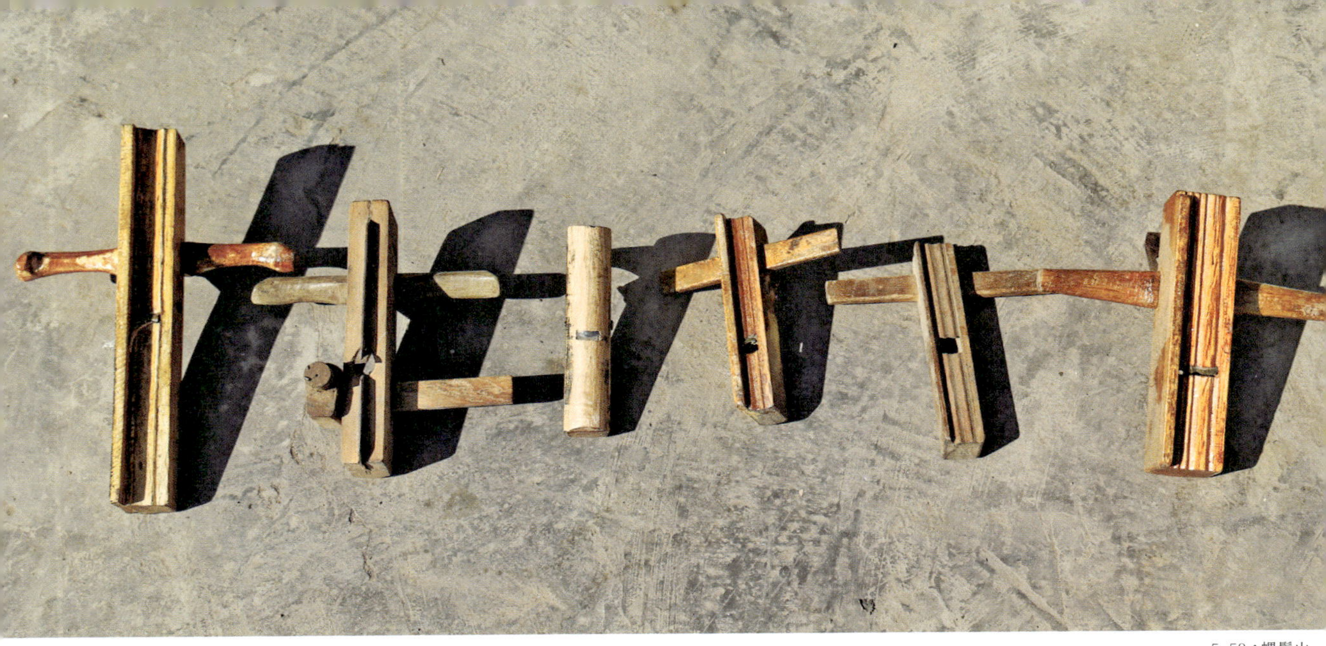

5-59◆螺髻山

ꌦꊿ [sɿ^{33}ʐo^{55}] "刨子"

木工用来刨直、削薄、出光、作平物面的工具。在磨平的木板或槽形的木刨壳中安装上刀片和手柄。按刨身的长短、形状和使用的功能，可分长刨、中刨、短刨、光刨、弯刨、线刨、槽口刨、座刨、横刨等。使用时反复前后推动，刨平木料。

5-58◆螺髻山

ꌦꁧꆹ [sɿ^{33}bu^{21}li^{55}] "脚踩钻"

一种木工工具。以脚踩踏绳索带动钻头快速转动，使加工物件洞穿或锉出沟槽。

5-60◆螺髻山

5-61◆螺髻山

[illegible] [k^{h}a^{33}k^{h}ɔ^{33}ʑi^{55}]“编背篼”

用竹篾片编制背篓。竹片还可以编制成撮箕、簸箕和筛箕等竹制品。编制前把竹子砍掉枝丫和末端，砍成三米左右长的竹竿，用刀将竹竿破开成两片或数片，再把每片的竹心剔去即可。

[illegible] [ma^{33}tɕɔ^{33}mu^{33}]“编竹垫板”

用竹篾片编制的竹垫板。旧时用来铺在火塘边坐卧就寝，现在很少有人使用。

5-62◆向阳

5-63◆北城

5-64◆北城

[sɿ^{33}bo^{33}si^{33}] “选料”

制作漆器工艺品的一道工序。彝族漆器具有浓厚的民族特色。制作工序有三十多道。首先是选料。根据拟制作的木碗、酒杯等不同大小形状的器具，在秋季到山林中选取合适的树木，一般选杜鹃木、桦木等，砍伐后去皮，再砍成一段一段的，放入木屑里保存，等制作时再拿出来。

[sɿ^{33}pu̠^{33}dɛ^{33}] “做坯子”

制作器具的底子。把一根木头的一端，用刀具转着圈削出来。

5-67◆北城

[lo^{55}ku̠^{33}su^{33}] “车工”

制作器具工艺活动中操作车床的工匠。车工都是具备专业知识、技能与安全生产意识的男性。车工使用的用车床工序制作器具的工具，叫作 [zi^{33}mu^{21}ʥɿ^{33}ŋgɯ^{33}] “车工工具”。

5-65◆北城

5-66◆北城

[fu̠^{33}tɕɛ^{55}] “打磨”

用砂纸在初具雏形的器具表面上摩擦，进而去除粗糙的部分。打磨后，用砂纸修补器具表面，叫作 [du^{55}n̥o^{55}] “补砂” 。在器具上刷漆，叫作 [tɕɿ^{33}ho^{21}] “上漆” 。

[ti^{33}zi^{33}] “描摹”

根据记忆或照着底样描画，在器具上绘制各种花纹图案。“描摹” 后要研磨、消除器具表面粗糙部分，以降低瑕疵、获得光亮，称为 [hɔ^{33}lɔ^{33}tɕɿ^{33}dɛ^{33}] “抛光” 。

[tɕʰo^{33}mu^{33}] “剃刀”

专门用来剪、刮头发或胡子的刀。旧时用得多，现在基本上使用电动推剪。有的直接用剪刀。

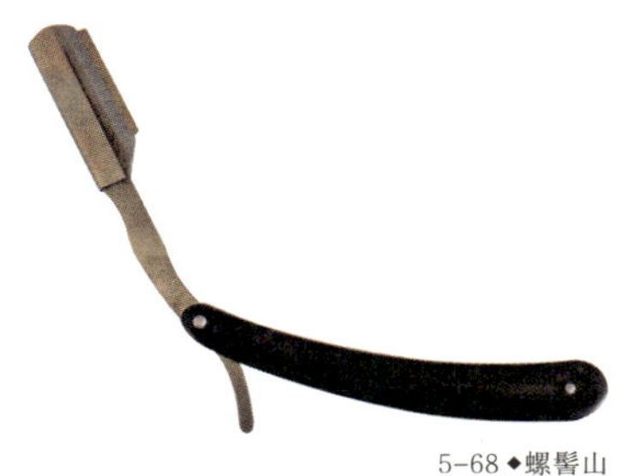

5-68◆螺髻山

[o^{33}tɕʰi^{34}tɕʰu^{33}] “理发”

剪头发。普格彝族人不喜欢留长发，也不喜欢剃光头。传统上，剪短头发时在额头上必须留一撮稍长的头发，认为这个地方是祖先神灵歇息的地方，不能被别人触摸。

5-69◆螺髻山

5-70◆螺髻山

[vi^{55}ga^{33}du^{55}dɯ^{33}]“裁缝铺”

制作民族服装，也修补衣裤的店铺。一般都开在集市里。

5-71◆螺髻山

[vi^{55}ga^{33}du^{55}]“缝衣服”

用针线缝制各式各样的衣服和裤子。缝衣服的细针，称为[ʑi^{55}]“针”。缝制衣服用的线，称作[ɕi^{34}nzi^{33}]“线”。缝制时，戴在中指上用于穿顶针头的用具，称作[ʑi^{55}ta^{33}li^{55}bi^{55}]“顶针”。

[mu^{21}ɕi^{33}]“麻线”

用剥下的火麻皮搓揉制成的线。结实耐用，不易扯断。生活中非常重要，系东西、祈福祭祀、编织麻布麻袋都会用到。

5-74◆东城

[va^{21}ti^{33}ŋgɔ^{33}]“绣鞋垫”

缝纳鞋垫时，在其上绣上各种花纹图案。此词读音中[va^{21}ti^{33}]是汉语“袜垫”的借音。

5-76◆螺髻山

5-72◆螺髻山

5-73◆螺髻山

[ɕɿ^{33}nɛ^{33}do^{55}] “修鞋”

修补各式各样的鞋子。旧时，人们大多赤脚走路，极少数的人穿草鞋。现在普遍都穿现代各种款式的鞋。鞋破了，修补后继续穿。

[ʥɿ^{33}mu^{33}ʨɛ^{55}] “磨刀”

在磨刀石上，把钝、缺、磕的刀刃磨锋利。磨刀时，一边用力将刀刃部分与磨刀石反复摩擦，一边不停地喷洒清水，洗去石泥。专门用来磨刀的石头，称作 [ʨɛ^{55}lo^{55}] “磨刀石”。一般而言，表面粗糙的砂岩类石头都可以磨刀，如石英石、花岗石。

[nɔ^{33}su^{33}vi^{55}ga^{33}ŋgo^{33}] “刺绣”

手工缝制衣裤时常常用到的手艺。布料上用针挑线、穿刺，绣出各种花纹图案。背带上绣上的各种花纹图案，称为 [ba^{33}du^{33}ŋgo^{33}] “背带绣”。

5-75◆螺髻山

5-77◆螺髻山

ꑟꏸ [çε^{33}tɕʰi^{21}] “擀毡”

用绵羊毛制作“擦尔瓦”（见图 3-14）、“披毡”（见图 3-15）等羊毛制品的手工活动。制作时会使用“夹板、滚杆、平杆”等用具。夹压羊毛毡的木板，叫作 [tɕε^{33}pʰi^{21}] “夹板”；裹在快成型的毡子里，在其中来回反复滚动以平实毡面的竹竿，称作 [çε^{33}po^{21}lu̱^{33}] “滚杆”。用来平整毡面的竹条，称为 [çε^{33}tɕʅ^{55}ma^{33}du^{33}] “平杆”。

5-79◆螺髻山

ꑟꃷ [çε^{33}vu̱^{33}] “纺锤”

纺羊毛线的工具。用木棒削成，呈圆锥形状。锥底插固一根小手指般粗的竹条，以方便使用。

5-78◆螺髻山

[ɬi^{33}ɣa^{33}]“擀毡席”

用削好的竹条制成的席子。擀毡时，把羊毛均匀铺在上面弹细弹软后洒上温水，从一端卷起来反复滚动、搓揉、挤压，使羊毛慢慢粘在一起成块成型。

[ʑo^{33}ɕɛ^{33}ɬi^{55}]“晒羊毛”

擀毡前，把洗净的羊毛放在楼顶或庭园平地上晒干。绵羊身上剪下来的毛，称作[ʑo^{33}ɕɛ^{33}]“羊毛”，洗净、晒干后制作羊毛制品。把不干净的羊毛洗干净，称为[ʑo^{33}ɕɛ^{33}ʐɿ^{33}tsʰɿ^{33}]“洗羊毛”。

5-80◆螺髻山

5-81◆螺髻山

ꀉꑭꁧ [ʑo³³ɕɛ³³nbɛ³³] “弹羊毛”

将洗净晒干后发硬的羊毛弹成松软状态。现在多用机器而不用弹弓。为方便制作毡子，将弹好的羊毛用“平杆”平整均匀后放在擀毡席上，称作 [ʑo³³ɕɛ³³nzi²¹] “平羊毛”。

5-83◆螺髻山

ꀉꑭꐔ [ʑo³³ɕɛ³³ʥʅ³³] “拧羊毛线”

用纺锤将羊毛纺制成毛线。纺制时把柔软的羊毛搓揉后拧在一起，慢慢捻成线。线不断缠绕在纺锤上。

5-82 ◆螺髻山

[ʑo^{33}ɕɛ^{33}zu^{55}] “揉滚毡”

把擀毡席上搓揉成型的羊毛毡裹进滚杆，喷洒热水后用滚杆滚卷，反复操作多次，增大黏合度，直到成为成品。把制作好的羊毛毡用夹板夹住压平，称作 [nzɿ^{21}ma^{33}ti^{55}] “压皱” 。

[ɕi^{33}tsʰɿ^{34}] “线团”

羊毛线缠绕成的网球般大小的线球，方便储存和使用。制作“披毡”或“擦尔瓦”的垂絮（穗子）。也用于祭祀场合，扯下半米长的一段系上白纸挂在男性的脖子上。

5-84 ◆螺髻山

[lɯ^{33}xo^{33}tsi^{21}dʑo^{55}bi^{21}] “香包”

用绸布制作好的小包。包内可装香料、针线等小物品。小巧玲珑，呈三角形，下端有穗。有红、黄、蓝、黑等颜色，俗称“香包”。

5-85 ◆螺髻山

四 商业

5-86◆安哈

[ti^{55}nzɿ^{21}zɯ^{33}] “小卖部”

在寨子里或马路边售卖毛巾、糖果、烟酒等日用品的店铺。此词读音中 [ti^{55}nzɿ^{21}] 是汉语“店子”的借音。

[tsʰɯ^{33}tɕi^{21}] “杆秤”

旧时，称量物品重量的一种秤。由 [tɕi^{21}da^{33}] “秤杆”、[tɕi^{21}lɔ^{33}] “秤砣”、[tɕi^{21}pʰa^{33}] “秤盘”、[ka^{33}ŋo^{33}] “秤钩”组成。秤杆表面镶刻的用来表示重量数字的星码，叫作 [ma^{34}tsɿ^{33}] “秤星”。

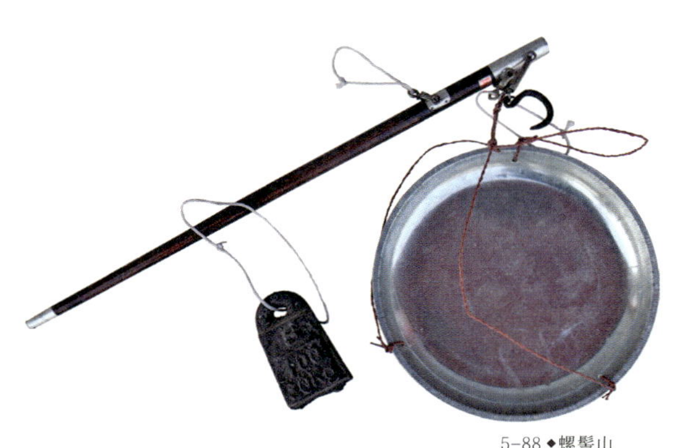

5-88◆螺髻山

5-87◆螺髻山

[vi^{55}ga^{33}vu^{21}dɯ^{33}]“服装店”

集镇上专卖衣服、鞋帽的小卖铺或小店。

5-89◆螺髻山

[ma^{33}po^{33}]“竹升”

盛、量玉米、稻谷、小麦等粮食的用具。有竹编的，也有木制的。

5-90◆螺髻山

ꀕꊭ [ɬo⁵⁵zɯ³³] "牧童"

放牧牛、羊等牲畜的小孩的总称。农村的彝族小孩子从小就跟着父母或其他大人上山放牧，稍大一些就能自己独自放牧。整个村寨的孩子常常把牛、羊赶放在一起，一边放牧一边玩耍、嬉闹或听老人讲故事。

ꏦꈡ [dʐɯ³³go³³] "出牧"

将牛、羊等牲畜赶出圈到野外去找寻食物吃。将牛、羊等牲畜赶回圈里，叫作 [dʐɯ³³tɕo³³] "收牧"。

5-92◆螺髻山

5-93◆螺髻山

ꀉꄚ [ʑɛ³³ɬo⁵⁵] “放鸡”

把鸡赶到室外去寻找食物吃。另有 [ɛ³³ɬo⁵⁵] “放鸭” 和 [o²¹ɬo⁵⁵] “放鹅” 等。

ꑟꄚ [ʑo³³ɬo⁵⁵] “放绵羊”

将绵羊赶到野外放牧。绵羊喜寒怕热，养绵羊一般在半山上。夏天为防御酷热，采取托养的办法，把羊群赶到高山地区放养。白天把羊群放在山林中，晚上把羊赶进用竹子或木棍编制的篱笆墙内过夜。等秋天天气变凉后，才把羊群赶回。放山羊称作 [a³⁴lɛ³³ɬo⁵⁵]；放牛称作 [lɯ³³ɬo⁵⁵]；放猪称为 [vi⁵⁵ɬo⁵⁵]。放羊的人称作 [ɬo⁵⁵mo⁵⁵]。

5-91◆螺髻山

5-94◆螺髻山

[vi⁵⁵dʑa⁵⁵]“唤猪”

喂猪时，喂养人发出的吸引猪吃食的声音。

[lɯ³³no²¹]“赶牛”

放牛时驱逐、赶走牛。牛走在前，人跟在后。牛走慢或走偏了就追赶。

5-95◆螺髻山

5-96◆螺髻山

[彝文] [ndzʅ^{33}tɕo^{55}dɯ^{33}] “酿酒作坊”

酿酒的地方。稻米或小麦经过蒸煮、保温、长霉等流程后形成的用来酿酒的原料，称为[ndi^{33}]“酒曲”。把煮酒的原料进行发泡，叫作[ndzʅ^{33}ʂʅ^{55}]“发酵”。酿酒后的残渣，称作[ndzʅ^{33}lo^{33}]“酒糟”。

[彝文] [ndzʅ^{33}tɕo^{55}hi^{33}dʑʅ^{33}] “蒸馏锅”

蒸、煮酒的锅。蒸出的酒从锅中流进酒缸里。在[gɔ^{33}dʑi^{21}hi^{33}dʑʅ^{33}]“冷却锅”里冷却后就可以饮用。饮用或出售时，专门用来盛、量酒的用具叫“酒提”。

5-97◆螺髻山

5-98◆螺髻山

[ʑo^{34}si^{55}]“宰绵羊”

宰杀牛、羊、猪等牲畜的手法都不一样。传统的宰杀绵羊的手法是不用刀的，直接用双手扭断绵羊的脖子。用刀割断山羊的脖子，称作 [a^{34}lɛ^{33}si^{55}]“宰山羊”。用斧头、木棒等钝器击打牛的头部使其死亡，称为 [lɯ^{33}ndu^{21}]“打牛”。

[ʥi^{21}p^{h}ɿ^{33}]“蜂巢”

蜜蜂酿制蜂蜜、繁殖后代的处所。一个接一个的巢房有序地连在一起构成。取蜜时，先将熏蜂草点燃，用烟雾熏走蜜蜂，叫作 [ʥi^{33}su̠^{34}]“熏蜂”。

5-100◆螺髻山

5-99◆螺髻山

[dʑi^{33}pu^{33}]“蜂箱”

蜜蜂筑巢酿蜜的木箱，也有用木桶或墙洞的。制作时，在木箱的上中下端留出供蜜蜂进出的小孔，称作 [dʑi^{33}du^{33}]“蜂箱眼”。取蜂蜜时要揭下蜂箱盖。取完蜜后用泥浆或牛粪或木炭灰浆进行密封，除蜂箱眼外都要密封得严严实实，以保证蜜蜂不受冻。这个过程称为 [dʑi^{33}pu^{33}ȵo^{55}]“封蜂箱”。

[vɛ^{33}]“熏蜂草”

取蜂蜜时，点燃冒烟后用来熏赶蜜蜂的一种草。生长在岩石间，干后易燃，生香，无毒。采割回家晒干捆绑后即可使用。普格彝族人喜欢喂养野蜜蜂。在山上找到野蜜蜂后，点燃熏蜂草熏开工蜂，找到蜂王，剪掉一点蜂王的翅膀使其不能飞走。随后将蜂王放入倒吊着的竹篓里，这种竹篓称为 [dʑi^{33}tʂʰɔ^{33}ma^{33}po^{33}]“装蜂篓”。接着其他蜜蜂会聚集围住蜂王。用纱布封住篓口，就可以把野蜜蜂带回家抓进蜂箱里养了。

5-101◆螺髻山

5-102◆甘多洛古（阿瑟提供）

Єᗡꝺ [ʑo^{33}ʑʅ^{33}ndo^{34}] “洗绵羊”

剪羊毛前把绵羊赶进河水里洗澡。洗尽羊身上的残渣、泥浆等不洁的东西。养绵羊不仅可以给人们提供粪肥、肉食，还可以获取羊毛来缝制衣物等。绵羊在很多人的心目中有很高的地位，自古以来就是人们生产生活中不可缺少的牲畜和伙伴。

Є̂ꟺᒍ [ʑo^{33}ɕɛ^{33}tʂ^{h}ʅ^{21}] “剪羊毛”

剪下绵羊身上的毛。一年剪两次，分别在春天和秋天进行。有的地方，冬天再剪一次。最隆重、最热闹的是秋季的那次。具体剪羊毛的日子，要请毕摩根据彝历推算吉日，每年大体相同。剪羊毛时，村寨里的男女老幼身穿盛装，相聚在一起，举行剪羊毛比赛、说唱比赛、摔跤、斗羊、赛马、选美等活动。整个村寨的人，兴高采烈、欢天喜地，热闹非凡。

5-103◆甘多洛古（阿瑟提供）

陆·日常活动

普格彝族日常生活简单朴素，基本遵循“日出而作，日落而息，一日只吃两餐”的习惯。除婚丧嫁娶、逢年过节或招待宾客外，没有人长时间待在家里。人们穿梭于田间山林，奔走不停，总是忙忙碌碌，找猪食、喂鸡鸭、放牛羊，挖地碎土、砍柴割草、纺线缝衣、赶集购物等。遇到农闲时，人们常聚在一起聊天取笑、唱歌跳舞、打牌猜谜、摔跤嬉闹等。

普格彝族日常活动有严格的礼俗，长幼、男女、主客之间有一定的约定俗成的言语称呼和行为规范。路遇长辈，晚辈要站立路边片刻让长辈先走。在火塘边坐卧、吃饭等时，有 [vi^{21}si^{33}]“主人”、[di^{21}vi^{21}]“宾客”、[ɔ^{21}ʦʰʅ^{33}]“长辈”、[ɣa^{33}ʦɿ^{55}]“晚辈”的座次；客人、长辈进屋时，主人、晚辈要起身让座，笑脸迎接，问寒问暖。倒酒招待客人，习惯上主宾先喝酒，后吃饭，有“喝酒不吃饭，吃饭不喝酒”的说法。吃饭时，主客或长辈晚辈有各自的座次。人与人之间的交流、交往有一定的禁忌习俗。如不能直呼长辈姓名；男人的额头不能摸；兄长与弟媳避见，公公与儿媳之间不能开玩笑；不能用脚踩门槛或坐在门槛上；不能在夜间吹口哨；不能把锄头和斧子放在一起等。

普格彝族保留着传统的信仰习俗。信仰万物有灵，崇尚自然和祖先崇拜。山有山神，水有水鬼。人生病或遇到不吉利的事情时，请 [pi^{33}mo^{34}]“毕摩”或 [su^{33}ȵi^{55}]“苏尼”来做法事，测吉凶，消灾祛病。逢年过节或招待客人杀牲时，要察看鸡舌、鸡腿骨眼是否标准，察看猪、羊的胆、脾、胰等是否饱满、完整，认为以此可判断吉凶。一年四季根据需要请毕摩做祈福，用鸡、猪、羊等禽畜绕头转身祭祀驱邪，祈求天地万物神灵和祖先神灵的庇佑。毕摩是民间知识分子，是民间信仰文化的传承人，地位和身份很高。毕摩起源历史悠久，最著名的毕阿史拉则，据说产生于母系氏族进入父系氏族时期。毕摩职能是传播知识、诊病治疗、祈福咒鬼、神判盟誓、调解纠纷等。毕摩经书有祭祀经、占卜经、百解经、祈福经、指路经等。毕摩法器有法帽、神扇、神铃、签筒、虎牙、野猪牙、神枝等。

普格彝族乐于走亲串友，相互帮忙。无论远近，只要亲戚朋友家有红白喜事、修房盖楼、有人生病等都会抽空去帮忙或探望，维系情谊。在走亲串友中，与汉族人的交流交往甚至结成姻亲交融在一起的人也不少。故而，在日常活动中借用汉语词汇的现象很常见。

一 起居

6-1◆五道箐

[di^{21}vi^{21}zo^{55}] “客宴”

请客吃饭。在招待客人时，根据客人的地位、身份、亲疏，或打牛或杀羊或宰鸡来招待。而且，邻里街坊、亲朋好友都闻声前来参加。喝酒聊天，说唱对歌，热闹非凡，喜庆洋洋。

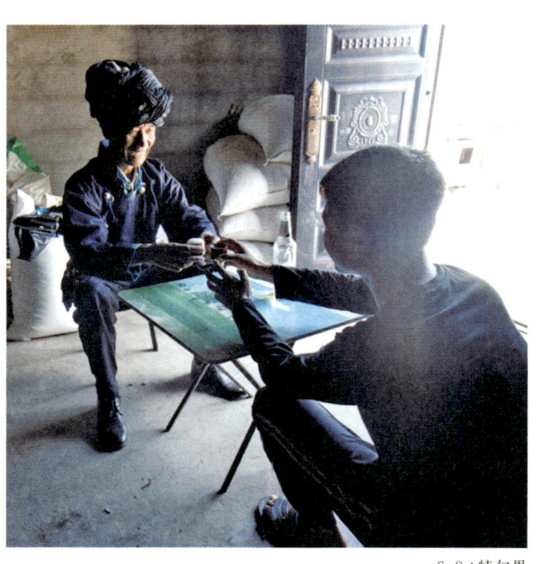

6-2◆特尔果

[dzɿ^{33}k^{h}o^{33}] “敬酒”

喝酒的一种礼仪。如果是两个人喝酒，一般是晚辈或主人端起酒向另一方示意，表达想说的话后喝下。如果是在婚丧嫁娶等场合的话，根据场子大小专门安排几个人敬酒。从长辈或尊者开始，依次逐个敬完。一轮又一轮进行，这样才算是懂礼节，示隆重。

6-3◆特尔果

[dzɿ^{33}ndo^{33}]“喝酒”

无论是啤酒还是白酒，都是生活中重要的酒类饮品。家里来客人或街上请人吃饭都要喝酒。喝酒的习惯方式多种多样。喝“转转酒”是很古老的一种形式，即把酒倒在一个大碗里，三五个人围坐在一起，酒碗在手上轮流转着喝，喝多喝少自己定，重要的是传递情谊。很多时候，边喝酒边唱歌或聊天，气氛融洽，分享快乐，畅所欲言。有谚语“话是酒撵出来的，兔子是狗撵出来”的说法。

[ȵi^{34}dɯ^{33}]“座位”

家里火塘边围坐时，按长幼辈分从上依次坐下来。进门后在火塘左边的位置是主人家的座位，称作[vi^{21}si^{33}ȵi^{34}dɯ^{33}]“主位”；火塘右边的位置是宾客的座位，称作[di^{21}vi^{21}ȵi^{34}dɯ^{33}]“客位”。火塘左边或右边最上方的位置是长者的座位，称为[ɔ^{21}tsʰɿ^{33}ȵi^{34}dɯ^{33}]“长辈位”；火塘左边或右边最下方的位置是幼者的座位，称为[ɣa^{33}tsʰɿ^{55}ȵi^{34}dɯ^{33}]“晚辈位”。通常情况下，火塘左边最下方靠后的位置是女主人的座位，称作[hi^{33}si^{33}a^{33}mo^{34}ȵi^{34}dɯ^{33}]“女主位”。

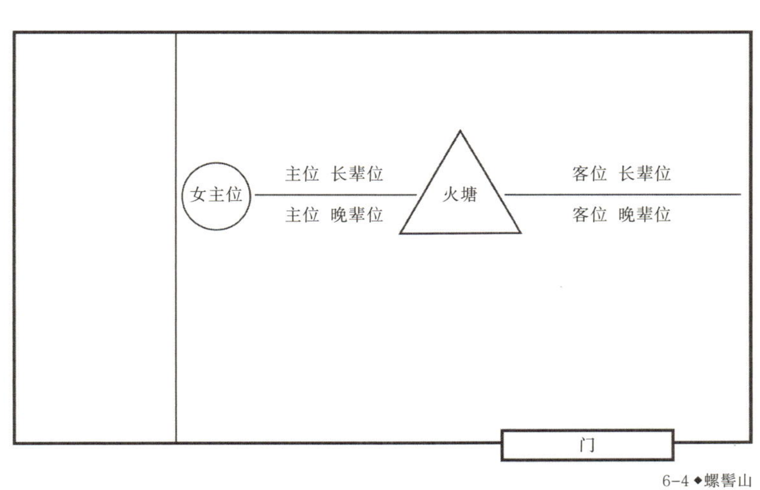

6-4◆螺髻山

6-5◆螺髻山

6-6◆螺髻山

[ʑi^{33}ma^{33}]“烟斗”

也称作[ʑɛ^{33}ka^{33}]“烟杆”。用来吸食自家种的“兰花烟”和“叶子烟”的用具。通常是中老年人在使用。从材质上看，有竹子、石头制作的，也有金属制作的。结构上，一根吸管的一端连接斗，另一端是嘴。斗里塞进切好或揉碎的烟草后点燃吸食。

[ʑi^{33}tsi^{21}ʥo^{55}bi^{55}]“装烟袋”

专门放置烟草的小布袋。上口有拉链或布线，用来锁扣或系实。

[ʑi^{33}ndo^{33}]“吸烟”

点燃装在烟斗里的烟叶、香烟后吸食。也称作“抽烟”。点燃烟叶，叫作[ʑi^{33}tɛ^{55}]“点烟”。两个人或多个人一起抽烟时，通常是受烟的人给给烟的人点烟，或晚辈给长辈点烟。这是吸烟场合的礼节。烟的焦油，称作[ʑi^{33}tɕɿ^{33}]“烟汁”。吸食烟后留下的残渣，称为[ʑɛ^{34}lɔ^{33}]“烟渣”。

6-7◆螺髻山

6-9◆西城

6-8◆螺髻山

[ɔ^{33}tsɿ^{55}] “梳子”

用来梳头发的用具。材质上有木质的，有骨质的，有竹质的。有一种过滤头发头絮或虱子的用具，称作 [ɕi^{33}ga^{33}] “篦子”，此物现在已经无人使用。

[o^{33}tɕ^{h}i^{33}tsɿ^{55}] “梳头”

用梳子梳理头发，便于编辫子或理顺。女子梳头前，把编好扎紧的辫子解开后用梳子梳下来，称作 [o^{33}tɕ^{h}i^{33}tsɿ^{55}tsɿ^{55}] “梳辫子”。把梳好的头发编成辫子扎紧，称为 [nzu^{21}tɕɿ^{55}tɕɿ^{55}] “编辫子”。把编好的辫子缠在头顶上，叫作 [nzu^{21}tɕɿ^{55}ʑu̠^{33}] “盘辫”。

[sɿ^{21}ŋgɯ^{21}bu̠^{33}tɕɛ^{55}] “聊天”

闲聊，一种很好的休闲方式。农闲或逢年过节时，人们常常三五成群聚在一起拉家常，互通信息，增进情谊。常常是女的一堆，男的一群，泾渭分明。

6-11◆螺髻山

[ka^{33}tʂ^{h}a^{21}] “集市”

赶集的地方。螺髻山镇平时人不多，每逢赶集时，商店、菜市场等都有各村寨的人带着鸡鸭、蔬菜、肉蛋、背篓、农具、服装等各式各类物品来交易，流动摊位增多，熙熙攘攘，热闹非凡，各取所需。此词是汉语“赶场”的借词。

[ts^{h}i^{33}du^{33}vu^{21}dɯ^{33}] “菜市场”

集镇里买卖蔬菜的地方。螺髻山镇的菜市场菜品丰富，种类多。萝卜、青菜、白菜、土豆、南瓜、葱蒜、辣椒、鸡蛋等各种物品应有尽有。由村民带来交易的，有专门的摊贩售卖的，有流动的商人销售的。

6-12◆螺髻山

6-13◆五道箐

ꇬꀧꍑꇉꃅꄸ [ga³³bo³³zɿ³³lo⁵⁵mu³³dɯ³³] “地摊”

土特产交易市场，在从西昌通往普格县境内的五道箐镇中心的公路旁，种类丰富，交易人员多，来往购买便利。据说，像这样的地摊在当地不多见。此地是当地政府认可的，已存在较长时间。

ꃶꇬꍑꊰ [vi⁵⁵ga³³zɿ³³tsʰɿ³³] “洗衣”

河水边或小溪边或自来水管龙头下用手搓洗衣服，洗净灰尘、污渍后晒干。

6-14◆螺髻山

6-15◆特尔果

6-16◆荞窝

[sɿ33pɿ21]“背柴”

把山上砍好的树枝树丫背回家，用作柴火。砍剔山上长势不好的松树枝丫，叫作[tʰɯ33lo55ʑu̠33]“砍松枝”。把砍好的松枝背回去，称作[tʰɯ33ko55pɿ21]“背松枝”。

[ε21tɕʰɿ55tʰi33]“挑水”

溪水边或水井里取水，用木桶、塑料桶盛满水后挑走。挑时，扁担放在肩上，两边提起水桶，两手分别抓住桶绳与扁担提钩连接处。

6-17◆螺髻山

二 娱乐

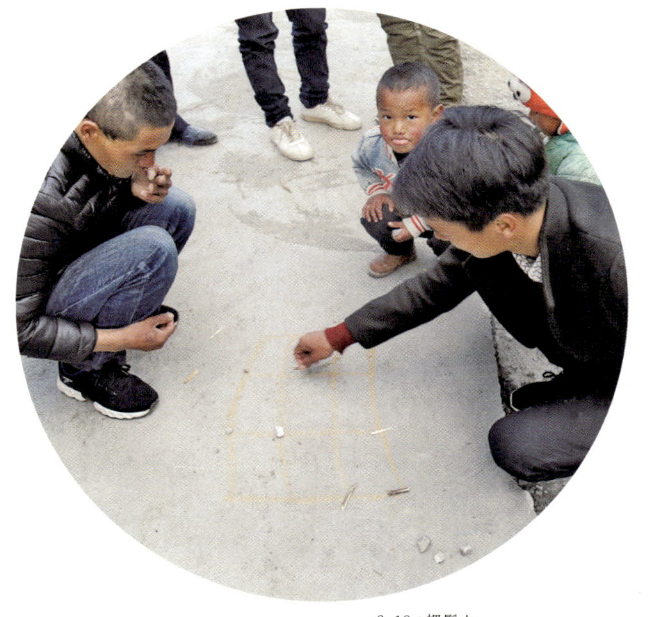

6-18◆螺髻山

𖽀𖽁𖽂𖽃 [$lo^{21}ts\eta^{33}t\wp^{h}i^{21}gɯ^{21}$] “石子棋”

把小石子当作棋子玩耍的一种游戏。双人对弈搏杀，交战双方棋子数均为六颗，故也称“六子棋”。棋盘是三乘以三的方格。棋子分黑、白或红、黄，双方互相区分即可。玩时首次黑或黄先走，白或红后走，接下来是输家先走。玩法有：枪毙、抬子和挑子。常见的玩法是枪毙。即走棋方将两颗棋子移至一起，且一头挨着对方的一颗棋时吃掉。游戏中当一方的棋子被对方围困得无法走棋或被吃到少于两颗棋子时认为输棋。

𖽄𖽃 [$p^{h}\varepsilon^{21}gɯ^{21}$] “打扑克”

扑克游戏是普格彝族村寨最常见的一种娱乐活动。玩法比较多，有升级、扎金花、拱猪、干瞪眼等，其中，玩升级最常见，几乎人人都会玩。升级由 4 人一起玩。可玩一副牌、两副牌或三副牌。玩一副牌称为“40分”或“玩百分”；玩两副牌称为“80 分”。玩时，四人相对的两人为一方，某一方先玩到给另一方戴上帽子（出到最后用 A 来比）就算赢。亮牌、反牌、出牌、计分、轮庄、戴帽等规则事先商量好即可。此词读音中 [$p^{h}\varepsilon^{21}$] 是汉语“牌”的借音。

6-19◆螺髻山

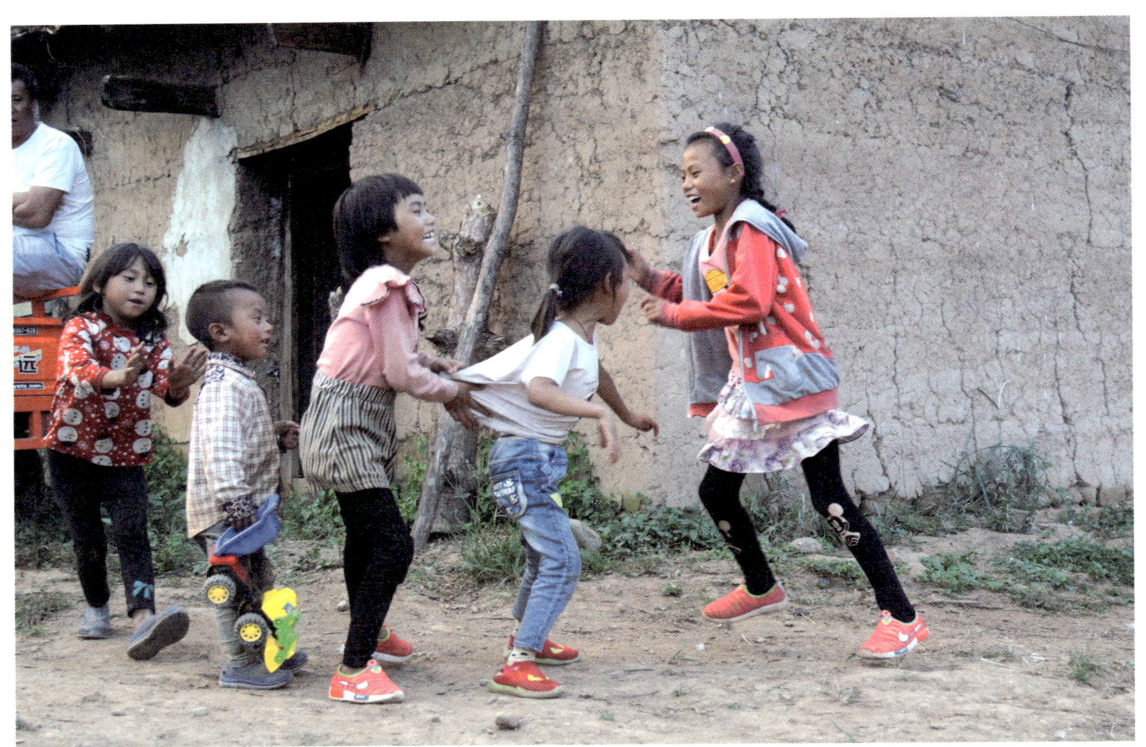

6-20◆螺髻山

[tɕo⁵⁵no⁵⁵ʑɛ³³tsɿ³³ŋgo⁵⁵]“老鹰捉小鸡”

大人小孩一起玩的游戏。玩耍时，一个人装扮老鹰，其他人装扮小鸡。第一只小鸡双手张开拦挡，保护后面的“小鸡”，后面的人依次抓住前一个人的后背衣角跑起来躲闪。装扮老鹰的人跑起来，想办法去抓住扮小鸡的人，直到抓住为止，再进行下一轮。

6-22◆螺髻山

[lo⁵⁵pa²¹ʂɿ⁵⁵]“掰手腕”

比较博弈双方谁的手臂更有劲的游戏。比赛时，在一个平台上，比赛双方手掌握住后，往各自一方使劲用力扳，谁先倒下谁就算输。

6-21◆螺髻山

ꁧꀍꄊ [$xa^{55}p^ha^{21}ta^{33}$] “丢手绢”

孩子围坐在一起玩的游戏。玩时，小孩们以一定距离围圈坐定后，一个人起身手拿布绢，围圈跑起来，不经意间把布绢放到某个人的身后，如被放布绢的人发现了就赶紧拿起来跑，放的人去填坐；如被放布绢的人没发现而被放的人抓住，被抓的人就受到惩罚。惩罚有学鸡狗猫叫或唱歌或讲笑话、故事等。

ꀉꇐꅰ [$a^{34}gɔ^{33}ŋgɔ^{33}$] “顶膝盖”

两个人各自用手扳起一条腿后相互撞击的游戏。游玩中一方被另一方撞得脚落地就算输。此种游戏的要领是掌握平衡与用力的技巧。玩起来像两只鸡在争斗，故又叫 [$ʑɛ^{33}dzɛ^{33}$] “斗鸡”。

6-23◆螺髻山

6-26◆螺髻山

[xo^{33}du^{33}pɔ^{21}lɔ^{33}gɯ^{21}] “滚铁环”

一根铁钩推动铁环向前滚动的游戏。用铁丝做一个环圈，再做一个长柄的铁钩子。玩时，将铁钩钩住铁环圈推着向前滚着走。有纯玩耍的，也有比赛的。比赛中铁环不能倒地，倒地就输。这种游戏深受儿童喜爱，自娱性强。个人活动或集体竞赛都可以。

[ts^{h}o^{34}tso^{33}] “摔跤”

两个人手抓对方的腰带后将对方摔倒的游戏。这种游戏在村寨随处可见。每年各地举行的火把节，人们都聚在常玩的俗称“火把圣地”的场所或专门指定为聚集点的地方，举行摔跤比赛。来自不同的家庭或家族或村落的人，选出最健壮、最能摔跤的人来比赛。比赛时，摔跤手双方抱抓好对方的腰带后，用下绊、抱挑、缠腿、过胸摔等方式方法，把对手摔倒在地，谁先倒地谁就算输。有“请客没有酒不行，快乐离不开摔跤”的俗语。有时，婚丧嫁娶的场合、逢年过节的日子也举行。

6-24◆螺髻山

[tɕɛ^{33}po^{21}tɕʰɛ^{33}] “跳绳”

单人或多人参与的活动。摇动绳子做各种跳跃动作。绳子有塑料制的，有藤条制的，长短不一。

6-27◆螺髻山

[lɔ^{33}zɯ^{21}gɯ^{21}] “抓石子”

用小石子抛抓玩耍的游戏。玩者两人或数人，玩法很多。有石子三颗、五颗、七颗或九颗一起玩的。以玩三颗为例：只用一只手玩，将三颗石子在地面上撒开，拿起其中一颗石子向上抛，趁向上抛的石子还未落地，抓起第二颗石子再接住下落的石子。依次类推，抓起第三颗石子在手里，看是否都能抓住来决定是否继续玩。如三个石子都抓在手里，就将三颗石子同时往上抛，手掌迅速翻过来，让三颗石子落在手背手指上。看石子落在手背上的多少来判定胜负。

6-25◆螺髻山

6-28◆螺髻山

[vo^{21}nzi^{33}tʂʅ^{33}] “拔萝卜”

两个人弯腰抱住对方的腰使劲往上提，谁先把对方提起来就算赢。也有一群小孩前后抱坐在地上，由一个大孩子或成人拉起来。拉不起来就算输。

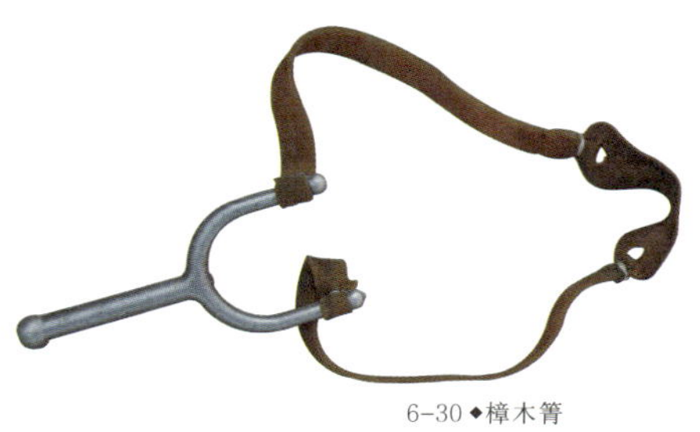

6-30◆樟木箐

[hɛ^{33}tsɿ^{33}nbɛ^{33}du^{33}] “弹弓”

一种对准目标弹出石子的游戏工具或击打飞禽走兽的工具。用树杈或铁条制作，上部呈“U”字形。“U”形顶端两头系上皮筋或皮带，皮筋或皮带中段系上一个包裹弹丸或石子的厚皮块。玩耍时，一只手握住弹弓的把柄，另一只手捏住包裹着弹丸或石子的皮块，对准目标后使劲向后将皮筋或皮带拉到一定程度后放手，弹丸或石子就飞向目标。

6-29◆螺髻山

[ka^{55}lo^{55}ʥa^{21}ʥa^{33}gɯ^{21}] “过家家”

儿童模仿成年人的各种身份游玩的游戏。玩时，单人或多人都可以进行。多人一起玩时，扮演“爸爸”“妈妈”“弟弟”“老公”“媳妇”等各种角色分工玩耍。有做饭的，有哄孩子的，有割草的，有喂猪的等，模仿成年人过日子的种种表现。

[sɿ^{33}tɕʰi^{33} mo^{33}] “吹树叶”

用树叶吹奏音乐。吹奏时，将一片树叶一半用双手拉紧，含放在嘴唇上吹出乐曲。吹奏者可随心所欲地吹奏各类曲调。

6-31◆螺髻山

6-32◆螺髻山

[lo^{55}ŋgo^{33}]“口弦”

弹片放在嘴边，用手指弹出声音的一种乐器。口弦也叫口弦琴、响篾、吹篾或弹篾。可以独奏、齐奏、合奏或为歌舞伴奏。口弦品种多样。根据制作材料，分为竹制和金属制两种。根据簧片数量，分为单片弦、三片弦和多片弦。根据演奏方法，分为用手指弹拨和用丝线抻动两种。口弦在人们日常生活、生产劳动中很常见，是姑娘或个别男子的最爱。曾在反映彝族文化的《边塞烽火》《达吉和她的父亲》等影片中出现过。

6-33◆东城

6-35◆东城

[nbɛ^{33}p^{h}i^{21}]“月琴”

传统的弹拨乐器。整个琴由琴头、琴颈、琴身、弦轴、琴弦和缚弦组成。用来独奏、器乐合奏或为歌舞、戏曲、说唱音乐伴奏。

6-34◆螺髻山

[bu^{33}ɕi^{33}fu^{55}zɯ^{33}]“二胡”

传统的拉弦乐器。结构多样。由琴筒、琴皮、琴杆、琴轴、琴弦、琴弓、千斤、琴码、琴托组成。演奏出来的声音细长伤感。常见于男艺人独奏。也用来器乐合奏或为歌舞、说唱音乐伴奏。

6-37◆东城

[pa^{33}vu^{33}] “巴乌”

一种传统的簧管乐器。用于独奏或为舞蹈、说唱伴奏。主要是竹制品。品种多，长短粗细不一，有单管、双管之别，也有高音、中音和低音之分。

6-36◆樟木箐

[du^{21}ɬɿ^{33}] “笛子”

传统的吹奏乐器。用来吹奏、唱曲或伴奏。制作精巧，在一根管上按一定的程式挖出音孔制成。有竹子制作的，有石头制作的，有玉石制作的，有红木制作的和兽骨制作的。吹奏笛子可以表达多种不同的情绪。能够演奏悠长、高亢的谱曲；又能演奏出连音、断音、颤音、滑音等；还能模仿吹奏大自然中的鸟语花香或高山流水等的各种声音。

[fu^{21}lu^{21}sɿ^{55}] “葫芦丝”

传统的管乐器，用葫芦和金竹管制成。也有木质、胶质的。整体上由一个完整的天然葫芦、三根竹管和三枚金属簧片制成。用来吹奏山歌或伴奏。音色清晰、独特淳朴、甜美圆润。分为高、中、低音三种类型。其外观朴实、精致。简单易学，深受音乐爱好者青睐。此词是汉语“葫芦丝”的借词。

6-38◆东城

[ta^{21}t^{h}i^{55}vu^{33}]“达体舞”

集体舞蹈。产生于20世纪90年代，是根据彝族古老的舞蹈结合现代舞创制的一种舞蹈。[ta^{21}t^{h}i^{55}]“达体”译为汉语是“跺地”的意思。种类繁多，称作“锅庄舞”“蹢脚舞”“对脚舞”等。具有广泛的群众性和较高的娱乐性。动作优美，旋律简洁、步伐简易轻快，男女老少皆宜。不受时间、地点、环境、人数、道具及音乐伴奏等条件的限制。当前流行的达体舞，已经有达体舞第一套、达体舞第二套、阿诗且（一）、阿诗且（二）、阿诗且（三）共计5套。

6-39◆螺髻山

6-40◆觉洛（阿牛史日提供）

[ndʑi^{33}]“缨枪”

一种儿童玩乐的道具。“阿依蒙格”活动中重要的儿童用具。在木杆上插玉米芯做矛头，用干的玉米苞叶当作枪缨。“阿依蒙格”活动俗称“彝族儿童节”。一般在春季的三四月份择日举行。旧时在普格彝族中曾流行过。现在只有凉山雷波县谷堆乡保留和传承着比较完整的仪式。

[ȵi^{21}tʂʰʅ^{33}tsʅ^{33}zɯ^{33}tsa^{55}zɯ^{33}]“邪界使者”

“阿依蒙格”活动中，由一个大人扮演的邪界的使者。在活动中劝和或调解儿童们不要烧毁邪屋，儿童们则坚决拒绝调解。

6-42◆觉洛（阿牛史日提供）

6-41◆觉洛（阿牛史日提供）

[ȵi^{21}tsʰɿ^{33}hi^{33}tsʰu̠^{33}] “做邪屋”

举行“阿依蒙格”活动前，儿童们在大人的指导下，编制出一个想象中的邪者居住的房屋，并在房间里摆放一些邪者使用的器具。

[a^{34}ʑi^{33}mo^{55}ʑo^{55}] “儿童队伍”

参加“阿依蒙格”活动的儿童。这一活动蕴涵着独特的民族传统文化内容。举办活动能够培养儿童的勇敢和团队合作精神。活动当日，村寨里各家各户的父母给儿童穿上新衣服。提振精神，鼓励打气。

6-43◆觉洛（阿牛史日提供）

6-44◆觉洛（阿牛史日提供）

[illegible] [ȵi²¹tsʰɿ³³hi³³tɕʰɿ³³ti⁵⁵] “烧邪屋”

“阿依蒙格”活动中，儿童们齐心协力，举着制作好的彩枪、长矛、缨枪、弓箭等“兵器”，勇敢地一齐冲进邪屋，砸坏象征鬼怪的东西并烧毁邪屋，烧死魔怪。之后，儿童们欢歌，凯旋，集中在一起玩耍，与大人们一起杀猪宰羊吃。

6-45◆螺髻山

ꌩꍝ [tsɿ⁵⁵zɯ³³]“祭祀柜”

逢年过节时，台面上用来放置祭祀供品的柜子。用木料制作。常年在火塘左上边靠墙放着。柜子里可以放粮食、烟酒等物品。祭祀柜是个神圣之物，不能随意搬动，更不允许猫狗在上面跨越爬行。

ꀉꁧꀉꁈꉻ [a²¹pʰu³³a²¹bo³³ho²¹]“祭祖”

祭祀祖先神灵的习俗，是尽孝道、祈福平安的重要活动。做这种仪式，是每个男人的责任和义务。各个家族中的男子，根据自家的情况，在适当的吉日里，专门请毕摩按规定的程序和仪式，对已逝的父母等祖先的灵魂进行祭祀和超度。

6-46◆大箐

6-47◆东城

6-48◆螺髻山

[vɿ^{33}t^{h}u^{33}] “神筒”

毕摩常用的法具之一。据说是用来镇压妖魔瘟神的法器。一般而言木质、中空，长短不一，分公、母、子三种。上端作虎口状，尖部张口成梭锥形；下端作龙尾形，张口呈半椭圆形。里面装占卜时用的神签。有的还挂上野猪牙或神铃。

[k^{h}o^{55}si^{33}] “择吉”

举办婚丧嫁娶、盖房修路等活动时选择吉祥的日子。一般根据家庭主妇或一个人的年龄、属相、年岁方位等情况，请毕摩查阅经书里记载的内容来辨别。

[ʑɛ^{33}ha^{33}hɯ^{21}] “看鸡舌骨”

杀鸡吃时拔出鸡舌骨观看曲直偏位来“判断吉凶”。还可以看鸡腿骨刮干净肉后的墨眼数量。杀羊吃时可以看脱净肉后的羊肩胛骨用火烧爆裂后出现的裂纹走向。

[sɿ^{33}vɿ^{33}mu^{33}] “看木刻”

用一根劈开的半米左右长的竹条的一侧，边诵经边用刀从下往上随意打刻后，察看刻出刻度数量的单双数来判断。

6-50◆螺髻山

6-51◆螺髻山

[ʑɛ^{33}tɕ^{h}i^{21}ɕɛ^{33}]“看鸡蛋”

认为可判断吉凶的习俗。看鸡蛋有两种。一种是将鸡蛋在人身上擦绕后打在碗水中察看蛋清蛋白的纹路走向。另一种是看煮熟后的鸡蛋剥开蛋皮后的状态。

6-49◆东城

[pi^{33}mo^{34}]“毕摩”

专门从事宗教信仰习俗活动的彝族社会中的神职人员。通过经书内容和一定的规程，从事为人祈祷、礼赞、祭祀、行医等职能，常被称为民间的知识分子。在人们心目中社会地位很高。毕摩在彝族历史社会发展进程中，对宗教信仰、人生礼仪、婚丧嫁娶等文化知识的传承、传播起着重要的作用。

6-52◆螺髻山

[su^{33}ȵi^{55}]“苏尼”

专门从事巫术的人士。一般是男子。跟毕摩一样，苏尼在生产生活中，是沟通人类与神灵的神职人员。专门从事巫术的女子，称作 [mo^{21}ȵi^{55}]“莫尼”。

6-53◆北城

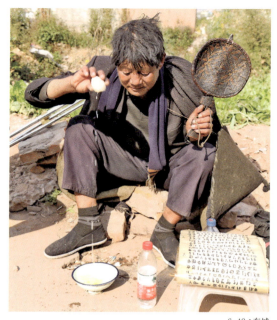

6-54◆北城

[ko^{33}ʥi^{33}]“通灵鼓”

苏尼使用的法器。用羊皮制作的双面手鼓。一般由竹片或木片做成鼓圈；由山羊皮或羚羊皮绷成双面；再用皮筋相互缝连紧绷在鼓圈上；再用柏枝弯成一把雕有龙头、羊头等图案作装饰的鼓柄，以皮条连成三角形，系在鼓圈上；在颈部穿孔系上珠子和法铃，鼓槌呈S形。在巫术活动中，苏尼通过摇击羊皮鼓和系在上面的神铃，发出浑厚的声响来响应“阿萨”后完成通灵工作。

[vi^{55}ȵi^{33}dʐʅ^{33}]“野猪牙”

毕摩使用的法器。类似护身符，据说起避邪的作用。有野猪牙、虎牙、鹰爪等。现在不能捕杀野生动物，此类器物均为祖传。

6-58◆北城

6-55◆北城

[tʰu^{33}ʂʅ^{33}]“通灵金银”

毕摩、苏尼作法过程中使用的物品。用木棍剁成小块混合上荞子、小麦等粮食颗粒组成。作法时，一边诵经，一边时不时地扔出去与神灵“沟通”。

6-59◆北城

[tɕʰi^{33}kʰɯ^{33}]“神扇”

毕摩使用的法器。有竹法扇和铜法扇两种。一般在超度送灵、制灵牌等仪式上，用来驱扇魂魄或用来盛装、抛撒代表金银财宝的木屑、荞子等“通灵物”。

6-56◆北城

6-57 北城

[ʥi^{33}mɿ^{33}]“通灵棒”

毕摩、苏尼用来与神灵沟通的物品。由三根长短粗细一致，颜色不一的木条组成。分别由刮尽皮的白色木条、被刮掉部分皮的花色木条和没有刮皮的原色木条组成。

[zɿ^{33}bu̠^{33}]“通灵偶”

毕摩、苏尼用来与神灵沟通的物品。用草和木条编制而成。用来扎草偶的草，称为[ʑɛ^{33}ʑɿ^{33}]“通灵草”。

6-60◆螺髻山

[pi^{33}mo^{34}t^{h}ɯ^{21}ʑɿ^{33}p^{h}a^{33}ɬɿ^{55}]“毕摩口袋”

毕摩专用的口袋。用羊皮或布做成。用来装经书、铜铃、神扇、刀具、羊皮等物品。

6-61◆螺髻山

[pi^{33}mo^{34}t^{h}ɯ^{21}ʑɿ^{33}]“毕摩经书”

毕摩在祭祀祖先神灵、治病驱鬼等作法仪式上用的书籍。每册经书里都记载着诵经的程序、内容、规程等重要内容。经书种类繁多，依据用途和内容分祭祀经、占卜经、百解经、祈福经、指路经等。是一种很珍贵的古籍文献资料。

6-62◆螺髻山

6-63◆螺髻山

ꀘꂾ [pi³³mo³⁴ɬo²¹bu⁵⁵] "毕摩神帽"

毕摩戴的专用帽子。用竹丝竹篾编制或绵羊毛制成。形如斗笠。有的用黑色毡片或纯白羊毛制成帽套，套在笠上面。

ꀘꂾ [pi³³mo³⁴tsɿ³³ɭɿ³³] "毕摩神铃"

毕摩作法事时摇晃发出响声的铃铛。用于助威或唤醒神灵。铃声高亢、清脆。

ꀘꂾ [pi³³mo³⁴ʐɿ³³kʰu⁵⁵] "毕摩招灵"

召唤灵魂的习俗。人们观念中有"丢魂"一说。丢了魂的人会不精神甚至生病，这时请毕摩唤回来灵魂附在当事人身上。实际上是对病人的一种心理安慰。

6-64◆螺髻山

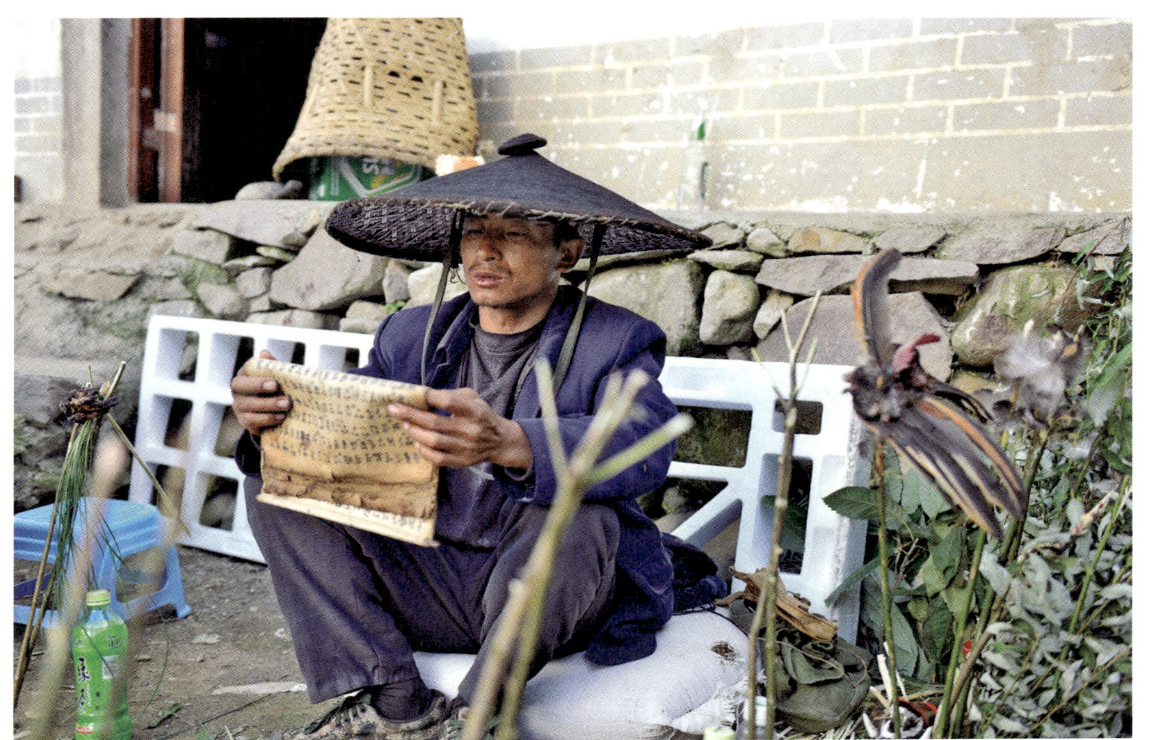

6-65◆螺髻山

[o^{33}ko^{33}ŋgu^{34}]“祈福”

请毕摩消灾祈求平安吉祥，是崇拜祖灵的一种表现。每年在特定的日子里杀猪、羊，念诵经文，祭祀祖先，驱赶魔怪，祈求人畜安康、五谷丰登。

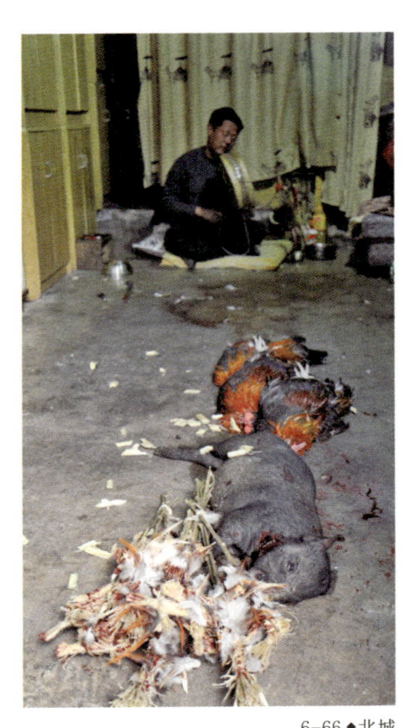

6-66◆北城

[ɕi^{33}kɯ^{33}pu̠^{33}]“除秽”

消灾祈福的习俗。由于生产生活中，时不时出现各种利益纠纷或万物繁杂难以解释等因素，总有人说三道四，时运不佳或诸事不顺。人们就举行消灾祈福活动，祈求顺安。进行这种习俗仪式时，毕摩或苏尼按一定的规程，用鸡、猪、羊等作牺牲，念诵经文。

6-67◆东城

[sɿ^{33}si^{33}pi^{33}]“送风湿病神”

敬送风湿神魂的习俗。人们遇到腰酸背疼，四肢无力，筋骨酸痛等情形，观念中以为是自然界的风湿神灵在作祟，要请毕摩或懂得操办的人做法事。

[mu^{33}si^{33}sɿ^{33}bo^{33}]“神树”

生长在村寨里或村寨边上的公认的最大最有灵气的树。一般树干粗壮高大、枝叶茂盛。彝人观念里万物有灵。树有树神，山有山神。世间万事顺好都离不开神灵的保佑。一般以村寨为单位，筹集供品，在春季择吉日祭祀树神或山神。目的是祈求风调雨顺，人畜平安，五谷丰登。

6-68◆螺髻山

6-69◆螺髻山

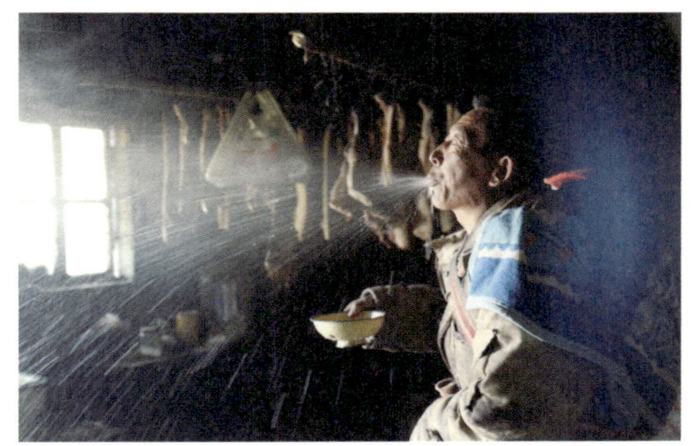

6-70◆螺髻山

[k^{h}ɔ^{33}mu^{55}]“魂钵”

象征物。招魂时用来盛装魂魄的木钵子。用木材制作，漆上以红、黄、黑三色为主的原生树漆，绘上各式图案（见图 2-68）。

[dzʅ^{33}p^{h}u^{33}]“喷酒”

毕摩、苏尼作法时，将酒倒进口里后吹酒在烧红的铧口上，有的喷在燃着的火把上，瞬间燃起大火苗，以示吓唬妖魔怪物，鼓舞人气。

[ndu^{33}ts^{h}u̠^{33}]“插神枝”

毕摩作毕作法时必须进行的一种仪式。根据作毕内容的类别、规模等的差异，按照经书上的规定，插用不同数量的神枝的图形。用生木条制作的木料，称作 [ndu^{33}]“神枝”。有粗有细，有原条的，有剖开的。数量众多，长短各异。

6-71◆大箐

6-72◆大箐

[ma^{33}du^{33}] “灵牌”

通过毕摩作毕仪式，给逝者制作好的灵牌。做灵牌前，在毕摩引导下，派人拔一根在山林野外干净地方生长的竹子，绕过逝者的火葬场后，拿回作毕现场，由毕摩选一节削成米粒大小的竹疙瘩作为灵魂，放进用竹子编制的灵牌里，称为 [ma^{33}du^{33}dɛ^{33}] “做灵牌”。最终在毕摩的念经、祈福、引导下，逝者的后代将灵牌送入集中放置族人祖先灵牌的岩洞里。

[mu^{33}vu^{55}mu^{33}tɛ^{33}p^{h}o^{21}bu̠^{33}] “开天辟地塑像”

纪念彝族历史传说中开天辟地神话故事里英雄人物的塑像。雕塑上的神仙跨步用力，手执枪杆，用力进攻。生动形象，高大威猛。此塑像设立在螺髻山镇镇政府所在地。有关的具体内容详见第九章“说唱表演”“开天辟地”的故事。

6-73◆螺髻山

6-74◆螺髻山

[a^{34}mo^{33}ni^{34}zɯ^{33}bu̠^{33}] “阿莫里惹雕塑”

纪念阿莫里惹而设立的塑像。阿莫里惹是彝族民间故事《妈妈的女儿》中的主人公。《妈妈的女儿》是彝族民间流传最广、内容最丰富、保存最完整的一部叙事长诗。相传阿莫里惹出生在普格县螺髻山镇一带，长大后远嫁到雅安市石棉县境内。路途遥远而艰辛，不想出嫁却没办法不嫁；嫁了后又不能回娘家的故事。故事里有彝家父母教导女儿尊老爱幼、勤劳治家、衣着打扮、待人接物等出生、成长、成家立业的故事，同时也控诉了旧社会包办婚姻、男尊女卑而使女儿失去自由、在人世间受尽折磨而死的悲惨经历。

柒·婚育丧葬

普格彝族婚育丧葬，具有浓厚的民族文化特色，有独特的习俗礼仪和文化内涵。自古就有“父欠子债，娶媳成家；子欠父债，招魂送灵”“作毕可以耍赖，结缔婚约不可儿戏”等俗语。

普格彝族重死不重生，相对而言，人去世后仪式庄重、讲究厚葬，出生庆贺仪式则比较简约。

小孩出生后择吉日抱出门见日月并剪胎毛，称为[ndɯ^{21}bo^{33}du̠^{33}]“出屋”、[o^{33}tsʅ^{21}]“剪发”。满月时择吉日用猪或羊转头绕身体作毕，向祖先神灵禀报添丁人口，称为[li^{55}ʐʅ^{33}zo^{21}]“粘吉水”。传统上，养育过程中不举办生日仪式。

女孩成长中必须举行换童裙仪式（成人礼）。仪式根据女孩生理发育特征，年龄虚算在单数的9、11、13、15、17岁时进行。

结婚要历经说媒、订婚、迎亲、婚宴、回门等程序。说媒为[ʂʅ̩^{21}mo^{21}ʑu^{33}]“讨媳妇”，译成汉语是“抓老婆”，说明娶妻不易。订婚叫[ɣo^{33}za^{55}mu^{33}]“缔结姻亲”，

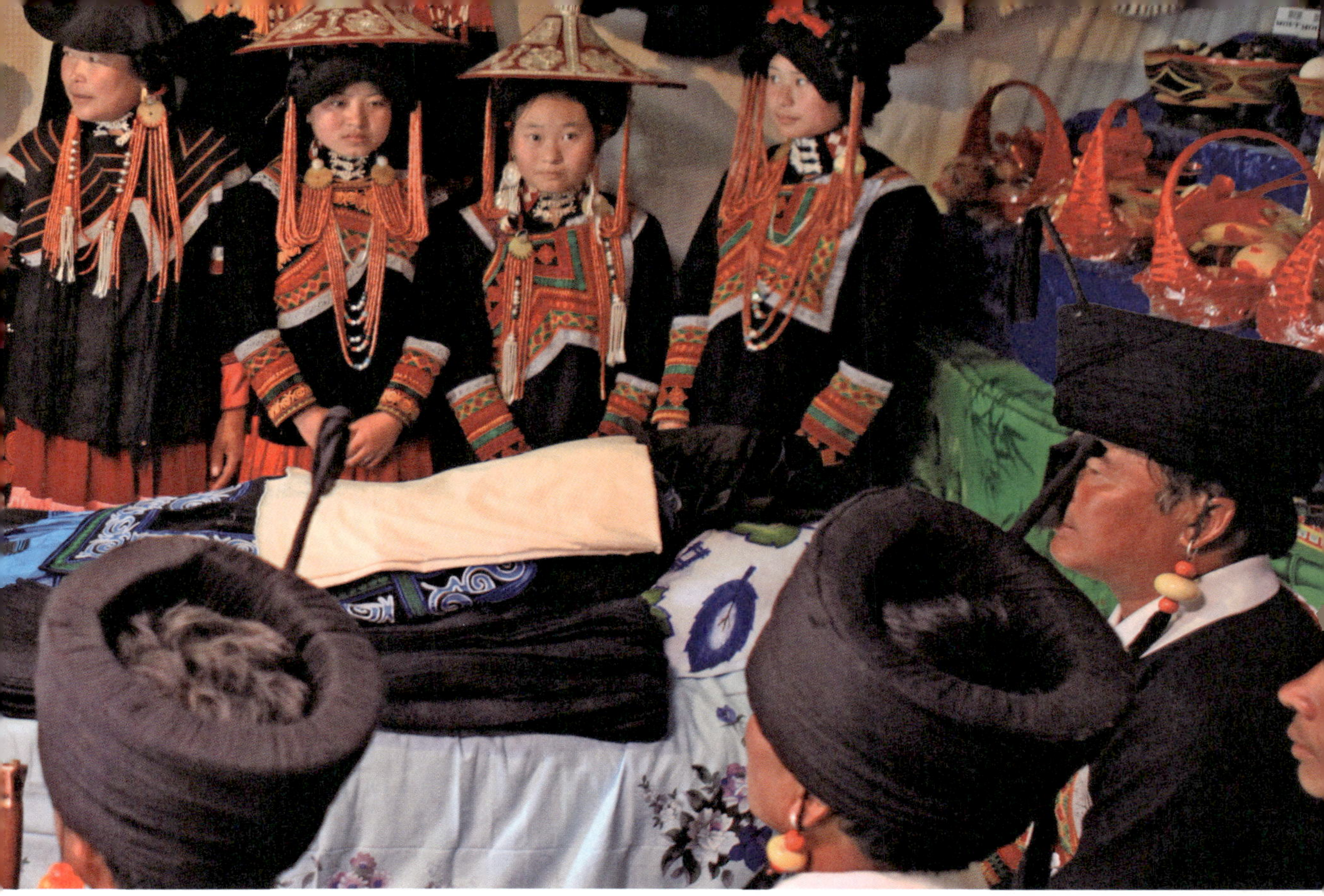

意为两家人结为姻亲。订婚时男方家必须给女方家商议好的一定数量的礼金，称作[ɣo^{33}za^{55}dʐɯ^{33}]“婚约钱”。有人把“婚约钱”译成汉语为“身价钱”，婚约中出现“身价钱”是一种习俗，旧时根据家庭经济丰益与否，用数量不等的金、银或牛、羊来给予，如今用人民币且数额几万到几十万不等来支付。随着时代发展，传统婚礼减少，现代婚礼逐渐增多。旧时遵循的民族内婚、等级内婚的现象逐步被打破，与汉族、藏族、纳西族等民族通婚的人越来越多，不同等级的人之间通婚的也不少。

丧葬遵循古老的火葬习俗，除夭折的婴幼儿土葬外都实行火葬。葬礼经过收殓、禀告、哭丧、守灵、聚集、择坟、招魂、出殡、焚烧、吃丧食、陪伴的历程。葬礼的规模根据死者的身份、年龄、经济条件、亲族多寡等决定。“老人死了就死，小孩该玩就玩”的俗语，反映老人的葬礼隆重，有喜庆成分。葬礼上，逝者儿女、亲朋好友齐聚哭丧、守灵、送葬，杀牲诵经，人头攒动，场面壮观。

普格彝族的婚育丧葬与[ʦ^{h}ɿ^{55}vi^{33}]“家支”血脉息息相关，无论是孩子出生和结婚，还是人去世，邻里和亲友都不计较得失，从四面八方赶来，齐心协力，共同庆贺或哀悼。

一 婚事

Cꓫ [hɔ^{33}ka^{33}] “媒人”

给男女双方牵线搭桥的人士。有男有女，熟悉男女双方家庭情况。媒人最重要的一项工作是 [k^{h}o^{55}si^{33}ɬɯ^{21}tu^{33}] “合八字”。按属相和生辰八字看男女双方是否相合。习惯上把十二生肖属相根据习性、特点等搭配起来，分成四组，每组三个，形成约定俗成的说法。如“兔猪羊在一起，猴龙鼠是相配，牛蛇鸡是福禄，狗马虎是相合”。此外，还有用男女双方出生时母亲所在的命宫方位来判断的。

7-1 ◆螺髻山

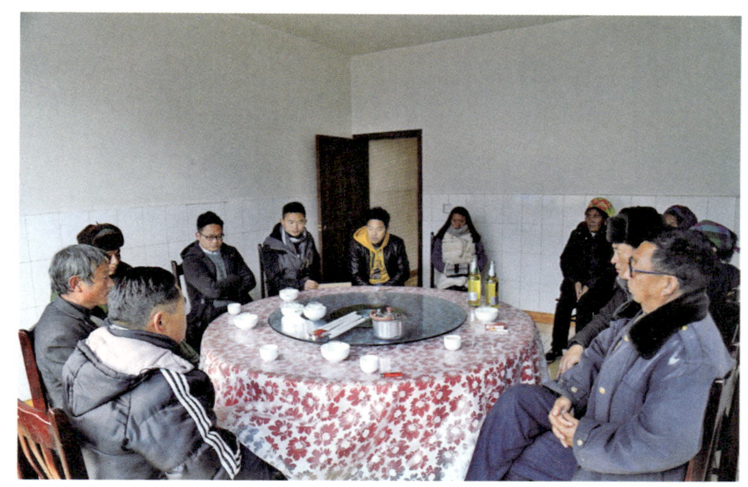

7-2◆螺髻山

[hɔ³³si³³]“说媒”

通过媒人从中说合，让男女双方及家长同意联姻。说的内容除了当事男女的人品、相貌外，还有家庭经济、有无遗传病史等情况。

[hɔ³³ka³³ndʑɿ³³ɣɯ³³pu³³]“谢媒”

两家人联姻成功后，男女双方分别向媒人致谢，给媒人一定的酬金和酒肉。男女双方各自请有一名媒人，酬谢时，男方的媒人由女方给酬金和酒肉；女方的媒人由男方给酬金和酒肉。给媒人献猪头为最尊重。

[ho³³ndzɿ³³ndo³³]“喝定亲酒”

男女双方派人分别到彼此家杀牲喝酒，定下亲事。现在基本上就在宾馆、饭店里完成。喝定亲酒时要确定好结婚的吉祥日子，称作 [mu³³ȵi²¹tɕɛ⁵⁵]“定吉日”。此举一般由男方主导，自己算或请毕摩算日期。

7-3◆螺髻山

7-4◆螺髻山

7-5◆螺髻山

ᗡꅉ [ʑʅ^{34}ɕɛ^{33}] “泼水”

男方家人去女方家提亲、定亲或接亲时，女方家的姑娘们向刚到或离开或进出房门的客人泼水。泼水前，女方根据事先双方约定的定亲或接亲的时间和时辰，用盆桶盛满水，等待客人到来时泼洒，称为 [ɛ^{21}tɕʰʅ^{55}tsʅ^{33}to^{34}]“备水”。泼水中，被泼水的人用手掌、胳膊或其他方式挡住，称作 [ɛ^{21}tɕʰʅ^{55}tʰa^{55}] “挡水”。客人四处跳窜 [ɛ^{21}tɕʰʅ^{55}dzi^{33}] “躲水”。女方家拉住新郎，强行把水灌进他身上，称作 [ʑʅ^{33}ndo^{34}] “灌水”。宾客之间相互泼洒，玩耍嬉闹，称为 [ʑʅ^{33}gɯ^{21}] “嬉水”。

7-6◆螺髻山

7-7◆螺髻山

7-8◆螺髻山

[k^{h}a^{33}ȵi^{55}nɔ^{33}]“抹花脸”

订婚时，女方家姑娘们强行给新郎脸上抹烟灰。过去，嬉闹得再出格，再无理取闹，新郎只能笑脸相迎，好言好语相劝，不能生气或反击。现在不鼓励婚闹。

[sa^{55}vu^{33}ndʐʅ^{33}to^{34}]“劝新郎酒”

订婚场合，女方家的亲朋好友、邻里街坊，都会不停地劝新郎喝酒。新娘的弟弟要给新郎敬酒，称作 [ma^{21}tsʅ^{55}ndʐʅ^{33}to^{34}]“妻弟敬酒”。这是一种礼节。

[vi^{55}tɕʅ^{33}vi^{55}ɬɛ^{33}va^{55}di^{33}hi^{21}kɯ^{33}]“宣告猪胆吉祥”

定亲或接亲时都要杀猪宰羊招待亲朋好友和邻里。这种场合，主客双方都十分关注并察看猪、羊的胆、胰是否饱满、平整和完好无损。如饱满、完好就当场大声宣告胆汁饱满，胰圆润光滑，象征结缔婚约顺好相合，吉祥平安，幸福长久。在场的人都会随声附和，欢欣舒畅，众人皆喜。反之，婚约结缔仪式可能会戛然而止，不再继续。

7-9◆螺髻山

7-10◆螺髻山

[ni^{33}p^{h}u^{33}tsi^{21}]“放聘金”

将事先讲好的聘金数量、香烟和双杯酒放进准备好的盆、盘里。此时新郎和双方媒人务必在场，见证并清点金额。“聘金”称为 [vu^{33}sa^{33}dzɯ^{33}]，也被译成汉语“身价钱”。男方家在订婚日敬送给女方家礼金，这是一种礼俗，历史悠久，众人皆知。当下的彝族结缔婚约的聘金数量在各地有些不同，甚至差异很大。现在地方政府与家支头人商定，移风易俗，倡导聘金不得超过十万元。

[ni^{33}p^{h}u^{33}ʑu^{33}ndzɿ^{33}ndo^{33}]“收聘金喝酒”

女方父母及家人见到聘金后，当场与媒人一起把随盘而来的酒喝尽，烟收好，以示满意。把聘金收好，称为 [ni^{33}p^{h}u^{33}ʑu^{33}]“收聘金”。

7-12◆螺髻山

7-11 ◆螺髻山

[ni^{33}p^{h}u^{33}tɛ^{33}ko^{33}bʅ^{34}] “献聘金”

男方家按事先协商好的金额数量放好聘金后，由女方家的媒人将聘金随烟酒一起敬送给女方父母。

[dʐɯ^{33}ʑʅ^{33}k^{h}u^{55}] “返聘金”

女方家人接收聘金时，要返回一定数额的钱给男方家人，这是约定俗成的礼节。一般返回数额由女方家自行决定。

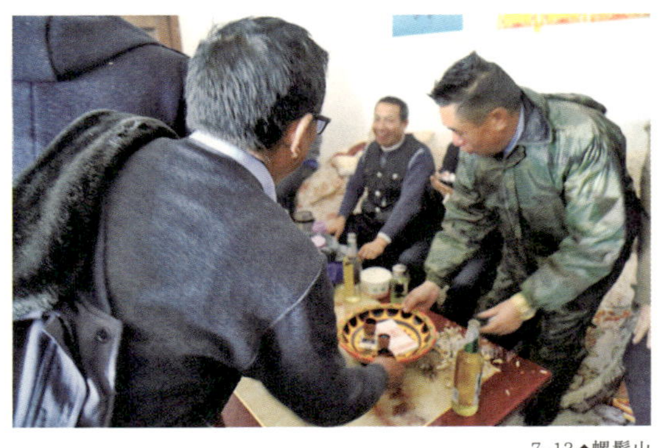

7-13 ◆螺髻山

[vi^{55}p^{h}u^{33}ga^{55}nɯ^{33}tsʅ^{33}] “收婚装钱”

订婚后，男方要在婚礼举行前，为女方准备好结婚时穿的婚服饰品。过去都是准备好首饰，缝制好衣服带给女方。现在直接给现金，由女方自己去购买、置办。女方父母及家人收到婚装钱时，当场把随钱敬献的酒喝尽，表示接受。

7-14 ◆螺髻山

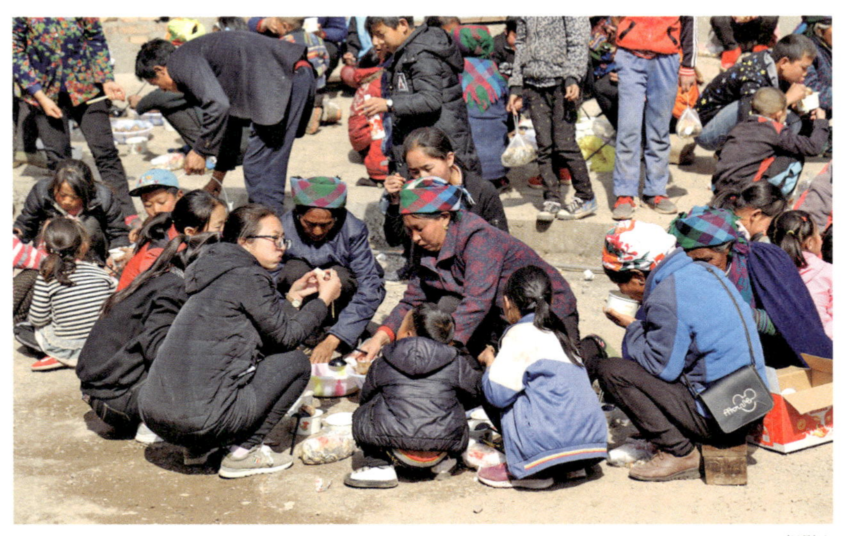

7-15◆螺髻山

[ɕʅ^{21}ʥa^{33}hi^{21}ta^{33}]“订婚宴”

旧时，订婚仪式非常重要，男女双方都要举办。如今很多地方简化程序。女方家举行的仪式非常隆重。男方家安排一群人跟着新郎去送聘金、烟酒等礼物，女方家除准备好吃喝外，还准备给新郎一行人泼水，街坊邻里、三朋四友、家族亲戚都来庆贺帮忙。女方家杀猪宰羊招待所有来者，宴席热闹非凡，喜庆洋洋。

[ɕɛ^{33}mu^{33}dʐɯ^{33}bʅ^{21}]“给接亲费”

订婚时，男方派一群堂兄弟和一名能说会道的人，带着酒和说好的“聘金”去女方家。女方家要给来定亲的人辛苦费。同时，等男方家人返回时，女方家要把一块猪膀肉或羊肩胛骨肉送给男方家的人带回，以示敬意，称作 [xɯ^{33}tsʅ^{55}bʅ^{21}]“献订婚肉”。

[ɕʅ^{33}p^{h}u^{33}ga^{33}p^{h}u^{33}bʅ^{21}]“给车马费”

结婚时，给接亲、送亲的人车马费。习惯上男方和女方各自承担一半的费用，即男方家的人到女方家迎接新娘时，女方家要付给男方家迎亲的人车马费。等女方家的人送新娘到男方家返回时，男方家要付给女方家送亲的人车马费。

7-16◆螺髻山

7-17◆螺髻山

7-18◆螺髻山

[ga^{33}xa^{33}ndzʅ^{33}]“送路酒”

男方家的人去定亲或迎接新娘时，女方家要赠送给男方家接亲的人一些酒水，女方家的人送新娘到男方家返回时，男方家也要赠送给送亲的人一些酒水，以便在回去的路上歇息时喝。这是一种约定俗成的礼节。

[ndi^{55}fu^{33}ndi^{55}nɯ^{33}]“新娘首饰”

新娘结婚当天戴的崭新的银制饰品。由耳环、耳坠、项饰、手镯等组成。

7-20◆螺髻山

7-19◆螺髻山

[ɕʅ^{21}vi^{55}ɕʅ^{21}ga^{55}]“嫁妆”

男方家专门给新娘准备的婚装。有绵羊毛制作的青（白）披毡，买的或缝制的衣服，银质的头饰、胸饰等物品，都是全新的。新娘出嫁出门前，要换好。新娘穿衣服有专门的仪式。

[ɕʅ^{21}mo^{21}ndʑi^{55}pʰa^{21}]“新娘盖头”

专门用于盖住新娘的脸的红色布帕或头巾。新娘从父母家的堂屋出发到上马或上车前和新娘快到新郎家附近停歇到吃饭梳头前，是不能露脸的，要用盖帕盖住脸。

7-21◆螺髻山

7-22◆螺髻山

[ɕɿ²¹mo²¹tʰu³³tɕɛ³³]“新娘胸饰”

新娘结婚当天戴在胸前的银制饰品。由羊角形、心形等花纹、图案构成。挂在胸前齐腰，大方、靓丽、尊贵。

7-24◆螺髻山

[ɕɿ²¹mo²¹i³³tʰu³³ka⁵⁵]“新娘穿衣服”

新娘穿结婚新衣服。由新娘的姑姑或请来的“临时婆婆”帮忙穿衣。

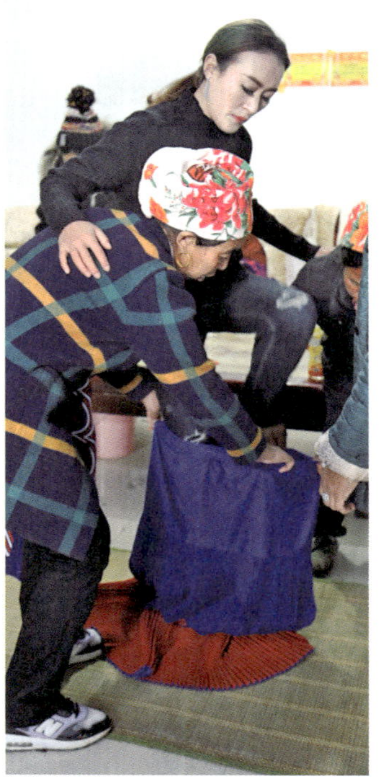

7-23◆螺髻山

[ɕɿ²¹mo²¹nbo³³dʑɔ³³ka⁵⁵]“新娘穿裙子”

新娘穿裙子时，由新娘的姑姑帮忙完成。有的人家，专门请多子多福、名声好的女士充当“临时婆婆”来帮忙。

[ɕɿ²¹mo²¹o³³tɕʰi³³tsɿ⁵⁵] “新娘出门前梳头”

新娘出门前要梳头，用梳子向内梳头发，表示吉祥福气留在娘家。由新娘的姑姑或请来的“临时婆婆”完成。新娘嫁到男方家吃完饭后，也举行梳头仪式。这时的梳头，是向外梳头发寓意把从娘家带来的不洁的东西梳掉。由男方家请来的“临时婆婆”完成。这是彝族传统婚礼中最重要的环节。举行完此环节，就意味着新娘已经正式成为男方家的一员，标志着女孩已经结婚。

7-25◆螺髻山

7-26◆螺髻山

[ɕɿ²¹mo²¹tʰu³³ndʑi⁵⁵ʂɿ³³ndʑi⁵⁵ti⁵⁵] “新娘戴头饰”

新娘梳完头后，戴上新的头帕、项圈等饰品。

[ɕɿ²¹mo²¹nɯ²¹tsɿ³³ɕi³³ɕi³³kʰɛ³³] “新娘剪耳线”

新娘在戴结婚耳饰品之前，要把以前穿戴在耳朵上的耳线剪掉。由新娘的舅舅来剪。

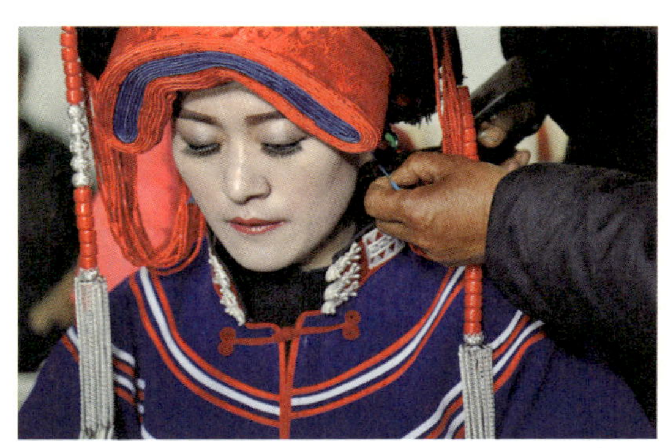

7-27◆螺髻山

7-28◆螺髻山

ꑟꂽꆀꊿꆀꃚꄚ [ɕɿ²¹mo²¹nɯ²¹tsɿ³³nɯ²¹vo³³ti⁵⁵] “新娘戴耳饰”

剪掉耳线后，新娘戴上专为结婚准备的耳饰品。预示以旧换新，喜庆。

ꑟꂽꄮꐚꄚ [ɕɿ²¹mo²¹tʰu³³tɕɛ³³ti⁵⁵] “新娘戴胸饰”

新娘穿好衣服，戴上头饰、耳饰品后，再戴上胸饰品。有的地方，新娘穿戴好婚装后，身上再披一件白色的或蓝色的擦尔瓦。

7-29◆螺髻山

ꐏꀞꐏ [ndʑi⁵⁵pʰa²¹ndʑi⁵⁵] “盖脸”

用盖帕遮住新娘的脸。早期还有唱 [ni³³zɯ³³ŋo³³] “哭嫁歌” 的，即出嫁当日新娘的家人或邻里亲人诉说养育和离别之情，新娘被感动得哭泣。

7-30◆螺髻山

7-31◆螺髻山

[ɕɿ^{21}mo^{21}ba^{33}]“背新娘”

新娘出嫁出门时，要从娘家屋里背出来上马或上车；到男方家进门时，也要背进去。这个任务由新娘的表哥或表弟来完成，也可由新娘的姐夫担当。

7-32◆西宁

7-33◆西宁

7-35◆西宁

[ɕɿ^{21}mo^{21}]“送亲”

新娘的父母、兄弟姐妹和邻里亲友送别新娘、送新娘的人和男方来接亲的人。一般送到骑上马或坐上车为止。

[hi^{33}zɯ^{33}]“临时婚房”

传统婚俗内容。新娘不能直接进男方家门，而是进临时搭建好的象征性的房屋里。新娘到男方家能否直接进男方家里还是进临时婚房，是根据男女双方的生辰八字和男方母亲年岁所指的方向测算后确定的。所有给新娘吃饭、梳头、敬娘家送亲人烟酒等迎接新娘的仪式都在这个临时婚房里举行。

[ɕɿ^{21}mo^{21}ʥa^{33}tʂa^{33}ko^{33}]“给新娘尝饭”

新娘到男方家附近时要休息一段时间，这是一种婚俗仪式。男方家要给新娘和送亲人送点吃的东西，垫补一下。一般是炒好的荞麦疙瘩或米粥。

7-34◆西宁

7-36◆西宁

[ɕʅ^{21}mo^{21}si^{33}ni^{21}sa^{55}vu^{33}]“新郎新娘”

结婚当日，新郎新娘在一起敬酒、合影留念是城里人或者外出工作的人的习俗。传统乡村彝族婚礼当天，新郎新娘是不能接触的，像陌生人，更不能在一起吃饭、聊天。新娘始终只能跟娘家送亲的人在一起坐卧、吃饭等。新娘等婚礼举行完后，按事先商定好的是否留在夫家还是跟送亲的人一起回娘家去。如留下才开始跟新郎及其家人在一起生活。

[o^{55}p^{h}o^{33}o^{55}mo^{55}]“临时公婆”

新郎一方请来的新郎的叔舅辈中口碑好、德高望重、子孙满堂的一对夫妇，作为临时公婆来完成正式公婆需要做的一些事情。有的地方，新娘一方也有临时公婆。

7-37◆西宁

7-38◆西宁

[illegible] [o^{33}ȵi^{33}]“舅舅”

新娘的亲舅舅。婚礼当日，舅舅要护送新娘去新郎家，新郎家会给舅舅礼金。习惯上舅舅为大，舅舅能决定很多重要的事情。有谚语“没有舅舅都要找一口水井作为舅舅”的说法。护送新娘到新郎家的还有新娘的亲叔叔 [p^{h}a^{55}vu^{33}] 和亲哥哥或亲弟弟，称作 [ma^{21}tsɿ^{55}]“哥哥”。新郎家也会给“叔叔”“哥哥”一定的礼金。

[illegible] [ndʑi^{55}p^{h}a^{21}lɿ^{55}]“掀盖头”

临时婆婆揭开盖住新娘脸上的头帕。此时，大家才可以看见新娘的真容。

7-41◆西宁

7-39◆西宁

7-40◆西宁

ꉼꃶ [hi³³vu³³] “新娘进屋”

结婚当天新娘被背进临时婚房。房屋要么是新郎家，要么是室外搭建的简易小房。新娘进屋是传统婚礼中最重要的仪式，由表哥、表弟背进去。在跨门的瞬间要进行[fu³³ɬa³³ʑi³³]“户拉伊”，即新郎家准备好一只煮熟的整鸡放在盘里，一个人端起绕过新娘的头顶，分别由主人和客人的代表抢着吃，看谁先吃到。有的人家也用小猪头或绵羊肩胛骨。

ꑟꂾꐚꍈ [ɕɿ²¹mo²¹dʑa³³tʂa³³]“给新娘吃饭”

新娘进屋落座后，临时婆婆给新娘吃饭。新娘象征性地吃一点。有的地方是等主客宾朋用完餐，即婚宴结束后，临时婆婆带着新郎的妹妹等一帮人，专门去给新娘吃饭、梳头。

ꉼꃶꏂ [hi³³vu̠³³dʐɯ³³] “献进屋礼金”

新郎家要给新娘家送亲的代表进屋的酬金。这是一种礼节。

7-42◆西宁

ꉘꀧꆿ [xa⁵⁵pʰa²¹ɬo³³] “换头帕”

新娘梳完头后，把原来的头帕换成新的头巾。

7-43◆西宁

7-44◆西宁

[illegible] [o^{55}p^{h}o^{33}o^{55}mo^{55}dʐɯ^{33}bʅ^{21}] “献临时公婆礼金”

临时公婆完成任务后，新郎家要给临时公婆辛苦费，以示谢意。

[illegible] [t^{h}a^{21}ʐa^{33}hi^{21}] “主宾说唱”

婚礼场合，新郎家的人和新娘家的人要进行说唱比赛，分别请代表双方的能说会道的人之间对赛。内容涉及彝族历史、文化、民俗、婚约等万事万物的起源，尤其是婚姻方面的，非比赛不可。一方说唱完时另一方登台，大多相互夸赞、考问，引经据典，一问一答，惊险刺激，热闹喜庆。

7-45◆西宁

7-46◆西宁

[di^{21}vi^{21}dʑa^{34}tʂa^{33}] “婚宴”

结婚当日，备好烟酒、糖果，杀猪宰羊，招待新郎新娘双方的宾客和邻里亲友。

[k^{h}a^{33}ba^{33}tɕ^{h}i^{21}] “献礼金”

传统婚礼现场的最后一个环节。新郎家的人，分别给新娘家的舅舅、叔叔、哥哥、接亲人、媒人的专门礼金和送亲队伍车马费。献礼金时，把礼金放进竹簸箕里，斟上两杯酒和一些香烟，由专门的人边说赞美的言辞边献上礼金，对方接受并适当返回一点。此外，已成家的新郎的姐妹也要办招待，称为 [ɬo^{33}ʑo^{33}]，即新郎家的姐妹要杀猪宰羊招待新娘家的送亲队伍。现在有的地方，为了省事，直接折算成现金给对方。除此之外，回门称作 [xɔ^{21}mɛ^{33}]，即按约定结婚当天或第二天或其他日子，新郎与新娘一起回娘家。带上“羊” [si^{21}ʑo^{33}]，背着酒水、面条、糖果等礼品敬献给新娘家的人。

7-47◆西宁

7-48◆西宁

二 生育

7-49◆螺髻山

[illegible] [mo^{33}mu^{33}po^{34}] “出屋”

也称为 [ndɯ^{21}bo^{33}du̠^{33}]。旧时，普格彝族孩子出生都在家里由丈夫或亲人接生，出生后待在屋里不出门，等到出生后的第三天或第九天或满一个月的时候，择吉日，把婴儿抱出堂屋，走出家门到院子里坐坐，晒晒太阳，看看屋外的世界。同时，象征性地剪一下胎毛，称为 [o^{33}tshɿ^{21}] “剪胎毛”。现在，大多数人家到县市医院或乡镇卫生院去接生，剪胎毛这种习俗也基本已消失。普格彝族像其他凉山彝族人一样重死不重生，认为生儿育女是人的本性，是自然而然的事。女人怀孕称为 [a^{34}ʑi^{33}vo^{55}ndi^{55}]；孩子出生称作 [a^{34}ʑi^{33}ʑu̠^{55}]。婴儿“出屋”后不久，年轻夫妇择吉日，背起婴儿，买些烟酒、糖果、鸡蛋和面条等礼品回丈母娘家，让婴儿妈妈的父母亲人看看，称作 [a^{34}phu^{33}a^{33}ma^{55}tɕhɿ^{55}ɕi^{33}] “拜爷辈”。这种习俗现在还一直保留和传承着。孩子满月后，择吉日用猪或羊转头绕身体作祈福仪式，向祖先神灵禀报添丁，称为 [lo^{55}ʑɿ^{33}zo^{21}] “粘吉水”。

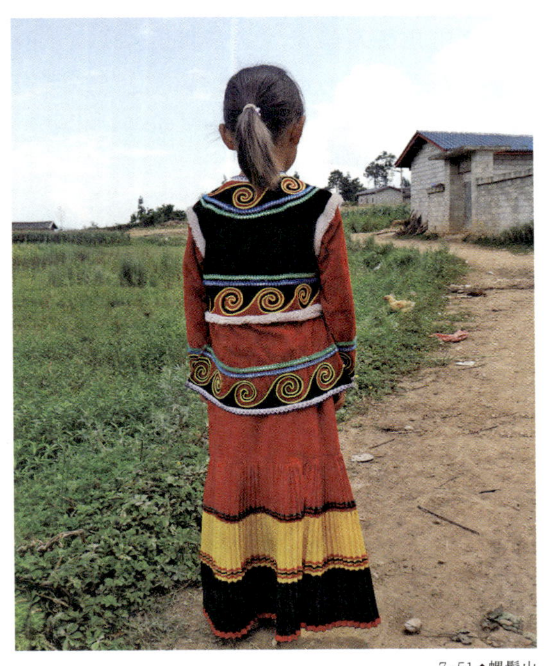

7-51◆螺髻山

[illegible] [ʂa^{21}ɬa^{55}ɬo^{33}mɛ^{33}lɛ^{33}] “换童裙前”

女孩换童裙（成人礼）前无论长得多高多成熟也不能谈恋爱，不能随意走亲串友，进行社交恋爱活动。女孩成人礼是自古至今流传下来的传统习俗，父母家人举办杀猪宰羊祭祀祖先神灵的仪式，女孩换上成人服装，告别童年时代。通常在年龄虚算单数 9 岁到 17 岁之间举行，主要以女童的生理初潮来临与否判断。

7-50◆螺髻山

[a^{34}ʑi^{33}na^{55}] “哄孩子”

在孩子的养育过程中，日常养儿育女的重任大都落在妇女的身上。女人们时常背着自己的孩子做农活或放牧，背着哄孩子睡觉、玩耍。

[ɕɿ^{21}ɬɛ^{33}nbo^{33}ʥɔ^{33}ga^{55}] “穿成人裙”

举行成人礼的女孩换掉童裙或裤子，穿上成年人的百褶裙。举行穿成人裙仪式时，禁止无论老幼的男性在场。

[ɕɿ^{21}ɬɛ^{33}i^{33}t^{h}u^{33}ga^{55}] “穿成人衣”

举行成人礼的女孩穿上成年人鲜艳亮丽的衣服。

7-52◆螺髻山

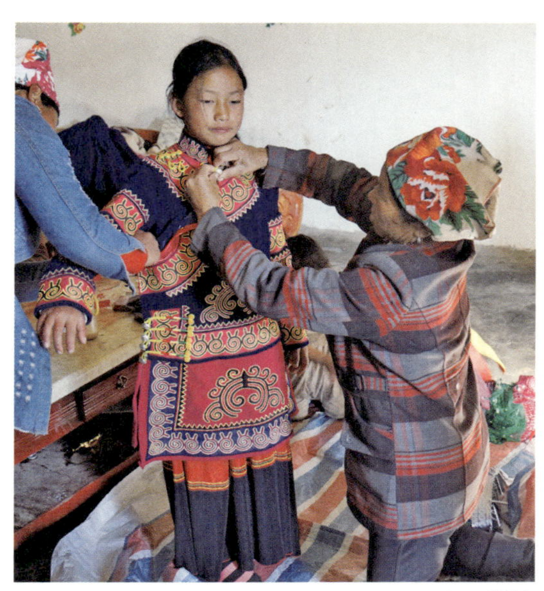

7-53◆螺髻山

7-54◆螺髻山

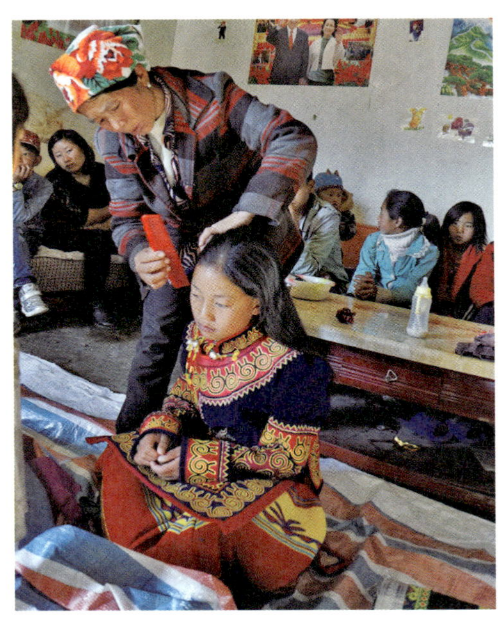

7-55◆螺髻山

[ndi^{55}fu^{33}ndi^{55}nɯ^{33}ndi^{55}]“戴耳饰”

举行成人礼的女孩戴耳环、耳饰、手镯等饰品。

[ɕɿ^{21}ɬɛ^{33}o^{33}tɕʰi^{33}tʂɿ^{55}]“梳成人发型”

举行成人礼的女孩改梳成年人的发型，穿戴成年人的头饰。

7-56◆螺髻山

[ʂa^{21}ɬa^{55}ɬo^{33}ɣa^{33}]“换童裙后”

举行过成人礼后，女孩穿戴漂亮，打扮时髦。从此，女孩可以谈恋爱，参加社交活动。父母家人给女孩举办成人礼是很隆重的仪式，也是一种伦理道德教育和女童保护示范。一个女孩子，在举行成人礼之前，无论长得多么亭亭玉立，无论是否自愿，任何男子都不可以与之谈恋爱或发生性关系。

7-57◆安哈

[illegible] [ts^{h}o^{33}sɿ^{33}dɯ^{33}gi^{33}su^{33}] “奔丧队伍”

参加逝者葬礼的人群队伍。逝者出殡火葬前夜是所有亲友前来集中哭丧守灵的日子。这天，无论远近，所有的亲友都以家族为单位，集中列队前来参加。尤其是姻亲家的人比较多。如有人去世，要打枪或放独门火炮，以示人已过世，称作 [na^{21}tʂ^{h}o^{55}ndu^{21}] “鸣丧”。邻里亲友听见枪炮声后不约而同前来问候、悼念、帮忙。同时，要赶紧杀头猪，头朝外放在逝者遗体架子旁边，以示开路，称为 [ko^{33}gɛ^{33}tɕ^{h}o^{21}si^{55}] “杀断命牲口”。过去，在选定送上山火葬的日子后，专门派人带酒去远嫁他乡的逝者家的姐妹、女儿等亲人家通知，称作 [do^{21}kɯ^{33}] “报丧”。现在已简化，通常电话通知即可。此词读音中 [sɿ^{33}] 是汉语“死”的借音。

7-58◆九口（阿牛史日提供）

7-59◆九口（阿牛史日提供）

ꊿꂾꄖꄹ [tsʰo^{33}mo^{33}ta^{34}dɯ^{33}]“灵堂”

逝者的遗体木架放置在堂屋门口或屋檐下，有的专门搭一个简易房屋停放，供人吊唁和守灵。人去世后专门给逝者做安放遗体的木架，称作 [ʑa^{33}dzo^{55}]“做遗体木架”。一般是两根木头，以一米左右宽度，分放在地上，木头的中间横放并捆绑一些木块而成。给逝者穿戴服装，称为 [sɿ^{33}vi^{55}sɿ^{33}ga^{55}ga^{55}]“穿丧服”。在逝者嘴里放上金子或银子，称作 [tʰu^{33}ʂɿ^{55}kɯ^{33}mo^{33}]“口含金银”。遗体旁放上烟、酒、炒面等食物，称作 [ho^{21}ʥa^{33}]“敬食”。

7-60◆九口（阿牛史日提供）

ꉪ [ŋo^{33}]“哭丧”

逝者的儿女们一直围坐在遗体木架旁，边用树叶赶蚊虫苍蝇边哭，诉说情意。所有来悼念逝者的亲友来后，都要在第一时间到灵堂遗体旁哭诉，将祭奠逝者的烟、酒、布等供品置放或悬挂在逝者遗体木架的周围。

7-61◆九口（阿牛史日提供）

ꀛꍆꆹ [$ba^{21}tsɿ^{33}ɬi^{55}$]“跳丧舞”

人去世后吊唁期间迎接来宾时跳的一种原始舞蹈。每一波奔丧队伍快到逝者家门口时，主客双方分别拿着大刀、长矛等，在院子里边说、边跳、边舞。气势磅礴，动作干净有力，震撼人心。

ꉻꂾꄸ [$ts^{h}o^{33}mo^{33}t^{h}u^{34}$]“守灵”

亲人们通宵达旦守护在逝者的遗体木架旁，时不时哭诉。火葬前的每一晚，逝者的遗体木架周围都有家人、亲友伴守，不分昼夜，直到出殡抬上山火葬为止。

7-62◆九口（阿牛史日提供）

7-63◆九口（阿牛史日提供）

[du̱^{33}dɛ^{33}mu^{33}]“分丧食”

彝族人的丧葬很隆重，参与者很多，要杀猪宰羊招待，做荞饼或做饭吃。当逝者被抬上山或野外火葬后，所有来逝者家里吊唁的人，每人都要当场分食，没到场的邻里也要分一份捎回去。见者、知者都有一份。

[tsʰɔ^{33}tɕʰɿ^{33}]“火葬”

逝者的遗体木架抬到火葬场后，放在事先准备好的烧遗体的木柴堆上焚烧。然后，将烧后的遗骨与木炭、木灰撮拢堆放在一起，称为[ɣo^{33}ŋgu̱^{33}]“堆遗骨”。火葬的地方称为[tsʰɔ^{33}tɕʰɿ^{33}xo^{33}]“坟场”。一般是选在一座山坡山势比较平缓的地方。有的家族，人去世后，火葬的地方选在房前屋后的庄稼地里。一般一个家族或村庄都有相对固定的火葬的地方，称作[tɕʰɿ^{33}pʰu^{21}]“坟山”。

7-64◆九口（阿牛史日提供）

[illegible] [ʑʅ^{33}k^{h}u^{33}]“招灵”

民间认为逝者死前灵魂跟活的人在一起，死后毕摩为逝者招魂引路，也为活着的亲人招魂留下。招魂时为逝者念经，引导灵魂安全、顺利回到祖先神灵居住的地方祖界，称为[gu^{21}ma^{55}]“指路”。抬遗体木架前，用白布条把遗体和木架捆绑在一起，以防遗体掉落，称作[ts^{h}o^{33}mo^{33}dɛ^{33}xa^{33}]“捆绑遗体”。遗体捆绑好后，由四个青壮年男子把木架放在肩上抬起来，称为[ts^{h}o^{33}mo^{33}tɕ^{h}ʅ^{33}]“起架”。与此同时，由两个青壮年男子举着燃起的火把，在抬起的遗体木架的前方引路，直到火葬场引燃火堆燃烧遗体，称为[ma^{33}ko^{34}to^{55}]“引火”。

7-65◆九口（阿牛史日提供）

捌·节日

普格彝族有自己独特的传统节日，典型的有 [kʰo^{55}ʂɿ^{33}] “彝族年”、[to^{55}tsɛ^{33}] “火把节”、[ʑɔ^{55}ȵɛ^{33}tsʰɿ^{21}] “剪羊毛节”等。其中，彝族年和火把节，在人们心目中具有很高的地位和重要的作用。两个节日都杀牲庆祝，举行祭祀活动，庆贺时间为三天。

彝族年，普格彝语叫 [kʰo^{55}ʂɿ^{33}] “阔史”。[kʰo^{55}] “阔”即年；[ʂɿ^{33}] “史”即新。庆祝彝族年简称过年。传统上，一般在农历十月收割完农作物后择吉日进行。近年来，基本上按照凉山州政府规定的日子举行，即每年公历 11 月 20 日。过年第一、二、三天，依次称为 [kʰo^{55}ʂɿ^{33}ȵi^{21}] “迎新日”、[dɔ^{33}bo^{33}ȵi^{21}] “串门日”和 [a^{34}pʰu^{33}gi^{33}tɕɿ^{34} ȵi^{21}] “送祖灵日”。过年最隆重的事是杀 [kʰo^{55}ʂɿ^{33}vi^{55}] 过年猪。第一天清晨，从年长或德高望重的人家开始依次杀“过年猪”。经烧掉猪毛洗净后砍成肉块，察看脾、胆、胰、尿泡是否完整饱满；烧（煮）肉祭祖祈福，喝酒聊天，砍肉挂晒。第二天，男主人做冻肉，邻里串门；女主人清洁肠肚，灌制香肠；孩子们带上一只猪蹄和食品到山上聚会。第三天凌晨三四点钟，将祭祀台上饭菜加热后与酒一起祭祀祖先神灵回归祖界；天亮后女主人带着猪膀肉、冻肉、酒等回娘家拜年；男子在家接待来拜年的亲友。

火把节，普格彝语叫 [to^{55}tsɛ^{33}]“朵则”。[to^{55}]“朵”即火；[tsɛ^{33}]“则”即祭。举行火把节的日子，固定在每年农历六月二十四、二十五、二十六三天，分别叫 [to^{55}tsɛ^{33}]“祭火”、[to^{55}gɯ^{21}]“玩火”和 [to^{55}ʂa^{33}]“送火”。第一天午后要杀一只没下过蛋的仔母鸡，做成烧肉、煮熟肉后，分别与荞粑、酒一起祭祀天地万物的神灵、祖灵；夜幕降临时点燃火把，在房前屋后的田边地角上放置在一起燃烧。第二天人们聚在一起举行 [mu^{21}dʑʅ^{33}tɕi^{34}]“赛马”、[lɯ^{33}nbɛ^{33}hɯ^{34}]“斗牛”、[ʐo^{34}nbɛ^{33}hɯ^{34}]“斗羊”、[ʑɛ^{33}dʑɛ^{33}hɯ^{34}]“斗鸡”、[dʐʅ^{34}tso^{33}hɯ^{34}]“摔跤”和 [ȵi^{33}ndʐa^{55}si^{33}]“选美”的活动；夜晚点燃火把，照亮四野，吹拉弹唱，传情达意。第三天是送火，白天聚集玩耍，夜幕降临后每家派人点燃长火把，人人拿着熊熊燃烧的火把奔走在村寨的羊肠小道上，边吆喝边挥舞着火把，将其送到往年放置的地方堆在一起燃烧，以示烧掉害虫病灾、妖魔鬼怪，祈福平安。

彝族年和火把节都是集祭祀祖先神灵、游艺竞技、餐饮娱乐等民俗事项为一体的群众性节日。每年吸引数万中外游客参与，一方面为当地经济增长、脱贫致富带来机遇；另一方面很好地承传了中华民族优秀的传统文化。

一 彝族年

8-1◆螺髻山

ꈌꏂ [kʰo⁵⁵ʂɿ³³] “彝族年”

普格彝语的 [kʰo⁵⁵ʂɿ³³] 直译成汉语叫“阔史”。[kʰo⁵⁵]“阔”即年，[ʂɿ³³]“史”即新，即新年。彝族年相当于内地的春节。传统彝族年的日子一般选定在农历十月，主要的庄稼收割完毕时选日子举行，体现彝族历法中“十月太阳历”的遗存。“十月太阳历”的计法是一年为十个月，一个月 36 天，一年 360 天，剩下的 5 或 6 天作为过年计。现在普格的彝族年过年时间一般都是按照凉山州政府规定的日子举行，即每年公历的 11 月 20 日。但有些家族或家庭也有可能在此规定之前或之后过年。过年时间为 3 天，分别叫 [kʰo⁵⁵ʂɿ³³ȵi²¹]“迎新日”、[dɔ³³bo³³ȵi²¹]“串门日”和 [a³⁴pʰu³³gi³³tɕɿ³⁴]“送祖灵日”。过年时家家户户都要杀过年猪来庆祝敬献，举办祭祀活动，人们兴高采烈，喝酒吃肉，走亲串友，斗牛赛马等，整个村寨热闹非凡，喜庆洋洋。

8-2◆螺髻山

8-3◆螺髻山

[hi^{34}sɿ^{33}ka^{33}ʑɔ^{33}]“打扫卫生”

过年前一天，家家户户在房前屋外彻底打扫清洁卫生，收拾好家里的物品，该洗的洗，该换的换，该丢的丢。清洗锅碗瓢盆，清扫屋角墙外，以一种崭新的姿态迎接新年的到来。

[sɿ^{33}k^{h}o^{21}k^{h}o^{21}]“堆柴火”

过年前，将过年期间用的木柴块堆放好。这些柴火八九月份在山上选择灌木或粗壮的树木砍倒后砍成节，劈成条状、块状晒干，在过年前背回来放在院子堆起来。

8-4◆螺髻山

8-5◆螺髻山

[tɛ³⁴pu³³tsʰɿ³³] “清洗菜板”

过年前一天或当天，专门把平时用的菜板洗涤干净，以便过年时切菜切肉用时新鲜干净。这是庆贺过年必不可少的环节。专门把用来杀猪的长刀、菜刀、砍刀等刀具磨好，称作 [vi⁵⁵si⁵⁵ʥɿ³³mu³³] “磨杀猪刀”。

[to⁵⁵ho⁵⁵tɕʰi²¹] “做豆腐”

过年前一天，黄豆泡水后磨成生豆浆，放入锅里点上石膏水或酸菜水，用过水筛箕反复挤压后制成豆腐。部分当晚吃，部分用来过年期间吃或用来做香肠。当晚吃豆腐，主食是米饭，称为 [tɕʰɛ³³ʥa³³ʥɯ³³] “吃米饭”。过去因住在高山或半山区，种不了稻谷或者买卖不流通，一年四季吃荞麦、燕麦、土豆、玉米等，难得吃上一顿米饭。男主人想办法弄上一些米，在过年前一晚或过年期间做来吃，这是一件很稀罕的事。

8-6◆五道箐

[lɔ^{33}tsʰa^{33}ʂo^{33}] “净年猪”

动手杀猪前，把烧得滚烫通红的石头放入瓢中的水里，在过年猪身上绕行，以示除秽净污。这是必不可少的仪式习俗，在逢年过节或祛病除灾的杀牲祭祀中常见。人们观念里认为万事万物都有不洁的一面，祭祀祖先神灵的东西必须通过此仪式净身后才干净，神灵才会接收。杀猪前安排好人员到猪圈里，用绳索把过年猪捆绑后拉到杀的地方，称作 [vi^{55}ʑu^{55}] “逮过年猪”。要给捆绑过年猪的人和主刀杀猪的人敬酒，称作 [ndʐʅ^{33}kʰo^{33}vi^{55}ʑu^{33}su^{33}to^{21}] “敬逮猪人酒”。

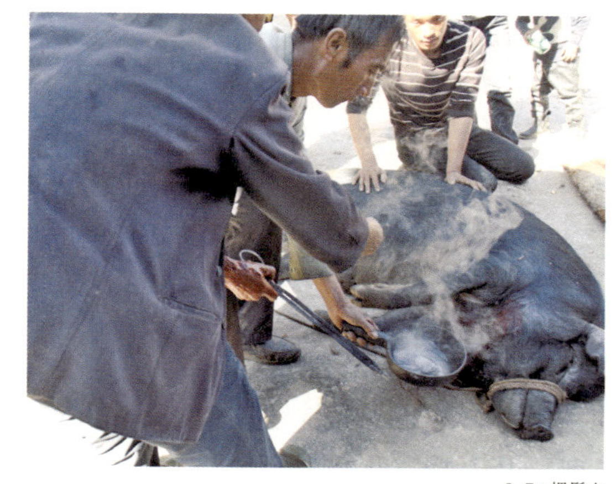

8-7◆螺髻山

[vi^{55}si^{55}] “杀年猪”

几个年轻人按压着猪头和猪身，由经验丰富的杀猪手把尖刀刺入猪胸口致死。猪杀死后用干蕨草或松叶来烧掉猪毛并刮洗干净，有的用干玉米秆来烧。一般过年猪是不能用开水烫毛的。不过，现在有些地方，只是象征性地烧一下，然后用开水烫或直接用开水烫猪毛。过年当天，有的人家在杀过年猪前，会专门杀一只鸡来祭祀祖先神灵。整个杀猪过程要按一定的规程、纹路和标准进行解剖，清洗干净后取出滞留在体内的 [vi^{55}sʅ^{33}] “猪血”，用来做香肠。有一种常见的习俗是要察看过年猪的胆胰，称作 [vi^{55}tɕʅ^{33}vi^{55}ɬɛ^{33}hɯ^{21}] “看猪胆胰”。主要看猪胆是否饱满，胆汁是否量多；猪胰是否平整光滑，有无卷曲缺损。如都是完好的，则预示年后风调雨顺，人畜安康，五谷丰登，吉祥如意。

8-8◆螺髻山

8-9◆螺髻山

8-10◆螺髻山

[xɯ^{33}fu^{33}fu^{33}]“烧烤猪肉”

烧烤猪肝、猪腰子肉用来祭祀祖先神灵。将烧熟后的猪肝、猪腰子等肉和酒一起放到祭祀柜上祭祀祖先神灵，称为[xɯ^{33}fu^{33}si^{21}so^{55}mu^{33}]“烧肉祭祀”。这是庆祝过年必不可少的庄重的环节。有的地方的家庭还要祭祀天地自然神灵。祭祀时把烤肉、荞粑和酒端到祭祀台上放好，念诵祈福语，禀告祖先神灵，颂扬神灵、祖先的保佑庇护之功，祈求继续庇佑，来年更好，称作[so^{55}mu^{33}]“祭祖灵”。等祭祀完后才吃这些肉，且人人都要吃一点，叫作[xɯ^{33}fu^{33}k^{h}ɯ^{33}ɕi^{33}]“尝烤肉”。这种场合有禁忌，就是禁止狗、猫、鸡在祭祀神灵前先吃到烧肉。

[so^{55}mu^{33}ndzʅ^{33}ndo^{33}]“喝祭祀酒”

把放在祭祀台上片刻后端下来的酒赶紧喝掉或抿一口，以示敬重。祭祀自然天地神灵和祖先神灵的供品中，酒是必不可少的祭品，没有酒，不举行祭祀。

8-11◆螺髻山

[xɯ^{33}tɕo^{55}so^{55}mu^{55}]“煮肉祭祀”

过年猪肉砍成“坨坨肉”煮熟后，撒些盐，与米饭、荞条、荞粑一起端起，往烧红的小石头上浇水，端着这些饭菜在“滋滋”冒出的水蒸气的上面绕行后，放到祭祀柜上祭祀祖先神灵。用清水煮砍成一坨一坨的过年猪肉，称为[vi^{55}xɯ^{33}tɕo^{55}]“煮猪肉”。这种大肉块的吃法，称为[xɯ^{33}ɣɔ^{33}]“吃坨坨肉”。这是普格彝族饮食里一道独特的名菜。鸡、猪、牛、羊等所有禽畜的肉都可以这样做来吃。

8-12◆螺髻山

[vi^{55}xɯ^{33}ʥɯ^{33}]“吃年猪肉”

祭祀结束后，一家人围坐在一起吃过年猪肉、米饭以及其他菜肴，共同庆贺过年。家人和客人一起喝过年前专门买来的过年酒，称作[k^{h}o^{55}sɿ^{33}ndzɿ^{33}ndo^{33}]“喝过年酒”。有白酒、啤酒、红酒、米酒等。

8-13◆螺髻山

[vi^{55}ʑi^{55}po^{33}ti^{55}]“挂猪尿泡”

把吹成足球般大的猪尿泡，挂在祭祀柜边上，有的挂在房屋的中柱上，以示吉祥如意。把猪尿泡里面的尿液倒掉后，用手用力搓揉后吹成泡泡，越大越好，称作[vi^{55}ʑi^{55}po^{33}mu̠^{33}]“吹猪尿泡”。

8-14◆螺髻山

8-15◆螺髻山

[vi⁵⁵vu³³nza⁵⁵]“做香肠”

过年第二天，家里女主人用清洁干净的猪肠灌制香肠并挂烤起来。有的人家，男人也帮忙做香肠。做香肠的材料有猪血、碎肉、土豆丝、豆腐块、糯米饭、食盐、蒜苗等。香肠有两种。一种以猪血为主加以其他材料做成，叫 [vi⁵⁵ sɿ³³ nza⁵⁵]“血肠”。另一种单纯用瘦肉块、肥肉块灌制而成，叫 [vi⁵⁵xɯ³³ nza⁵⁵]“肉肠”。把灌制好的香肠，挂放在火塘上方的木条或铁钩上熏烤，称作 [vi⁵⁵vu³³ɬi⁵⁵]“熏烤香肠”。

[vi⁵⁵xɯ³³ʐu³³so⁵⁵mu³³]“肉块祭祀”

将所有砍成条块形的猪肉放到祭祀柜上祭祀，与之前放上去的烧肉、熟肉、酒、砍刀和垫肉板一起放上，以示祖灵随时可以吃肉、喝酒。过年第三天，要把祭祀柜上的肉块取下来，再煮一些新鲜肉替换上去，称为 [so⁵⁵mu³³xɯ³³ɬo³³]“更换祭祀肉”。

8-16◆螺髻山

8-17◆螺髻山

[vi^{55}xɯ^{33}ʥɛ^{33}]“砍猪肉块”

把猪肉砍成条形或块形等。砍过年猪肉是很讲究的，砍出来的一个猪肉块大约有三四指宽。把猪头砍成两半，剔除骨头，撒盐腌制晾干，称作 [vi^{55}o^{33}tɕ^{h}i^{33}xɯ^{33}]“猪头肉”。主要是拜年时背给孩子舅舅。把整个猪胸连骨的肉砍成一大块，称为 [vi^{55}ŋɔ^{33}xɯ^{33}]“猪胸肉”。把整个猪肋巴肉砍成一大块，称作 [vi^{55}lo^{55}xɯ^{33}]“猪肋巴肉”。过年猪的肋巴肉，拜年时背给女方的父母，作孝敬肉。平时杀给客人吃的，要让客人带走，以示尊重。

[xɯ^{21}ti^{21}tɕ^{h}i^{21}]“做冻肉”

把猪蹄上剔下来的肉放进锅里煮熟后切成小块，与一些煮熟后没有吃完的“坨坨肉”剔去骨头、切成小块后一起放在锅里煮炒，放上食盐、香料等作料后盛进盆里，放在干净的地方慢慢晾干。

8-18◆螺髻山

8-19◆螺髻山

8-20◆螺髻山

[vi^{55}ɕʅ^{33}xɯ^{33}] “猪脚肉”

用来做冻肉。过年第二天孩子们背上一只猪脚，与全村里的孩子集中在某个地方，一起玩耍后煮来吃，称为 [vi^{55}ɕʅ^{33}gɯ^{21}] “玩耍猪脚杆”。一种儿童庆祝过年的游戏活动。

[vi^{55}hi^{55}tsi^{21}] “装猪肚肉”

将一些猪肉砍成差不多一样大小后煮熟，放上香料和食盐后装进清洁好的猪肚子里，慢慢烤干后挂起来，日后再掏出来食用。这种肚子肉，无论放多久后拿来吃，都是新鲜的味道；颜色像刚在锅里煮熟的新鲜肉，鲜美可口。

[a^{34}p^{h}u^{33}gi^{33}tɕʅ^{34}] “敬送祖灵”

过年第三天深夜举行的敬送祖先神灵的仪式。这种仪式要在天没亮、鸡还没叫之前举行完毕。大约凌晨三四点，家家户户的男主人起床热一下饭菜或新做一些饭菜，加上酒，放到祭祀柜上，口念“您该走了，年过完了”“慢慢走，好好保佑我们，明年再来一起过年”等诵词，祭祀、规劝祖先神灵回归祖界。举行完敬送祖灵仪式后把祭祀柜上的猪肉条块取下来，称作 [vi^{55}xɯ^{33}tɔ^{33}xa^{33}la^{33}] “取下肉块”。这些肉撒上食盐后堆放在一起。

8-21◆螺髻山

8-22◆螺髻山

[vi^{55}xɯ^{33}ti^{55}]“熏烤香肠肉块”

把堆放在一起的过年肉块挂到火塘上方的木架或铁钩上，与香肠一起熏烤，制作腊肉。

挂放完需要熏烤的猪肉后，将竹垫板和砍肉墩拿出室外，相互拍打多次，除尽碎肉块、残渣和灰尘，叫作 [xɯ^{33}da^{55}ka^{33}]“拍垫板”。

[xɯ^{33}da^{55}ka^{33}sɿ^{33}k^{h}o^{21}i^{33}ʥɿ^{34}ta^{33}]“垫板放柴堆上”

将拍打除尽碎肉块、残渣后的竹垫板或木垫板与砍肉墩一起放在室外的木柴堆上晾干。意味着年已完全过完。过年结束后给没杀过年猪的邻里家送猪肉，这是自古以来就有的一种“见者有份”、人人相助的良好习俗。据说，有时收到的肉比往年自己过年杀猪的肉还多。现在，随着经济发展和人们生活水平的提高，过年时杀不起猪的人家几乎没有。

8-23◆螺髻山

8-24◆螺髻山

[ɕɿ^{21}mo^{21}za^{55}mo^{55}a^{34}ta^{33}a^{34}mo^{33}du^{33}k^{h}ɔ^{55}ʂɿ^{33}gi^{33}]“回娘家”

过完年后，出嫁的女儿都要回娘家拜年。拜年时间，一般是过完年的当天。一般女儿和女婿一家人带着猪肉、冻肉、烟酒、鸡蛋、挂面、糖果等，回到娘家，与娘家人一起欢聚。届时街坊邻里都来嘘寒问暖、喝酒聊天、相互祝福。拜年时带给娘家的礼物，称作[ʥɯ^{33}lu^{33}ndo^{33}ʑɿ^{33}si^{21}]。来喝拜年酒的娘家人或邻居，要给回娘家拜年的姑娘一些礼金，称为[k^{h}a^{33}ba^{33}bɿ^{21}]“给拜年礼金”。这是一直流传的一种礼俗。钱多钱少，给者和受者都不在意。

8-25◆螺髻山

二 火把节

8-26◆螺髻山

[to^{55}ʦɛ^{33}] “火把节”

普格彝语的 [to^{55}ʦɛ^{33}] 直译成汉语叫“朵则”。[to^{55}]“朵”是火的意思，[ʦɛ^{33}]“则”是祭的意思，即祭火。是普格彝族一年中最隆重的节日之一，一般在农历六月二十四、二十五和二十六三天举行。俗语有“猪月二十四，不管吉凶日”的说法。意思是农历六月二十四日这一天是庆祝火把节的日子，不管是不是吉利的日子都要过节。每年举行火把节时，家家户户杀鸡敬献，祭祀祖先神灵，祈求和祝愿风调雨顺，人畜安康，五谷丰登。白天男女老少穿上节日的盛装，尽情地唱歌跳舞，集中在村里常年举行火把节活动的地方，举行 [mu^{21}ʥʅ^{33}ʨi^{34}]“赛马”、[lɯ^{33}nbɛ^{33}hɯ^{34}]“斗牛”、[ʑo^{34}nbɛ^{33}hɯ^{34}]“斗羊”、[ʑɛ^{33}ʥɛ^{33}hɯ^{34}]“斗鸡”、[dʑʅ^{34}ʦo^{33}hɯ^{34}]“摔跤”和 [ȵi^{33}ndʐa^{55}si^{33}]“选美”活动。晚上天快黑时，每家点燃火把并手持火把绕行房屋和田间，再聚在一地燃烧，意为消除病灾，驱邪送瘟，之后围住熊熊燃烧的火堆唱歌跳舞或做各种游戏。

8-27◆南城

8-28◆螺髻山

[illegible] [hi^{33}k^{h}ɯ^{33}] “火把草”

用来做火把的干枯的蒿子秆。生长在山上自然干枯的枝干，冬季或春天采来后扎成捆，背回家里放着，等到火把节前几天扎制火把节晚上点的火把。如不是自家人扎制，而是他人赠送的，要给扎制火把的人一只火把节当天宰杀来吃的大公鸡的鸡腿答谢，这是一种礼俗。

[illegible] [k^{h}ɔ^{33}ʥʅ^{33}k^{h}ɔ^{33}o^{55}ʑʅ^{33}ʦ^{h}ʅ^{33}] “清洁器具”

火把节当天，杀鸡祭祀前，清洗家里的碗筷、刀具、桌椅板凳等器具。还要清扫屋里和院子里的垃圾。清洗干净，搞好卫生，迎接节日。

8-29◆螺髻山

[to^{55}tsi^{33}ŋgo^{33}] “扎火把”

过火把节之前的一两个月内，很多家庭就着手扎火把。一般是单数，一把或三把。扎制时，把数根蒿子秆用绳子捆起来，起端有小碗口般粗，每隔五六厘米捆一圈。一般一支火把有一米多长，最长有五六米的。长的在第二节后每节添加枝条，中段很粗，直径达三四十厘米。最长的是火把节第三天晚上送火把时点的。

8-30◆螺髻山

[ŋgɯ^{33}fu^{33}zɿ^{55}] “做过节荞粑”

荞麦是人们最传统的食品之一，常年食用。逢年过节时，要专门做荞条、荞粑来祭祀祖先神灵。做的数量和做法都与平时有差异。荞条有雄性的含义，荞粑有雌性的含义。荞条做单数，荞粑做双数。总数是三、五、七、九不等的单数。各家庭或家族有差异。

8-31◆螺髻山

[ʑɛ^{33}tɕ^{h}ɿ^{33}] “杀过节鸡”

传统过火把节，最重要的一个标志是杀一只鸡来祭祀天地和祖先神灵，在火把节当天宰杀后烧煮来祭祀。一般只能用没有下过蛋的鲜艳的金黄色小母鸡。所以，很多家庭都在节前一两个月就选定一只小母鸡仔作为过火把节的鸡来养着，称为[to^{55}tsɛ^{33}ʑɛ^{33}si^{33}]“选过节鸡”。杀鸡的方式有多种：有的在水里闷死，有的用手捏脖子致死，有的用刀割脖子或嘴致死。宰杀过火把节的鸡，一般是水闷死的。在闷前，要喂点食盐和燕麦炒面混合而成的特殊食料，称作[ts^{h}ɯ^{34}ɬɿ^{33}p^{h}u^{33}sɔ^{55}]“敬献品”。

8-32◆螺髻山

8-33◆螺髻山

[ʑɛ^{33}ȵɛ^{33}ka^{33}to^{55}tsi^{33}ko^{33}tɕ^{h}ɛ^{33}] “火把上插鸡毛”

在扎好的火把上，插进从做祭祀的鸡身上拔下来的翅膀羽毛。一根挨着一根，一圈一圈地插上。一般围插三圈。过节的鸡毛与编好的蒿子秆一起烧掉更加吉祥如意。

[so^{55}mu^{33}] “祭祀神灵”

将做好煮熟的荞粑、荞条、鸡肉和酒一起，用来祭祀天地和祖先神灵。这些供品端放到祭祀柜上，主人念诵祈福语后，稍放一会儿，再取下来赶紧品尝一口。忌讳祭品取下来后长时间放着不吃。传统上过火把节祭祀的仪式一般都在下午三四点钟进行，不能太晚也不能太早。祭祀完毕后，全家人在一起聚餐。菜肴很丰盛，除了宰杀祭祀鸡外还要宰杀一只大公鸡，煮一些其他菜一起吃。有的家庭根据除病消灾、祈福安康的需要，在过节头一天或过节当天或第二天，择吉日，用一头猪或一只羊在人的头上转圈后在人的身上碰擦，举行作法祭祀神灵仪式。

8-34◆螺髻山

8-35◆螺髻山

[to^{55}tsi^{33}to^{55}] “点火把”

过火把节当晚，天快要黑时，就点燃火把。从堂屋的火塘里取火，点燃火把后放在门前屋后自燃自熄，或者让小孩子拿着在院子里、田边地角玩耍，喻示烧死害虫和妖魔鬼怪。

8-36◆螺髻山

[tsɛ^{33}ʑɔ^{33}ho^{21}]“吟唱火把歌”

过火把节的三天晚上，村寨的人们晚饭后聚在一起玩耍时专门吟唱有关火把节的歌谣。由懂的人专门吟唱，其他人欣赏。主要内容是介绍火把节如何来的，人们如何庆祝，如何开心等。腔高调美，婉转动听，很受欢迎。

[illegible] [vi^{55}ga^{33}a^{33}ʂʅ^{55}ga^{55}] “穿新衣服”

过火把节的第二天，整个村子里的人都聚在一起玩乐。家家户户为庆贺和展示，大人小孩都穿上新衣服参加聚会。人们鲜艳美丽，喜气洋洋。

8-37◆螺髻山

8-38◆螺髻山

ꀊꋓꌋ [ni^{33}ndʐa̠^{55}si^{33}] “选美”

过火把节期间举行姑娘选美是流传很久的活动。人们聚集在常玩的俗称火把圣地的地方，举行全村寨的姑娘选美比赛。来自不同家庭或家族或村落的人，推举自家公认的最美丽

8-39◆螺髻山

的姑娘来参加。一般参加选美的姑娘都是未婚未育的。现在，为了宣传旅游、发展经济，政府主导参与进来管理，流程越来越规范，影响越来越大。

8-40◆螺髻山

[illegible] [zɛ³³pu³³ʥɛ³³] “斗鸡”

斗鸡爱好者聚集在火把圣地举行公鸡争斗比赛。人们把自家最健壮、最得意的公鸡抱来参加比赛。两只鸡争斗不休，首先败下阵来的为输方。多只鸡轮流比赛，最后赢者为冠军。

[illegible] [lɯ³³ŋgɛ³³] “斗牛”

在火把圣地举行斗牛比赛。参加比赛的牛，有黄牛也有水牛。

8-41◆螺髻山

8-42◆螺髻山

[illegible] [ʑɔ^{33}la^{33}ŋgɛ^{33}]“斗羊”

在火把圣地举行斗羊比赛。参加比赛的都是绵羊，山羊几乎不参与这种比赛。

[illegible] [mu^{21}ko^{33}dʑʅ^{33}]“赛马”

在火把圣地举行骑马比赛。参加者从不同家族中选出最健壮、最得意的骑手来比赛。骑手飞奔上马，围绕跑马场赛跑，看谁跑得最快。一轮又一轮，直到所有参加者都参加完比赛为止，最终决定冠军归属。

8-43◆螺髻山

𠀀 [$to^{55}xa^{33}$]“送火除灾”

火把节第三天晚上，夜幕降临时，村村寨寨里的家家户户都派人点燃准备好的最长火把，在屋内屋外、田边地角绕行，表示烧赶蚊虫、妖魔，然后将所有的火把顺着一个方向（忌交叉

8-44◆螺髻山

行为)，一起送到村边每年集中燃烧火把的地方。整个时段，人们一边举着熊熊燃烧的火把前行，一边嘴里唱着、喊着心里想说的话，不停地行进，呈现出一幅“火树银花落满天”的景致。送完火把后，人们聚在一起玩耍、狂欢，到深夜才离开。

8-45◆螺髻山

[illegible] [to^{55}xa^{33}hɔ^{33}lɔ^{33}dɛ^{33}] “唤禽畜饮盐水”

在火把集中燃烧的地方，送火把节火把的每个人，都要制作一根小条槽，放进事先备好的盐后，完成呼唤牛、羊来饮用盐水等的象征性仪式后才返回。

[illegible] [to^{55}tsi^{33}ʐɯ^{21}tɕɛ^{33}] “烧火把”

一个村寨里送走的火把全部集中在往年的地方燃烧。送火把的人一边烧火把，一边象征性地呼唤牛、羊来喝盐水。同时念诵烧掉病痛灾难、消灭妖魔鬼怪、祈祷风调雨顺等言语。

8-46◆螺髻山

8-47◆螺髻山

[to^{55}xa^{33}ɣa^{33}pɛ^{33}tɕʰɛ^{33}ʑɛ^{55}ho^{34}gɯ^{33}]“送火把后狂欢”

送完火把节火把后村寨的人汇集在一起唱歌、跳舞、打牌、讲故事等尽情玩耍，狂欢到深夜，十分热闹。期间，请人专门演唱一种和火把节有关的歌，称作 [tɔ^{33}lo^{33}ho^{21}]“火把节颂歌”。也叫吟唱火把歌。

玖·说唱表演

普格彝族的说唱表演，无论是内容还是形式上都有独特的民族文化内涵。人们通过说唱来表达情感、相互沟通、交流思想、展示才华。从表演的时空来看，以婚丧嫁娶、逢年过节的场合居多，田边歇息时也有零星的表演。表演内容涉及天文地理、历史演变、万物起源、社会发展、婚约爱恋、待人接物等，依据不同的场合和情景进行说唱。最主要的知识来自彝文经典古籍文献，如 [a^{34}mo^{33}ni^{34}zɯ^{33}]“阿莫尼惹”（妈妈的女儿）、[ma^{55}mu^{33}tʰɯ^{21}ʑʅ^{33}]“玛木特衣”（教育典籍）、[nɯ^{33}o^{33}tʰɯ^{21}ʑʅ^{33}]“勒俄特衣”（创世史诗）、[bo^{33}pʰa^{55}]“博帕”（源流）、[kʰɯ^{21}ndʐɯ^{21}]“克哲”（口智）等。说唱表演的形式有 [ʦo^{33}]“咗”、[ho^{21}]“嚁”、[ʑɛ^{55}]“呀”、[pi^{33}]“哔”、[nʥi^{33}]“啧”等。表演者都是口才佳、记忆好、反应快、见识广、学识渊博、聪明伶俐的男女老少。表演时，分为主客两个阵营对赛，具体为代表主客双方阵营的两个人或两拨人之间进行对唱。有独自一个人唱的；有一人唱另一人跟着合拍的；有一人唱多人附和的。至于采用哪种形式表演，双方在赛前约定好。有的像东北流行的“二人转”；有的像汉族的“猜谜语”；有的是讲故事。

普格彝族的说唱表演文化是人们在长期的生产生活中创造和积累起来的，它以语言为载体，是世代口耳相传的宝贵的语言文学艺术现象。遗憾的是，如今，会说唱表演的年轻人越来越少。在隆重而正式的婚丧嫁娶场合表演的已不多了，即使有表演的，内容和形式也已简化，象征性的成分增多。

本章包括 [lʅ^{33}pʅ^{33}lʅ^{34}ʨi^{33}]“俗语谚语”、[ʑɛ^{55}ho^{21}]“歌谣”和 [pu^{33}dɯ^{33}]“故事”三部分。“俗语谚语”是当地彝族语言文化生活中最常见的内容，材料丰富，生动形象。“歌谣”部分涉及田间劳作、山林放牧、年庆假日、婚丧嫁娶等内容。“故事”内容更是题材丰富多样，收录在此的都是日常生产生活中广泛流传的脍炙人口的经典故事。

本章不收图片，体例上也与其他章有所不同。发音人的发音总体上说是典型的所地土语特点和色彩。记音时依据实际的发音记录下来，标注声调。讲述故事时，发音人有一些语流音变的现象（脱落、弱化、合音等），文本完全按实际发音记录于此。

一 俗语谚语

（一）顺口溜

1. 有关十二属相日禁忌的

ʑɛ^{33} ȵi^{21} o^{33} a^{21} tɕ^{h}ɔ^{33}, o^{33} tɕ^{h}ɔ^{33} nɯ^{33} o^{33} na^{33}.

鸡 日 发 不 理 发 理 就 头 痛

鸡日不理发，理发就头痛。

ts^{h}ɿ^{33} ȵi^{21} hi^{33} a^{21} mu^{33}, hi^{33} mu^{33} hi^{33} a^{33} ɣɯ^{34}.

狗 日 事 不 办 事 办 事 不 成

狗日不办事，办事办不成。

vi^{55} ȵi^{55} di^{21} a^{21} tu^{33}, di^{21} tu^{33} nɯ^{33} di^{21} dʑɔ^{33}.

猪 日 坎 不 立 坎 立 就 坎 倒

猪日不立坎，立坎就坎倒。

hɛ^{33} ȵi^{21} ni^{21} a^{21} mu^{33}, ni^{21} mu^{33} nɯ^{33} si^{33} gi^{55}.

鼠 日 祀 不 祭 祀 祭 就 人 灭

鼠日不祭祀，祭祀就人灭。

ȵi^{33} ȵi^{33} nzɿ^{21} a^{21} tu^{33}, nzɿ^{21}tu^{33} nɯ^{33} nzɿ^{21} gɛ^{33}.

牛 日 发 不 留 发 留 就 发 断

牛日不留发，留发发就断。

la^{55} ȵi^{55} vi^{55} a^{21} dɔ^{55}, vi^{55} dɔ^{55} gɯ^{21} mu^{33} dʑi^{21}.

虎 日 衣 不 缝 衣 缝 丧 服 成

虎日不缝衣，缝衣成丧服。

tʰɯ^{21} ɬɯ^{21} ʑɿ^{33} a^{33} du^{34}，ʑɿ^{33} du^{34} nɯ^{33} ʑɿ^{33} si^{21}.

兔 日 河 不 过 河 过 就 水 冲

兔日不过河，过河水冲走。

lu^{33} ȵi^{21} lɿ^{21} a^{21} nbo^{21}，lɿ^{21} bo^{33} ʂɿ^{33} tsu^{33} tsu^{33}.

龙 日 种 不 下 种 下 矮 矬 矬

龙日不种地，种地不丰收。

ʂɿ^{33} ȵi^{34} ɕɿ^{21} a^{21} ʑo^{33}，ɕɿ^{21} ʑo^{33} ɕɿ^{21} a^{21} ʥi^{21}.

蛇 日 妻 不 娶 妻 娶 妻 不 成

蛇日不娶妻，娶妻妻不成。

mu^{33} ȵi^{21} hi^{33} a^{21} tsʰu̠^{33}，hi^{33} tsʰu̠^{33} hi^{33} a^{21} ɣɯ^{33}.

马 日 房 不 建 房 建 房 不 固

马日不建房，建房不牢固。

ʑo^{33} ȵi^{34} na^{33} a^{33} ŋgu^{34}，na^{33} ŋgu^{34} na^{33} a^{21} sa^{33}.

羊 日 病 不 治 病 治 病 不 愈

羊日不治病，治病治不愈。

ȵu^{55} ȵi^{33} lɿ^{21} a^{21} kɯ^{21}，lɿ^{21} kɯ^{21} lɿ^{21} a^{21} ɣɯ^{21}.

猴 日 种 不 留 种 留 种 无 收

猴日不留种，留种无收成。

2. 有关十二属相婚配的

tsʰɿ^{33} mu^{33} la^{55} sɔ^{33} tʰɯ^{33}，ȵi^{55} ʂɿ^{33} ʑɛ^{33} ʥɿ^{21} lu^{21};

狗 马 虎 三 合 牛 蛇 鸡 福 禄

tʰɯ^{21}ɬɯ^{21} vi^{55} ʑo^{33} tɕʰo^{33}，ȵu^{55} lɿ^{33} hɛ^{33} tɕʰo^{21} tso^{33}.

兔 猪 羊 随 猴 龙 鼠 为 伴

属狗、属马和属虎的人在一起合适，属牛、属蛇和属鸡的人在一起幸福，属兔、属猪和属羊的人在一起随和，属猴、属龙和属鼠的人在一起是伴侣。

3. 有关年龄算法的

tsʰɿ^{21} gu^{21} tsɿ^{21} tsʰi^{34} sɔ^{31}，ȵi^{21}gu^{21} ȵi^{21}tsi^{34} ŋɯ^{33}，sɔ^{33} gu^{21}sɔ^{33} tsʰi^{33}ʂɿ^{34}，

一 轮 一 十 三 二 轮 二 十 五 三 轮 三 十 七

lɿ^{33} gu^{21} lɿ^{33} tsʰi^{34} gu^{33}，ŋɯ^{33}gu^{21}xo^{55}tsʰi^{33} tsʰɿ^{34}，xo^{55} gu^{34} ʂɿ^{21} tsi^{34} sɔ^{33}，
四 轮 四 十 九 五 轮 六 十 一 六 轮 七 十 三
ʂɿ^{21} gu^{21} hɛ^{55} tsʰi^{33} ŋɯ^{33}，hɛ^{55} gu^{34} gu^{33} tsʰi^{33}ʂɿ^{34}，gu^{33} gu^{21} ha^{33} ȵi^{34} tsi^{33}.
七 轮 八 十 五 八 轮 九 十 七 九 轮 百 二 十

（这里的“百二十”是虚算，其实只有一百零九，因为每一轮在前面的基础上加十二）

一轮十三岁，二轮二十五岁，三轮三十七岁，四轮四十九岁，五轮六十一岁，六轮七十三岁，七轮八十五岁，八轮九十七岁，九轮一百二十岁。

（二）谚语

1. 有关农业的

（1）tʂʰɯ^{33} mu^{33} li^{33} ʑɿ^{33} kʰa^{55}，ndi^{21} mu^{33} ɕɿ^{33} kɯ^{21} kʰa^{55}.
稻 田 以 水 贵 山 地 肥 以 贵
水田有水才好，山地有肥才棒。

（2）tsʰo^{33} ndʑi^{34} li^{33} dʑa^{33}，dʑa^{33} ndʑi^{21} li^{33} ɕɿ^{33}；ɕɿ^{33} li^{33} tsɯ^{33}，
人 根 是 粮 粮 根 是 肥 肥 是 壤
tsɯ^{33} li^{33} no^{55}，no^{55} ti^{55} mu^{33} ɣɯ^{33} tɯ^{21}.
壤 是 筋 筋 有 土 力 起
人的命根子是粮食，粮食的命根子是肥料；肥料产生土壤，土壤增生沃土，有沃土的地有好收成。

（3）ndʑɛ^{33} gu^{21} ɕɿ^{33} a^{21} ndi^{33}，pʰo^{33} li^{55} dʑa^{33} a^{21} ndi^{33}.
屋 前 肥料 不 满 箩 屯 粮 不 满
房前屋后堆满肥料，箩筐粮仓装满粮食。

（4）ɣo^{21} ɣa^{33} pu̠^{33} ɣo^{21} tɕʰi^{21}，sɿ^{21}nda^{55} tɕʰi^{33} ni^{33} du̠^{33}；
菜 后 返 菜 种 梨 叶 红 出
ŋgɯ^{33} ɣa^{33} pu̠^{33} ŋgɯ^{33} tɕʰi^{21}，pu^{21} vu̠^{33} na^{21}kʰu^{55} du̠^{33}.
荞 后 返 荞 种 纺 锤 钩 样
菜地反复种菜，长相像红梨叶子；荞地反复种荞麦，长势像纺锤钩 。（意为反复播种会导 致菜和荞麦长势不佳，收成不好。）

（5）tsʰɿ^{21} ȵi^{21} a^{21} mu^{33} nɯ^{33}，tsʰi^{33} ȵi^{34} a^{21} dʑɯ^{34} tʰɯ^{33}.

一 日 不 做 就 十 日 不 吃 时

一天不劳作，十天受饥饿。

2. 有关气象的

（1）xɯ^{21}tɯ^{21} dʑɿ^{33}dɔ^{33} bo^{33} la^{21} lo^{33}zo^{34} ndʑo^{33}，bu^{21}dʑi^{34} ha^{33}sɿ^{33}bu^{55} la^{55}ɬu̠^{33}zo^{21}ndʑo^{33}.

清早 日 出 坡 和 沟 晒 平 中午 暴雨 草 和 叶 打 上

清晨阳光普照山壑里，午间暴雨均洒百草上。

（2）o^{21} dʑo^{34} mu^{33} pʰo^{21} ndʑɿ^{33}，ŋo^{33}xa^{33} ɛ^{34} nɛ^{33} hi^{55}，vi^{55}lo^{21} ha^{33}sɿ^{34} gi^{33}.

西 昌 天 雾 起 螺髻山 云 黑 飘 荞窝 暴雨 下

西昌起云雾，螺髻山飘黑云，荞窝镇下暴雨。

（3）mu^{33} tsʰa^{33} sɿ^{33} a^{21} ʐɯ^{21}，mu^{33} mo^{33} zɯ^{33} gɔ^{33} lɛ^{21}.

天 热 柴 不 找 天 冷 儿 寒 冷

晴天不砍柴，冷天儿受冻。

3. 有关生活的

（1）ɬi^{55}zɯ^{33} tɕo^{34} dɯ^{33} dʑɿ^{33}，sɿ^{21}lɿ^{33} sɔ^{33} du^{21} tɕʰo^{21} tʰo^{55} dʐɯ^{33};

青年 转 地 宽 见识 三 尺 友 上 多

a^{34}tɕʰɿ^{33} tɕo^{34} dɯ^{33} dʑɿ^{33}，du^{55} mu^{33} sɔ^{33} du^{21} tɕʰo^{21} tʰo^{55} dʐɯ^{33};

姑娘 转 地 宽 缝 事 三 尺 友 上 多

tɕɔ^{55}nɔ^{21} vo^{34} dɯ^{33} dʑɿ^{33}，ndo^{33} lu^{34} sɔ^{33} du^{21} tɕʰo^{21} tʰo^{55} dʐɯ^{33};

雄鹰 飞 地 宽 喝 的 三 尺 友 上 多

la^{55}ni^{33} tɕo^{34} dɯ^{33} dʑɿ^{33}，dʑɯ^{33} lu^{34} sɔ^{33}du^{21} tɕʰo^{21} tʰo^{55} dʐɯ^{33}.

狮子 走 地 宽 吃 的 三 尺 友 上 多

青年走得远，见识三样比人多；姑娘走得远，缝技三样比人强；岩鹰飞得远，食物三样比人强；狮子走得远，猎物三样比人强。

（2）vo^{33}tsʰo^{33} a^{21} hi^{21} nɯ^{33} a^{21} sɿ^{21}，ko^{33}dʑi^{33} a^{21} ndu^{21}nɯ^{33} a^{21} lɿ^{33}.

人 不 说 就 不 明 鼓 不 打 就 不 响

人不说不明，鼓不打不响。

（3）vo^{33}tsʰo^{33} tɕi^{21} ɕi^{33} ho^{33} lo^{33} dʑo^{33}，a^{33}ȵo^{55} sɿ^{33} bo^{33}ho^{33} lo^{33} dʑo^{33}，

人 亲 戚 依 靠 活 猴子 树 林 依 靠 活

ɔ^{34}pa^{33} ʑɿ^{21} t^{h}i^{21} ho^{33} lo^{33} ʥo^{33}.

青蛙 水 塘 依 靠 活。

人靠亲戚活，猴靠树林活，蛙靠水池活。

（4）ga^{33} ʥɿ^{33} ʨ^{h}o^{21} a^{21} ʂɯ^{21}，ga^{34} ȵi^{33} ʨ^{h}o^{21} a^{21} ɣɯ^{21}.

远 处 友 不 找 近 处 友 不 有

远处不找友，近处也无友。

（5）ʂa^{33} zɯ^{33} ku̠^{33} pa^{33} pa^{33}，si^{33} ɬɿ^{33} ko^{33} nʥɛ^{55} gi^{33}；

穷 者 光 溜 溜 寒风 从 偏 走

ga^{55} zɯ^{33} ʦ^{h}i^{34} gu^{33} tɛ^{33}，si^{33} ɬɿ^{33}ko^{33} sɿ^{34} la^{33}.

富 者 十 九 层 寒 风 从 进 来

穷人无衣遮，寒风吹不进；富人十九层，寒风偏吹进。

（6）ʦ^{h}o^{33} ȵo^{33} ʦ^{h}o^{33} a^{33} ʥɿ^{34}，nzi^{33} ȵi^{33}ʦ^{h}o^{33} ʦ^{h}ɿ^{33} ʥɿ^{34}.

人 多 人 不 慕 团 结 人 值 慕

人多不值得羡慕，团结才值得羡慕。

（7）bu^{33} ʂɯ^{21} ʥi^{33} ʂɯ^{34} ho^{21}lu̠^{21} ho^{21}ka^{34} li^{33} t^{h}a^{21} ʦɿ^{21}，

敌 找 仇 找 邻居 街坊 就 不 靠近

k^{h}a^{34} ʥɿ^{33} zɯ^{33} mu^{34} zɯ^{33}kɔ^{33} k^{h}ɯ^{21}t^{h}ɯ^{34} ʑu̠^{33} a^{21} ʥi^{33}.

谁 家 孩 孩 勇 何时 生 不 知

树敌不树邻居，英雄不知落谁家。

（8）do^{21} hi^{21} mu^{21} ni^{34} ŋgo^{33}，do^{21} mu^{21} sa^{55} a^{21} ku^{55}，

话 说 妇 人 能 话 尾 断 不 会；

mu^{33} ŋɯ^{33} vi^{55} mo^{21} ŋgo^{33}，di^{21} li^{33} p^{h}i^{33} a^{21} ku^{55}；

地 犁 猪 母 能 地 埂 理 不 会；

mu^{33} ʦɿ^{55} ʑɛ^{33} pu^{33} ŋgo^{33}，ʦɿ^{55} k^{h}ɯ^{33} ʦ^{h}i^{21} a^{21} ku^{55}；

地 挖 鸡 公 能 挖 口 齐 不 会；

ba^{33} dɛ^{33} tʂ^{h}ɿ^{55} zɯ^{33} ŋgo^{33}，do^{21} po^{21} ko^{33} a^{21} ʨ^{h}o^{33}.

巧 嘴 羊 羔 能 话 根 却 不 有。

妇人能善言，不会结束语；母猪能耕地，不知挖埂头；公鸡善挖地，不知齐锄口；羊羔言语多，却无言主题。（意思是说讲话抓不住重点、关键的内容。）

（三）谜语

1. bo^{33} o^{33} ma^{21} ȵo^{21} ts^{55} ʅa^{21} ndi^{55}.

山 顶 竹 嫩 节 不 有

山洞嫩竹没有节。谜底：ɔ^{33} ȵɛ^{33}“头发”

2. zʅ^{55} mo^{55} ȵi^{33} ma^{55} ȵi^{21} ma^{33} ʥʅ^{33} mo^{33} la^{33} mi^{34} ko^{21}ʥi^{21} ka^{55}tsʅ^{33} ti^{5}.

姐 姐 妹 妹 俩 个 相 见 来 想 山梁 中间 隔

两姊妹要相见，却隔着一座山梁。谜底：ȵɛ^{33}sʅ^{21}“眼睛”

3. ta^{55} p^{h}o^{55}t^{h}u^{33}rɯ^{33}rɯ^{33}，na^{2}p^{h}o^{2}t^{h}u^{3}rɯ^{33}rɯ^{33}，ka^{55}tsʅ^{33}ndu^{21}mo^{34}lu̠^{33}a^{21}ɣɯ^{21}.

上 面 白 压 压 下面 白 压 压 中 间 打 的 石不有

上面白压压，下面白压压，中间找不到打击石。谜底：ʥʅ^{33}“牙齿”

4. o^{34} ȵi^{33} a^{21} pu^{34} ʨi^{33} zɯ^{33} bo^{33} ko^{33} dɔ^{33} li^{33} ko^{33} lʅ^{33} ȵi^{21} a^{21} di^{21}.

水 牛 阿 公 头 身 上 时 爬 起 就 动 摇 不 说

一头公水牛爬上柱子，毫无动摇。谜底：ɕi^{33} ma^{33} t^{h}i^{33}“一只虱子”

5. bo^{33}ʥɯ^{33}ma^{33}ʑʅ^{33}gu^{34}ko^{33}p^{h}o^{21}lɯ^{21}tʂ^{h}ɯ^{21} a^{21}di^{21}，va^{55}dɔ^{33}ko^{33}p^{h}ɔ^{33}lɔ^{33}ʂɔ^{33}a^{21}di^{21}.

汉 子 个 水 过 时 哗啦哗啦 不说 岩 上 时 飘 的 嗖 不 停

一个汉子渡河无响声，攀岩也无响声。谜底：a^{33}ʑʅ^{33} ma^{34}“一个影子”

6. li^{55} a^{21} ndi^{55} mu^{33} tʂɯ^{33} zɯ^{33} ŋo^{55}.

手 不 有 的 碗 碗 弯

无手做碗。谜底：hɛ^{33}tsi^{33} ts^{h}ʅ^{33}po^{33} ma^{33}“一个鸟窝”

7. du̠^{33} a^{21} ndi^{55} mu^{33} ko^{33} vo^{33}.

翅膀 不 有 的 时 飞

无翅膀也能飞。谜底：lɔ^{21} ma^{55}“石头”

8. i^{21}si^{33}xɯ^{33}tɯ^{34}mu^{33}t^{h}i^{34} mu^{33} a^{21} t^{h}i^{33} mu^{33}a^{33}ma^{55}ʨ^{h}i^{21}bʅ^{21} mu^{21}tu^{55}lo^{33}.

今天早上天亮 天 不 亮 的 婆婆 屁股 火 烫

今早刚天亮，婆婆臀部被火烫。谜底：hi^{34}ʥʅ^{33} ma^{33}“一个锅”

9. a^{33}si^{33}si^{33} i^{21}si^{33} xɯ^{33}tɯ^{34}mu^{33} t^{h}i^{33} mu^{33} a^{21}t^{h}i^{33} a^{33}ma^{55} ʨ^{h}i^{21}bʅ^{21} ʑʅ^{33}nzʅ^{34}lo^{34}.

啊猜猜 今天 早上 天 亮 天 不亮 婆婆 屁股 开水 烫。

猜一猜，今早天还没亮，婆婆臀部被水烫。谜底：li^{55}ȵi^{33} ma^{33}“一个甑子”

10. a^{33}si^{33}si^{33}，ȵi^{33}mu^{33} ȵi^{33}ko^{33}ʂɯ^{34}，lʅ^{33} ȵi^{33} lʅ^{33}a^{21} ku^{55}，tɕo^{33} ȵi^{33} tɕo^{33} a^{21} ku^{55}.

啊猜猜　坐 的　坐 时 久　动 的 动 不 会　转 的 转 不 会

猜一猜，一直就坐着，动也不会动，转也不会转。谜底：ka^{55}lo^{55}“锅庄”

11. a^{33}si^{33}si^{33}，ndẓa^{55} li^{33} a^{21}ʂʅ^{33} ndẓa^{55}，a^{21}ʂʅ^{33} ts^{h}o^{33} ʥɯ^{33} p^{h}u^{21}.

啊猜猜　美　是 阿史 美　阿史 人　吃　魔

猜一猜，最漂亮的是阿史，阿史却是吃人魔。谜底：mu^{21} to^{55}“火”

12. a^{33}si^{33}si^{33}，tɕo^{55}t^{h}u^{33} tɕo^{55} nɔ^{33} ȵi^{21} ma^{33} ʥʅ^{33} lɛ^{33}tɕʅ^{55} no^{55} a^{55}ho^{21}mu^{33}t^{h}ɯ^{33} vu̠^{33}gi^{33}，

啊猜猜　鹰 白　鹰　黑 两 个　相　追赶　到　阿合姆特　进去

tɕo^{55} t^{h}u^{33} pu̠^{33} a^{21} la^{33}，tɕo^{55} nɔ^{33} pu^{33} la^{33}.

鹰　白　返 不 来　鹰　黑　返 来

猜一猜，一对白鹰黑鹰互相追赶到阿合姆特，白鹰没回来，黑鹰回来了。谜底：o^{55}tʂ^{h}ʅ^{55}“马勺”“马勺子”

13. a^{33}si^{33}si^{33}，t^{h}u^{33} ɬɛ^{55} ʂʅ^{33} ɬɛ^{55} ŋgɯ^{21} a^{21} bu^{33}.

啊猜猜　银　亮　金 亮　口　不　开

猜一猜，金闪光银闪光没有缝隙。谜底：ʑɛ^{33}tɕ^{h}i^{21}“鸡蛋”

二 歌谣

（一）童谣

阿依几几（小孩几几）

ʑɔ^{21}ʑi^{33}， a^{34}ʑi^{33}dʑʅ^{55}dʑʅ^{33}ȵi^{33}，
哟依　阿依几几呀
　　哟依，阿依几几呀，

p^{h}a^{33}tsʅ^{21}　tɕo^{55}du̱^{33}　ɬi^{55}　su^{33}　nɯ^{33} ga^{33}　bo^{33}　o^{33}　hi^{55}　ȵi^{33}　ʑɔ^{21}—ga^{33}ga^{33}nzɯ^{33}，
帕子　鹰翅膀　翅　的　你　戴　山　上　站　立　呀　很美丽
　　你戴着翅如鹰翅的帕子站在山上很美丽，

nɯ^{33}　ndi^{55}　bo^{33}　ɕʅ^{33}　ndʑɔ^{33}　ȵi^{33}　ʑɔ^{21}—ga^{33}ga^{33}nzɯ^{33}.
你　戴　山　脚　走　也　呀　很美丽
　　走在山下也美丽。

ʑɔ^{21}ʑi^{33}， a^{34}ʑi^{33}dʑʅ^{55}dʑʅ^{33}ȵi^{33}，
哟依　阿依几几呀
　　哟依，阿依几几呀，

ʂʅ^{33}　t^{h}u^{33}　ʂʅ^{33}　vu^{55}　nɯ^{33}　ga^{55}　bo^{33}　ɕʅ^{33}　ndʑo^{33}　ȵi^{33}　ʑɔ^{21}—ga^{33}ga^{33}nzɯ^{33}，
毡　白　毡　青　你　披　山　下　走　也　呀　很美丽
　　你披白毡青毡走在山下很漂亮，

nɯ^{33}　ga^{55}　bo^{33}　o^{33}　ndʑɔ^{33}　ȵi^{33}　ʑɔ^{21}—ga^{33}ga^{33}nzɯ^{33}；
你　披　山　上　走　动　呀　很美丽
　　走在山上也漂亮；

nbo^{33}　ʂʅ^{33}　nbo^{33}　ɬo^{21}　nɯ^{33}　ga^{55}　bo^{33}　o^{33}　hi^{55}　ȵi^{33}　ʑɔ^{21}—ga^{33}ga^{33}nzɯ^{33}，
裙　黄　裙　绿　你　穿　山　上　站立　也　呀　很美丽
　　你穿黄裙蓝裙走在山上很潇洒，

nɯ^{33}　ga^{55}　bo^{33}　ɕɿ^{33}　ndʑɔ^{33}　ɲi^{33}　ʑɔ^{21}—ga^{33}ga^{33}nzɯ^{33}；

你　穿　山　下　走　动　呀　很美丽

走在山下也潇洒；

ʑɔ^{21}ʑi^{33}，a^{34}ʑi^{33}dʑɿ^{55}dʑɿ^{33}ɲi^{34}，pa^{33}sɿ^{33}ʑo^{21}，pa^{33}mu^{33}ma^{21}.

哟依　阿依几几呀　来 换 呀　来 换 吧

哟依，阿依几几呀，咱换换吧。

（二）摇篮曲

hɔ^{33}—ɔ^{33}—a^{33}ʑi^{55}hɔ^{33}—ga^{33}la^{33}，a^{34}mo^{33} la^{33}　mo^{33}　kɯ^{33}　o^{34}.

吙喔吙　阿依吙　呷啦　妈妈　来　要　了　哦

吙喔——吙——阿依吙——呷啦，妈妈快来了。

（三）民歌

阿依阿支

a^{34}ʑo^{33}　ʑa^{21}　a^{34}dʐʅ^{33}　ɲi^{33}，

阿依　呀　阿支　呢

阿依阿支呀，

ni^{33}li^{33}　a^{21}ɲi^{55}　ŋgɯ^{33}　tɕʰi^{21}　ŋgɯ^{33}　ni^{33}　vu^{55}　ko^{33}　ʑa^{21}　bo^{33}　ma^{33}　sɿ^{33}，

你呢　以前　荞　撒　荞　苗　绿　时　呀　走　得　是

你是播种荞麦时出嫁的，

a^{21}mu^{33}　ŋgɯ^{33}　ʑɿ^{55}　ŋgɯ^{33}　ɣa^{33}　o^{55}　ʑa^{21}　nɔ^{33}　la^{21}　vo^{33}，

现在　荞　割　荞　秆　变 呀　黑　来 了

如今荞麦已割完，

a^{34}dʐʅ^{33}　ma^{21}　pu^{33}　la^{33}　ndʐɯ^{34}　o^{55}　ʑa^{21}　ta^{33}　lo^{21}　vo^{33}.

阿支　不　回　来　久　哦　呀　放　着　了

不见阿支回来啊。

a^{34}ʑo^{33} ʑa^{21} a^{34}dʐʅ^{33} ȵi^{33},
阿依 呀 阿支 呢
阿依阿支呀，

ni^{33}li^{33} a^{21}ȵi^{55} du^{33} tɕ^{h}i^{21} du^{33}ni^{33} vu^{55} ko^{33} ʑa^{21} bo^{33} ma^{33} sɿ^{33},
你呢 以前 燕麦 播 燕麦苗 绿 时 呀 走 的 是
你是播种燕麦时出嫁的，

a^{21}mu^{33} du^{33} ʑɿ^{55} du^{33}ɣa^{33} o^{55} ʑa^{21} ʂɿ^{33} la^{21} vo^{33},
如今 燕麦 割 燕麦秆 哦 呀 黄 来 了
如今燕麦已割完，

a^{34}dʐʅ^{33} ma^{21} pu^{33} la^{33} ndɯ^{34} o^{55} ʑa^{21} ta^{33} lo^{21} vo^{33}.
阿支 不 回 来 久 啊 呀 放 着 了
不见阿支回来啊。

a^{34}ʑo^{33} ʑa^{21} a^{33}dʐʅ^{33} ȵi^{33},
阿依 呀 阿支 呢
阿依阿支呀，

ni^{33}li^{33} a^{21}hi^{55} tʂ^{h}ɯ^{33} tsɿ^{33} ʑɿ^{21} t^{h}i^{33} tɕ^{h}u^{33} ko^{33} o^{55} ʑa^{21} bo^{33} ma^{33} sɿ^{33},
你呢 以前 稻 栽 水 田 白 时 哦 呀 走 的 是
你是栽种秧苗时出嫁的，

a^{21}mu^{33} tʂ^{h}ɯ^{33} ʑɿ^{55} tʂ^{h}ɯ^{33} ɣa^{33} o^{55} ʑa^{21} ʂɿ^{33} la^{21} vo^{34},
如今 稻谷 割 稻谷 草 哦 呀 黄 来 了
如今稻谷已割完，

a^{34}ʑi^{33}a^{34}dʐʅ^{34} ma^{21} pu̠^{33} la^{33} ndʐɯ^{34} o^{55} ʑa^{21} ta^{33}lo^{21} vo^{33}.
阿依阿支 不 回 来 久 哦 呀 永远 了
不见阿支回来啊。

a^{34}ʑi^{33} o^{55} a^{34}dʐʅ^{33} ȵi^{33},
阿依 呀 阿支 呢
阿依阿支呀，

du^{21} dɔ^{33} o^{55} ʑa^{21} du^{21} ɣa^{33} ŋgɔ^{33},
燕麦 出 哦 呀 燕麦 后 捡
收燕麦，捡遗漏，

ʂa^{33} dɔ^{33} o^{55} ʑa^{21} ʂa^{33} ɣa^{33} ŋgɔ^{33},

麦子 收 哦 呀 麦子 后 捡

收麦子，捡遗漏，

tʂʰɯ^{33} ʐʅ^{55} o^{55} ʑa^{21} tʂʰɯ^{33} ɣa^{21} ŋgɔ^{33},

稻谷 割 哦 呀 稻谷 后 捡

割稻谷，捡遗漏，

ŋgɔ^{33} si^{33} sɔ^{33} hi^{33} o^{55} ʑa^{21} sɔ^{33} mo^{33} dʑi^{33}.

捡 到 三 石 哦 呀 三 斗 成

捡到三石三斗。

a^{34}dʐʅ^{33} si^{21} la^{33} o^{55} ʑa^{21} ndʑʅ^{33}tɕʅ^{33} tɕo^{55},

阿支 用 来 哦 呀 酒 酿

阿支用来酿酒，

ndʑʅ^{33}tɕʅ^{33} sɔ^{33} o^{55} ʑa^{21} sɔ^{33} tʰa^{21} dɔ^{33},

酒 三 哦 呀 三 坛 出

出酒三缸三坛，

sɔ^{33} tʰa^{33} si^{21} la^{33} i^{55}pʰo^{33} nzʅ^{21}lʅ^{33} o^{55} ʑa^{21} ʂʅ^{33}po^{33} to^{21}.

三 坛 拿 来 公公 兹尔 哦 呀 史搏 喝

三坛拿来敬公公兹尔史搏。

no^{21} mo^{33} su^{55} du^{33} o^{55} ʑa^{21} dʑi^{21} nzo^{21}nzo^{21}?

你 女 别 家 哦 呀 嫁 有没有

你家女儿出嫁过没有？

dʑi^{21} nzo^{21} o^{55} ʑa^{21} po^{33} nzo^{21}nzo^{33}?

嫁 过 哦 呀 返 有没有

嫁女回过娘家没有？

dʑi^{21} nzo^{21} o^{55} ʑa^{21} po^{33} nzo^{21} nɯ^{33},

嫁 过 哦 呀 返 过 就

要是回过娘家，

a^{34}dʐʅ^{33} o^{55} ʑa^{21} tsʰɔ^{21} lɔ^{33} po^{33} mo^{33} lo^{33}.

阿支 哦 呀 稍 微 回 回 嘛

也让阿支回回娘家嘛。

a^{34}ʑo^{55} ʑa^{21} a^{34}dʐʅ^{33} ȵi^{33},
阿依 呀 阿支 呢
阿依阿支呀，

ɣa^{33}la^{33} o^{55} ʑa^{21} tsʰʅ^{21} tʰa^{33} dɔ^{33},
后来 哦 呀 一 坛 出
酒出第二坛，

si^{21} la^{33} o^{55}mo^{55} ʑa^{21} ȵɔ^{33}na^{33} to^{21}.
拿 来 婆婆 呀 糯娜 敬
来敬婆婆糯娜。

o^{55}mo^{55} ȵɔ^{33}na^{33} no^{21} mo^{21} su^{55} du^{33} o^{55} ʑa^{21} ʥi^{21} nzo^{33}nzo^{33}?
婆婆 糯娜 你 女 别 家 哦 呀 嫁 有没有
你家女儿出嫁过没有？

ʥi^{21} nzo^{21} o^{55} ʑa^{21} po^{33} nzo^{21}nzo^{33}?
嫁 过 哦 呀 返 有没有
嫁女回过家没有？

ʥi^{21} nzo^{21} o^{55} ʑa^{21} po^{33} nzo^{21} nɯ^{33},
嫁 过 哦 呀 返 过 就
要是回过家，

a^{34}dʐʅ^{33} tsʰɔ^{21} lɔ^{33} o^{55} ʑa^{21} po^{33} mo^{21} lo^{33}.
阿支 稍 微 哦 呀 回 回 嘛
也让阿支回回家嘛。

ɣa^{33}la^{33} o^{55} ʑa^{21} tsʰʅ^{21} tʰa^{33} dɔ^{33},
后来 哦 呀 一 坛 出
酒出第三坛，

si^{21} la^{33} a^{33}za^{55} o^{55} ʑa^{21} ʂʅ^{33}nzi^{33} to^{21}.
拿 来 表妹 哦 呀 实则 喝
用来敬表妹实则。

no^{21} mo^{21} su^{55} du^{33} o^{55} ʑa^{21} ʥi^{21} nzo^{33}nzo^{33}?
你 女 别 家 哦 呀 嫁 有没有
你家女儿出嫁过没有？

dʑi^{21} nzo^{21} o^{55} ʑa^{21} po^{33} nzo^{21}nzo^{33}?
嫁 过 哦 呀 返 有没
嫁女回过家没有？

dʑi^{21} nzo^{33} o^{55} ʑa^{21} po^{33}nzo^{21} nɯ^{21},
嫁 过 哦 呀 回 家 就
要是回过家，

a^{34}dzʅ^{33} o^{55} ʑa^{21} tsʰɔ^{21} lɔ^{33} po^{33}mo^{33} lo^{21}.
阿支 哦 呀 一 下 回 回 嘛
也让阿支回回家。

a^{33}za^{55} ʂʅ^{33}nzi^{33} kʰɯ^{33}bo^{33} o^{55} ʑa^{21} kʰɯ^{33} ma^{21} bo^{33},
表妹 实则 同意 哦 呀 同 不 意
表妹实则答应又不答应，

ʂʅ^{21}mu^{33} o^{55} ʑa^{21} tsʰʅ^{55} la^{33} vo^{33},
天空 哦 呀 黑 来 了
天也临黄昏，

ɬɯ^{21} tɕo^{33} bo^{33} dzʅ^{34} o^{55} ʑa^{21} dɔ^{33} la^{33} vo^{33},
月 转 山 边 哦 呀 出 来 了
山边月儿升，

bu^{33} tɕo^{33} gɔ^{55} nɔ^{33} o^{55} ʑa^{21} vu^{33} gi^{33} vo^{33}.
日 转 坡 背 哦 呀 进 去 了
太阳已落西坡。

a^{34}ʑo^{55} ʑa^{21} a^{34}dzʅ^{33} ȵi^{33},
阿依 呀 阿支 呢
阿依阿支呀，

ʂʅ^{33}pʰʅ^{33} o^{55} ʑa^{21} kɯ^{21} tɯ^{21} ndo^{21},
披毡 哦 呀 背 上 搭
背上搭披毡，

nbo^{33}tɕʅ^{55} o^{55} ʑa^{21} pu^{33} lʅ^{33} lʅ^{33},
裙子 哦 呀 捆 紧 紧
捆好了裙子，

a^{34}dzʅ^{33} p^{h}o^{33} su^{33} o^{55} ʑa^{21} p^{h}o^{33} la^{33} vo^{33}.
阿支 逃 是 哦 呀 逃 来 了
阿支逃出来。

bo^{33} lo^{33} ʑa^{21} la^{33} lo^{21} mu^{33},
逃 呀 快 来 跑 的
逃呀快逃跑，

la^{33} lo^{33} lɔ^{33}gu^{55} ʑa^{21} sɔ^{33} tɕi^{21} ŋga^{33},
来 到 山沟 呀 三 条 过
跨越了三条沟，

ʑʅ^{21}t^{h}i^{55} o^{55} ʑa^{21} sɔ^{33} ma^{33} tso^{33},
水池 哦 呀 三 个 遇
遇到三个水池，

a^{34}dzʅ^{33} ʑʅ^{33}si^{21} o^{55} ʑa^{21} a^{33} lɯ^{21} gi^{33}.
阿支 水淹 哦 呀 险 些 走
险些遭水淹。

a^{34}dzʅ^{33} la^{33} lo^{33} o^{55} ʑa^{21} la^{33} lo^{21} mu^{33},
阿支 来 的 哦 呀 来 的 是
跑呀赶快跑，

tɕɛ^{33}tɕɔ^{33} o^{55} ʑa^{21} sɔ^{33} ma^{33} ŋga^{33},
山坡 哦 呀 三 个 过
跑过三座山坡，

lɔ^{33} nbo^{34} o^{55} ʑa^{21} sɔ^{33} ma^{21} dʑo^{33},
滚 石 哦 呀 三 个 遇
遇到三个滚石，

a^{34}ʑi^{21}a^{34}dzʅ^{33} lɔ^{33} ndu^{21} o^{55} ʑa^{21} a^{21}lɯ^{21}sʅ^{33},
阿依阿支 石 击 哦 呀 差点死
险些石击死，

a^{34}dzʅ^{33} di^{33} si^{33} o^{55} ʑa^{21} tsʅ^{33} lʅ^{33} lʅ^{33}.
阿支 内 心 哦 呀 拍 抖 抖
阿支心惊恐。

$a^{34}ʑo^{55}$ $ʑa^{21}$ $a^{34}dʐʅ^{33}$ $ȵi^{33}$,
阿依 呀 阿支 呢
阿依阿支呀，

bo^{33} lo^{34} $lɔ^{33}$ no^{33} $ʑa^{21}$ gu^{33} $ɣa^{21}$ $ŋga^{33}$,
箐 林 中 间 呀 九 后 行
走进了箐林，

ga^{33} $dʑo^{33}$ o^{55} $ʑa^{21}$ $p^{h}ɔ^{33}lɔ^{33}ʂ^{h}ɔ^{33}$,
路 下 哦 呀 啪啪声
路下有响声，

$mɛ^{21}la^{33}$ $bu^{33}mu^{33}$ o^{55} $ʑa^{21}$ $ŋɯ^{33}$ $ʂu^{33}k^{h}a^{33}$,
前面 夫家 哦 呀 是 以为
以为前面夫家来追了，

$ɣa^{33}la^{33}$ $ŋgo^{55}$ la^{33} $ʂɯ^{21}$ su^{33} o^{55} $ʑa^{21}$ $ŋɯ^{33}$ $ʂu^{33}k^{h}a^{33}$,
后面 追 来 找 的 哦 呀 是 以为
以为后面有来追的人，

$ɣa^{33}la^{33}$ $bu^{33}mu^{33}$ o^{55} $ʑa^{21}$ $ŋɯ^{33}$ $ho^{21}lo^{33}$,
后面 夫家 哦 呀 是 希望
以为后面是夫家，

$mɛ^{21}lɛ^{33}$ $dʑʅ^{33}$ la^{33} $tɕa^{33}su^{33}$ $ʑa^{21}$ $ŋɯ^{33}$ $ho^{21}lo^{33}$,
前面 迎 来 接的 呀 是 希望
希望前来迎接的，

$a^{21}bo^{33}$ $ma^{21}tsʅ^{55}$ o^{55} $ʑa^{21}$ $ŋɯ^{33}$ $ho^{33}lo^{33}$.
父亲 兄弟 哦 呀 是 希望
是家族父老弟兄们。

la^{55} mo^{21} la^{55} $zɯ^{33}$ $sɔ^{33}$ mo^{33} o^{55} $ʑa^{21}$ $ŋɯ^{33}$ dm^{21} $lɯ^{33}$,
虎 母 虎 子 三 个 哦 呀 是 的 了
原来是三只母子虎，

$a^{34}dʐʅ^{33}$ $ɔ^{33}$ $k^{h}ɛ^{33}$ o^{55} $ʑa^{21}$ ga^{33} ha^{33} ta^{33},
阿支 头 断 哦 呀 路 上 边
阿支头断路上方，

dʑɔ⁵⁵ kʰɛ³³ o⁵⁵ ʑa²¹ ga³³ bo³³ ta³³,
腰 断 哦呀 路 旁 边
腰断路中放，

vu³³ ŋgo³³ o⁵⁵ ʑa²¹ ma³³bo³³ tɕi³³,
肠 拉 哦 呀 竹竿 挂
肠挂竹竿上，

a³⁴ʑi³³a³⁴dzʅ³³ o⁵⁵ ʑa²¹ ʂa²¹ ȵɛ³³ zɯ³³.
阿依阿支 哦 呀 可 怜 啊
阿支真可怜。

三 故事

1. 开天辟地

i^{21} si^{33} ʂʅ^{33} a^{33} ɬɯ^{33}, t^{h}o^{55} li^{33} mu^{33} ma^{21} ʥi^{21} sɿ^{33} ni^{34}, mu^{33} ʥi^{21} ʨɿ^{33} ma^{21} ndi^{55} sɿ^{33} ni^{34}.
以前 远啊 古 上 面 天 不 成 还 前 天 成 星 无 有 还 前

o^{55}li^{33} dɯ^{33} ma^{21} ʥi^{21} sɿ^{33} ni^{34}, dɯ^{33} ʥi^{21} zʅ^{33} ma^{21} ʥu̠^{33} sɿ^{33} ni^{34}. ti^{33} vi^{33} ti^{33} ma^{21} ʥi^{21},
下面 地 无 成 还前 地 成 草 无 生 还 前 云 间 云 无 成

tʂ^{h}ɯ^{33} vi^{21} tʂ^{h}ɯ^{33} ma^{34} ʥi^{34}. nɔ^{33} ho^{21} ho^{21} ma^{21} ʥi^{21}, nɔ^{33} ʨɛ^{55} ʨɛ^{55} ma^{33} ʥi^{34}. ts^{h}ɿ^{21} ȵi^{21} si^{33}
雾 也 雾 无 成 黑 蒙 蒙 无 成 黑 压 压 无 成 一 天 黑

mu^{33}ʥɿ^{55}, si^{33}k^{h}ɯ^{21}k^{h}ɯ^{21}mu^{33}ʥɿ^{55}. ts^{h}ɿ^{21}ȵi^{21}ŋɯ^{33} mu^{33}ʥɿ^{55}, ŋɯ^{33}k^{h}ɯ^{21} k^{h}ɯ^{21} mu^{33} ʥɿ^{55}.
地 变 黑蒙 蒙 地 变 一 天 灰 地 变 灰 蒙 蒙 地 变

ʂʅ^{33} ʥɿ^{55}ʑɿ^{33} nɯ^{33} ts^{h}ɿ^{21}, ʑɿ^{33} hɯ^{21}hɯ^{21} nɯ^{33} ȵi^{21}, hɯ^{21} hɯ^{21} ʂʅ^{34}nɯ^{33}sɔ^{33}, ʂʅ^{33}mu^{33}ʨɿ^{33}zɿ^{55} lɿ^{3},
金 变 水 就 一 水 鱼 鱼 就 二 鱼 鱼 鳞 就 三 金 天 星 有 四

ʨɿ^{33} zɿ^{55} ku^{33} nɯ^{33} ŋɯ^{33}, ku^{33} ndʐɯ^{21} lo^{21} nɯ^{33} xo^{55}, xo^{55} ndʐɯ^{55} lo^{33} nɯ^{33} ʂʅ^{21}, la^{21} ho^{21} la^{33}
星 光 现 就 五 现 星 宿 就 六 六 形 后 就 七 虎 状 出

nɯ^{33} hi^{55}, ŋɯ^{33}ʥɿ^{33}gi^{55}nɯ^{33}gu^{33}, ʥɿ^{21}ʥɿ^{21} go^{34}nɯ^{33}ts^{h}i^{33}, ts^{h}ɿ^{33}nɯ^{33}mo^{33}mu^{33}ʥɿ^{55}ʨ^{h}o^{55} ts^{h}ɿ^{55}.
就 八 下 界 绝 就 九 物 象 分 就 十 这 就 苍 天 变 化 代

远古的时候，上面没有天，若有天也没有星。下面没有地，若有地也不长草。中间没有云，也没有雾气。灰蒙蒙一片，黑压压一片。整天都是黑，漆黑漆黑的。有时变成灰，灰蒙灰蒙的。变金水为一，水中鱼为二，鱼长鳞为三，天出星为四，现星光为五，现星宿为六，星宿形成后为七，现虎状为八，下界毁灭九，万物灭为十，此天地演化史。

i^{34} si^{33} ʂʅ^{33} a^{33} ɬɯ^{34}, mu^{33} vu^{55} mu^{33} tɛ^{33} a^{21} p^{h}u^{21} sɿ^{33} mo^{34} li^{33}, sɿ^{33} zɯ^{21} lɿ^{33} ʑɔ^{55} ʑu̠^{33},
以前 远 啊 古 天 空 天 层 未 开 还 前 呢 神 儿 四 个 生

ʥɿ^{33} dɔ^{21}la^{33}ŋgɯ^{34}nɯ^{33}, zɿ^{21}zɯ^{34}gu^{33}da^{33}ʑu̠^{33}; ʥɿ^{33} ʥi^{21} la^{33}ŋgɯ^{34}nɯ^{33}, ʂu^{55} zɯ^{21} ɬɔ^{33} da^{34}ʑu̠^{33};
日 出 来 方 就 茹 儿 古 达 生 日 落 来 方 就 书 儿 尔 达 生

ʑɿ^{33} o^{21} la^{33} ŋgɯ^{34} nɯ^{33}, sɿ^{33} zɯ^{21} ti^{33} ni^{34} ʑu̠^{33}; ʑɿ^{33} mɿ^{21} la^{33} ŋgɯ^{34} nɯ^{33},

水 头 来 方 就 斯 儿 迪 里 生 水 尾 来 方 就

a^{21} ɣo^{21} ʂu^{55} pu^{33} ʑu̠^{33}. ʂɿ^{21} mu^{21} ŋɯ^{33} ȵi^{55} nɯ^{33}, ŋɯ^{33} tʰi^{55} tu^{33} ɲzɿ^{33} tʰu^{34}.

阿 俄 书 布 生 世 界 方 上 就 额 体 古 兹 家

ma^{21} tsɿ^{33} lɿ^{33} ndi^{21} tsɿ^{33}, dɯ^{21} bu^{21} a^{21} ɬɿ^{34} tsɿ^{33}. tʰu^{21} lɿ^{33} ȵi^{55} vo^{21} hi^{55},

不 请 使 者 请 德 布 阿 尔 请 图 尔 尼 薇 站

tʰu^{21} lu^{33} ȵi^{55} vo^{21} nɯ^{33}. zɿ^{21} zɯ^{34} gu^{33} da^{34} nɯ^{33}, ʂu^{55} zɯ^{21} ɬɔ^{33} da^{34} ku^{33}.

图 尔 尼 薇 就 茹 儿 古 达 就 书 儿 尔 达 叫

ʂu^{55} zɯ^{21} ɬu̠^{33} da^{34} nɯ^{33}, zɿ^{21} zɯ^{34} gu^{33} da^{34} ku^{33}. zɿ^{21} zɯ^{34} gu^{33} da^{34} nɯ^{33},

书 儿 尔 达 呢 茹 儿 古 达 叫 茹 儿 古 达 呢

sɿ^{21} zɯ^{21} ti^{33} ni^{34} ku^{33}. sɿ^{21} zɯ^{21} ti^{33} ni^{34} nɯ^{33}, a^{21} ɣo^{21} ʂu^{55} pu^{33} ku^{33}.

斯 儿 迪 尼 叫 斯 儿 迪 尼 呢 阿 俄 书 布 叫

a^{21} ɣo^{21} ʂu^{55} pu^{33} nɯ^{33}, ku^{55} mo^{21} a^{21} ɬɿ^{34} ku^{33}. ku^{55} mo^{21} a^{21} ɬɿ^{34} ȵi^{33},

阿 俄 书 布 呢 古 莫 阿 尔 叫 古 莫 阿 尔 呢

kʰɯ^{21} pʰi^{55} ʑɿ^{21} ɬɿ^{55} mu^{33}, bɿ^{21} tsɿ^{21} la^{21} tʰu^{21} mu^{33}, lo^{55} tɕɿ^{33} xɯ^{21} ȵɛ^{21} mu^{33},

嘴 巴 风 箱 当 拳 头 榔 头 当 手 指 火 钳 当

dʑɿ^{21} dʑɛ^{21} xɯ^{34} dʑɛ^{33} lɿ^{33} tɕi^{34} dʑɿ^{33}. tsʰɿ^{21} tɕi^{34} dʑɿ^{33} la^{21} zɿ^{21} zɯ^{34} gu^{33} da^{33} bɿ^{34},

铜 叉 铁 叉 四 根 打 一 根 打 来 书 儿 古 达 给

dʑɿ^{33} dɔ^{21} la^{33} ŋgɯ^{34} pʰu^{33}; dʑɿ^{33} dɔ^{33} tsʰɿ^{21} ŋgɯ^{21} bu^{21}, bu^{21} sɿ^{33} a^{21} bu^{21} sɿ^{33},

日 出 来 方 劈 日 出 一 缝 现 现 还 不 现 还

ɬɿ^{33} pʰu̠^{33} tʰi^{55} ŋga^{33} la^{33}. tsʰɿ^{21} tɕi^{34} dʑɿ^{33} la^{21} ʂu^{55} zɯ^{33} ɬɔ^{33} da^{33} bɿ^{34},

风 吹 这 穿 来 一 根 打 来 书 儿 尔 达 给

dʑɿ^{21} dʑi^{33} la^{33} ŋgɯ^{34} pʰu^{33}; dʑɿ^{21} dʑi^{33} tsʰɿ^{21} ŋgɯ^{21} bu^{33}, bu^{21} sɿ^{33} a^{21} bu^{21} sɿ^{33},

日 落 来 方 劈 日 落 一 缝 现 现 还 不 现 还

ɬɿ^{33} pʰu̠^{21} tʰi^{55} hi^{33} ŋgo^{33}. tsʰɿ^{21} tɕi^{34} dʑɿ^{33} la^{21} sɿ^{21} zɯ^{21} ti^{33} ni^{33} bɿ^{34},

风 吹 这 回 拉 一 根 打 来 斯 儿 迪 尼 给

ʑɿ^{33} o^{21} la^{33} ŋgɯ^{34} pʰu^{33}; ʑɿ^{33} o^{33} tsʰɿ^{21} ŋgɯ^{21} bu^{21}, bu^{21} sɿ^{33} a^{21} bu^{21} sɿ^{33},

水 头 来 方 开 水 头 一 缝 现 现 还 不 现 还

ʑɿ^{21} dʑɿ^{55} tʰi^{55} dɔ^{33} la^{33}. tsʰɿ^{21} tɕi^{34} dʑɿ^{33} la^{21} a^{33} ɣo^{21} ʂu^{55} pu^{33} bɿ^{34},
水 变 这 出 来 一 根 打 来 阿 俄 书 布 给

ʑɿ^{33} mu^{21} la^{33} ŋgɯ^{34} pʰu^{34}; ʑɿ^{33} mu^{33} tsʰɿ^{21} ŋgɯ^{21} bu^{21}, bu^{21} sɿ^{33} a^{21} bu^{21} sɿ^{3},
水 尾 来 方 开 水 尾 一 缝 现 现 还 不 现 还

ʑɿ^{21} dʑɿ^{55} tʰi^{55} hɯ^{21} ŋgo^{33}. ɣa^{33} la^{33} tsʰɿ^{33} ȵi^{34} nɯ^{33}, ʂɿ^{21} mu^{21} ŋɯ^{33} ȵi^{55} nɯ^{33},
水 变 这 从 拉 后 来 一 天 呢 世 界 方 上 就

ŋɯ^{33} tʰi^{55} tu^{33} nzɿ^{33} tʰu^{55}, ma^{21} tsɿ^{34} lɿ^{33} ndi^{21} tsɿ^{33}, tʰu^{33} lu^{33} ȵi^{55} vo^{21} hi^{55};
额 体 古 兹 家 不 请 尔 迪 请 图 尔 尼 薇 站

ʂɿ^{21} mu^{34} ŋɯ^{33} dʑɿ^{34} hɯ^{34}, ʂɿ^{21} mu^{21} ŋɯ^{33} dʑɿ^{34} nɯ^{33}, lɿ^{33} dʑɿ^{34} lɿ^{33} ŋgɯ^{21} bu^{33} vo^{34} ko^{33}.
世 界 方 下 看 世 界 方 下 呢 四 角 四 面 现 了 时

远古的时候，天地未分开，出现四个神。东方的一面，有茹惹古达；西方的一面，有书惹尔达；北方的一面，有斯惹迪里；南方的一面，有阿俄书布。在上界世界，额体古兹家。选请了使者，叫德布阿尔。到图尔尼薇，在图尔尼。茹惹古达呢，叫书惹尔达。书惹尔达呢，叫茹惹古达。茹惹古达呢，叫斯惹迪尼。斯惹迪尼呢，叫阿俄书布。阿俄书布呢，叫古莫阿尔。古莫阿尔呢，嘴巴当风箱，拳头当榔头，手指当火钳，打了四把铜叉铁叉。一把给茹惹古达，他开辟东方；东方现一孔，隐约看得见，风从这里进。一把给书惹尔达，他开辟西方；西方现一孔，隐约看得见，风从这里出。一把给斯惹迪尼，他开辟北方；北方出一孔，隐约看得见，水从这里来。一把给阿俄书布，他开辟南方；南方现一孔，隐约看得见，水从这里出。后来的一天，在上界世上，额体古兹家，又在安排人，站在图尔尼薇；看下界人间，在下界人间，四面有四孔。

mu^{33} vo^{55} mu^{33} tɛ^{33} pʰu^{21} a^{21} dʑi^{34} sɿ^{33} ʑi^{21} di^{34}, dʑɿ^{21} lɔ^{21} xɔ^{33} lɔ^{33} lɿ^{33} ma^{34} li^{33},
天 穹 天 层 开 不 到 了 还 说 铜 板 铁 坨 四 个 呢

ʂɿ^{21} mu^{21} ŋɯ^{33} dʑɿ^{34} dzɔ̧^{33} ʑi^{21} si^{33} di^{34} hi^{34}. ɣa^{33} nɯ^{33} ndʑi^{33} ʂɿ^{34} tsɿ^{33},
世 界 方 下 搁 还 了 那 说 后 又 吉 史 请

ndʑi^{33} ʂɿ^{21} ndʑi^{33} ʂɯ^{34} tsɿ^{33}, mu^{21} ko^{21} mu^{21} ndʑi^{55} tsɿ^{33}, ʂɿ^{21} mu^{21} ŋɯ^{33} dʑɿ^{34} tɕo^{33}.
吉 史 吉 圣 请 马 骏 马 壮 请 世 界 方 下 到

dʑɿ^{33} lɔ^{21} xɔ^{33} lɔ^{33} tsɿ^{55} ʑɿ^{33} ʂu^{34}, tsɿ^{55} ȵi^{21} du̱^{33} da^{34} da^{34}, tsɿ^{55} ȵi^{21} du̱^{33} a^{21} da^{33}.
铜 块 铁 坨 挖 去 呢 挖 天 出 能 能 挖 也 出 不 来

ɣa^{33} nɯ^{33} ndʑi^{33} ʂɿ^{34} tsɿ^{33}, tʂʰɿ^{33} ʂɿ^{21} tʂʰɿ^{55} ni^{33} tsɿ^{33}, ʂɿ^{21} mu^{21} ŋɯ^{33} dʑɿ^{34} tɕo^{33},
后 呢 吉 史 请 羊 黄 羊 红 请 世 界 方 下 到

dʑɿ^{33} lɔ^{21} xɔ^{33} lɔ^{33} tsɿ^{55} ʑɿ^{33} ʂu^{34}，tsɿ^{55} ȵi^{33} du̱^{33} da^{34} da^{34}，tsɿ^{55} ȵi^{21} du̱^{33} a^{21} da^{33}.
铜 块 铁 坨 挖 去 了 挖 也 出 能 能 挖 也 出 不 来

ɣa^{33} nɯ^{33} ndʑi^{33} ʂɿ^{34} tsɿ^{33}，ʐo^{33} ʂɿ^{21} ʐo^{33} ni^{33} zɯ^{55} dʑi^{33} tsɿ^{33}. ʂɿ^{21} mu^{21} ŋɯ^{33} dʑɿ^{34} tɕo^{33}，
后 呢 吉 史 请 羊 黄 羊 红 儿 双 请 世 界 方 下 到

dʑɿ^{33} lɔ^{21} xɔ^{33} lɔ^{33} tsɿ^{55} ʑɿ^{33} ʂu^{33}，tsɿ^{33} ȵi^{21} du̱^{33} da^{34} da^{33}，tsɿ^{55} ȵi^{21} du̱^{33} a^{21} da^{33}.
铜 坨 铁 坨 挖 去 了 挖 也 出 能 能 挖 也 出 不 能

ɣa^{33} nɯ^{21} ndʑi^{33} ʂɿ^{34} tsɿ^{33}， vi^{55} ʂɿ^{21} vi^{55} ni^{33} tsɿ^{33}. ʂɿ^{21} mu^{33} ŋɯ^{33} dʑɿ^{34} tɕo^{33}，
后 呢 吉 史 请 猪 黄 猪 红 请 世 界 方 下 到

dʑɿ^{33} lɔ^{21} xɔ^{33} lɔ^{33} sɿ^{33} ʑɿ^{33} ʂu^{34}，sɿ^{33} ȵi^{33} du̱^{33} da^{34} da^{33}，sɿ^{33} ȵi^{34} du̱^{33} a^{21} da^{33}，
铜 块 铁 坨 拱 去 了 拱 也 出 能 能 拱 也 出 不 能

ɣa^{33} nɯ^{21} ndʑi^{33} ʂɿ^{34} tsɿ^{33}，ʑɛ^{33} ʂɿ^{21} ʑɛ^{33} ni^{33} tsɿ^{33}. ʂɿ^{21} mu^{21} ŋɯ^{33} dʑɿ^{34} tɕo^{33}，
后 呢 吉 史 请 鸡 黄 鸡 红 请 世 界 方 下 到

tʰɯ^{21} ɭɿ^{33} bo^{33} mu^{33} tʰo^{55}，dʑɿ^{33} lɔ^{21} xo^{33} lɔ^{33} ɭɿ^{33} ma^{33} pʰo^{55} du̱^{33} la^{33}，
吐 尔 山 顶 上 铜 块 铁 坨 四 个 拍 出 来

tsʰɿ^{21} ma^{33} ŋgɔ^{33} la^{21} zɿ^{21} zɯ^{34} gu^{33} da^{33} bɿ^{34}，dʑɿ^{33} dɔ^{21} la^{33} ŋgɯ^{34} ndu^{34}，
一 个 捡 来 茹 儿 古 达 给 日 出 来 方 撞

dʑɿ^{33} dɔ^{21} bo^{21} lo^{33} lo^{33}，dʑɿ^{33} zɯ^{33} tʰi^{55}dɔ^{33} la^{33}。tsʰɿ^{21} ma^{33} ŋgɔ^{33} la^{21} ʂu^{55} zɯ^{21} ɬɔ^{33} da^{33} bɿ^{34}，
日 出 亮 堂 堂 日 儿 这 出 来 一 个 捡 来 书 儿 尔 达 给

dʑɿ^{21} dʑi^{21} la^{33} ŋgɯ^{34} ndu^{34}，dʑɿ^{21} dʑi^{21} ni^{33} ho^{34} ho^{34}，dʑɿ^{33} zɯ^{33} tʰi^{55} hɯ^{21} ŋgo^{33}
日 落 来 方 撞 日 落 红 彤 彤 日 儿 这 从 拉

tsʰɿ^{21} ma^{33} ŋgɔ^{33} la^{21} sɿ^{33} zɯ^{21} ti^{33} ni^{33} bɿ^{34}，ʐɿ^{33} o^{21} la^{33} ŋgɯ^{34} ndu^{34}，
一 个 捡 来 斯 儿 迪 尼 给 水 头 来 方 撞

ʐɿ^{33} o^{33} bo^{55} lo^{33} lo^{33}，ʐɿ^{21} mo^{21} tʰi^{55} dɔ^{33} la^{33}. tsʰɿ^{21} ma^{33} ŋgɔ^{33} la^{21} a^{33} ɣo^{21} ʂu^{55} pu^{33} bɿ^{33}，
水 头 亮 晃 晃 水 母 这 出 来 一 个 捡 来 阿 俄 书 布 给

ʐɿ^{33} mɿ^{33} la^{33} ŋgɯ^{34} ndu^{34}，ʐɿ^{33} mɿ^{33} bo^{21} lo^{33} lo^{33}，ʐɿ^{21} mo^{21} tʰi^{55} hɯ^{21} ŋgo^{33}.
水 尾 来 方 撞 水 尾 亮 堂 堂 水 母 这 从 拉

ɣa^{33} la^{33} tsʰɿ^{34} ȵi^{34} nɯ^{33}，mu^{33} vo^{55} mu^{33} tɛ^{33} li^{33}，sɿ^{33} zɯ^{21} ti^{33} ni^{33} pʰu^{34}.
后 来 一 天 呢 天 穹 天 层 是 斯 儿 迪 尼 开

mu^{33} dɛ^{21} ɣa^{34} dɛ^{33} li^{33}, pʰu^{21} ŋgo^{33} ʨɛ^{33} lʅ^{33} ʨi^{33}, mu^{33} lʅ^{21} di^{21} ɣa^{33} ʐo^{55} ta^{33} ŋgo^{33},
地 修 土 造 是 祖 拉 绳 四 根 天 方 地 后 交 地 拉

ʥʅ^{33} dɔ^{21} ʥʅ^{33} ʥi^{33} ʐo^{55} ta^{33} ŋgo^{33}, ʑʅ^{33} o^{21} ʑʅ^{33} mʅ^{33} ʐo^{55} ta^{33} ŋgo^{33},
日 出 日 落 交 地 拉 水 头 水 尾 交 地 拉

pʰu^{21} zʅ^{33} lɔ^{33} lʅ^{33} ma^{33}, mu^{33} lʅ^{21} di^{21} ɣa^{33} zʅ^{33}, mu^{33} vo^{55}mu^{33}dɯ^{33}tʰa^{21}pɔ^{33}la^{33}di^{21} zʅ^{33}.
地 压 石 四 个 天 方 地 后 压 天 穹 地 块 开 裂 来 地 压

lɯ^{33} o^{34} lʅ^{33} ma^{33} kʰɛ^{33}, mu^{33} ŋgɯ^{34} lʅ^{33} ŋgɯ^{21} ta^{33}, mu^{33} vo^{55}mu^{34} dɯ^{21} tʰa^{21} po^{33} la^{33} di^{21} ta^{33}.
牛 头 四 个 割 天 方 四 处 放 天 穹 地 块 开 裂 来 地 放

pʰu^{21} tɔ^{33} zi^{34} lʅ^{33}bo^{33}, mu^{33}ŋgɯ^{34} lʅ^{33} ŋgɯ^{21} to^{33}, mu^{33} vo^{55} mu^{34} dɯ^{21} tʰa^{21} pɔ^{33} la^{33} di^{21} to^{33}.
地 顶 柱 四 根 地 方 四 处 顶 天 穹 地 块 开 裂 来 地 顶

lɯ^{33} ȵɛ^{33} lʅ^{33} kɯ^{21} va^{33}, mu^{33} ŋgɯ^{34} lʅ^{33} ŋgɯ^{21} pʰu^{55}, ȵi^{55} tʰu^{21} lʅ^{33} nzʅ^{33} ʥi^{34},
牛 毛 四 把 抓 地 方 四 处 撒 云 彩 四 朵 成

mu^{33} vo^{55} ha^{21} sʅ^{33} lʅ^{33} tʰu^{21} ʥi^{33}, mu^{33} vo^{55} mu^{34} dɯ^{33} tʰa^{21} po^{33} la^{33} di^{21} ʥi^{21},
天 穹 雨 滴 四 场 落 天 穹 地 块 开 裂 来 地 成

lɯ^{33} sʅ^{34} lʅ^{33} kɯ^{21} vo^{33}, mu^{33} ŋgɯ^{34} lʅ^{33} ŋgɯ^{21} ɕʅ^{21}, ha^{21} sʅ^{33} lʅ^{33} tʰu^{21} ʥi^{33},
牛 血 四 把 抓 地 方 四 处 洒 雨 滴 四 场 下

mu^{33} vo^{55} mu^{34} dɯ^{33} tʰa^{21} pɔ^{33} la^{33} di^{21} ʥi^{21}.
天 穹 地 块 开 裂 来 地 成

天地尚未开辟好，四个铜铁石，还搁在下界人间。又派吉史去，吉史叫吉圣，选派出骏马，到下界人间。去挖铜铁石，希望挖出来，挖也挖不出。后再请吉史，请黄红山羊。到下界人间，去挖铜铁石，希望挖出来，挖也挖不出。三请吉史去，请对红黄绵羊去。到下界人间，去挖铜铁石，希望挖出来，挖也挖不出。四请吉史去，请黄红猪去。在下界人间，去拱铜铁石，希望拱出来，还是拱不出。五请吉史去，请了黄红鸡。到下界人间，在吐尔山上，拍出四个铜铁石，一个捡给茹惹古达，打东方一面，日出金灿灿，太阳这里出。一个捡给书惹尔达，打西方的一面，日落红彤彤，太阳这里落。一个捡给斯惹迪尼，打北方一面，北方亮晃晃，水从这里出。一个捡给阿俄书布，打南方一面，南方明亮亮，水从这里出。后来有一天，天地之间呢，斯惹迪尼开。修土造地呢，祖绳有四根。四方交叉拉，东方对西方，南方对北方，压地石四个，压大地四方，阻天地开裂。割下四牛头，放四个方位，阻天地开裂。顶柱有四根，在四方顶着，顶天地开裂。抓四把牛毛，撒向四方位，成四朵白云，下四场大雨，阻天地开裂。抓四把牛血，洒四个方位，下四场大雨，阻天地开裂。

2. 支格阿鲁出生

p^{h}u^{21} mo^{21} ni^{34} sɔ^{33} ʑɔ^{33}, p^{h}u^{21} mo^{21} tɕ^{h}ʅ^{33} ko^{21} tɕ^{h}ʅ^{33} du^{33} dʑi^{34},
濮 家 女 三 个 濮 女 启 各 启 家 嫁

p^{h}u^{21} mo^{21} nda^{33} ko^{21} nda^{33} du^{33} dʑi^{34}, p^{h}u^{21} mo^{21} nɛ^{33} ʑʅ^{33} a^{33} ti^{33} dʑi^{33}.
濮 女 达 各 达 家 嫁 濮 女 尼 依 只 剩 下

p^{h}u^{21} mo^{21} ni^{33} ʑʅ^{33} ȵi^{33}, ni^{21} tɕɛ^{55} dʑɛ^{55} lɛ^{33} ta^{33}。ti^{55} ho^{21} li^{33} mo^{33} di^{33},
濮 女 尼 依 呢 尼 家 加 乃 在 鹰 看 去 准 备

ti^{55} gɯ^{55} li^{33} mo^{33} di^{33}, ʑi^{55} mo^{21} tɕi^{55} du^{33} ɬi^{55}, ʑi^{55} sʅ^{55} ndɔ^{33} ndɔ^{33} ts^{h}i^{33}.
鹰 听 去 准 备 织 刀 鹰 翅 翘 织 棒 朵 朵 落

xɯ^{21} tɯ^{21} tɕi^{55} ts^{h}ʅ^{21} dʑi^{33}, ti^{33} t^{h}u^{21} bo^{33} ȵi^{55} la^{33}; ȵi^{21} ɬɔ^{21} tɕi^{55} ȵi^{21} dʑi^{33},
清 晨 鹰 一 对 白 云 山 间 来 中 午 鹰 两 对

ʂo^{55} dʐu̠^{21} bo^{33} ȵi^{55} la^{33}; dʑʅ^{21} dʑi^{33} tɕi^{55} sɔ^{33} dʑi^{21}, ȵi^{33} lʅ^{21} vi^{55} ɣa^{33} la^{33};
松 长 山 里 来 下 午 鹰 三 对 尼 尔 维 呷 来

mu^{33} ts^{h}ʅ^{55} tɕi^{55} lʅ^{33} dʑi^{21}, tɕi^{55} lʅ^{21} lʅ^{33} ma^{34} li^{33}. mu^{33} lʅ^{21} di^{21} ɣa^{34} la^{33},
傍 晚 鹰 四 对 鹰 奇 奇 怪 怪 大 地 四 面 来

ti^{55} sʅ^{33} t^{h}ɔ^{21} t^{h}ɔ^{21} ts^{h}i^{33}. ts^{h}ʅ^{21} t^{h}o^{55} o^{33} ɣa^{33} zo^{34}, o^{33} fa^{33} gu^{33} tɛ^{21} ŋga^{33};
鹰 血 颗 颗 滴 一 滴 头 上 落 头 巾 九 层 透

ts^{h}ʅ^{21} t^{h}o^{55} dʑo^{55} ɣa^{21} zo^{33}, ʂʅ^{33} tɕ^{h}i^{33} gu^{33} tɛ^{21} ŋga^{33}; ts^{h}ʅ^{21} t^{h}o^{55} mu^{33} ɣa^{33} zo^{34},
一 滴 腰 间 落 披 毡 九 层 透 一 滴 尾 部 中

nbo^{33} mʅ^{33} gu^{33} tɛ^{21} ŋga^{33}.
裙 末 九 层 透

濮女三姊妹，启各嫁启家，达各嫁达家，剩下濮莫尼依。濮莫尼依呢，在尼家加乃。准备看鹰去，准备听鹰去，织刀如鹰翅，织棒摇摇动。清晨一对鹰，来自白云处；中午两对鹰，来自松长山；下午三对鹰，来自尼尔维呷；傍晚四对鹰，是些奇怪鹰。来自地四面，鹰血颗颗滴。一滴落头上，头巾透九层；一滴落腰上，披毡透九层；一滴落尾部，裙末穿九层。

p^{h}u^{21} mo^{21} nɛ^{33} ʑʅ^{33} ȵi^{33}, ʂu^{33} la^{21} fi^{33} ŋɯ^{33} di^{34}. ma^{21} tsʅ^{33} lʅ^{33} ndi^{21} tsʅ^{33},
濮 女 尼 依 呢 不 祥 物 是 个 不 请 使 的 请

va^{55} du^{21} va^{55} ɣa^{33} tsɿ^{33}，tsɿ^{33} nɯ^{34} pi^{33} ku^{33} li^{33}. kʰɛ^{33} o^{33} sɔ^{33} tɕo^{33} tɕo^{33}，
瓦 笃 瓦 后 请 请 去 毕 喊 就 上 村 三 转 转

kʰɛ^{33} o^{33} pi^{33} a^{21} i^{55}；kʰɛ^{33} ʥo^{55} sɔ^{33} tɕo^{33} tɕo^{33}，kʰɛ^{33} ʥo^{55} pi^{33} a^{21} i^{55}；
上 村 毕 没 住 中 村 三 转 转 中 村 毕 没 住

kʰɛ^{33} mɿ^{33} sɔ^{33} tɕo^{33} tɕo^{33}，kʰɛ^{33} mɿ^{33} pi^{33} i^{55} lo^{55}. pi^{21} mo^{21} a^{34} pʰu^{33} go^{55} a^{21} ʥo^{33}，
下 村 三 转 转 下 村 毕 住 了 毕 摩 爷 爷 家 不 在

pi^{33} zɯ^{33} ka^{55} ka^{33} tɕʰɛ^{33} pɛ^{33} go^{55} ʥo^{33} lo^{34}，pi^{33} nɯ^{33} tsʰɿ^{33} lo^{21} tsʰɿ^{33} xa^{33} ta^{33}，
毕 徒 呷 呷 瘸 子 家 在 就 毕 时 狗 拦 狗 盖 住

ɣa^{34} nɯ^{33} ʑi^{33} ta^{55} ʑi^{33} to^{21} ta^{33}，vɿ^{21} lo^{55} tɕɿ^{33} kʰɯ^{33} pʰo^{21}，
后 时 烟 叶 烟 吸 拿 左 手 箱 口 开

ʑi^{21} lo^{55} tɕɿ^{33} xa^{55} ŋo^{33}，tʰɯ^{21} ʐɿ^{33} ʂɿ^{33} lɔ^{33} pi^{55}，bu^{21} tsɿ^{33} lɛ^{33} tʰɛ^{33} ndo^{34}.
右 手 箱 底 摸 经 书 卷 跌 拿 膝 盖 上 放 着

ȵi^{21} la^{33} tsʰɿ^{21} ʥi^{21} ȵi^{21} tɕʰi^{34} pʰu̠^{33}，tʰɯ^{21} ʐɿ^{33} do^{21} a^{21} ndi^{55}，ma^{33}nza^{33}do^{21}a^{21} tʰi^{33}；
先 来 一 双 两 页 翻 经 书 言 没 有 墨 里 语 没 有

ɣa^{33} la^{33} ȵi^{21} ʥi^{33} lɿ^{33} tɕʰi^{33} pu̠^{33}，tʰɯ^{21} ʐɿ^{33} do^{21} a^{21} ndi^{55}，ma^{33} nza^{33} do^{21} a^{21} tʰi^{33}；
后 来 两 双 四 页 翻 经 书 言 没 有 墨 里 语 没 有

sɔ^{33} ʥi^{21} xo^{55} tɕi^{33} pʰu̠^{33}，tʰɯ^{21} ʐɿ^{33} do^{21} a^{21} ndi^{55}，ma^{33} nza^{33} do^{21} a^{21} tʰi^{33}；
三 双 六 页 翻 书 上 言 没 有 墨 里 语 没 有

lɿ^{33} ʥi^{21} hi^{55} tɕi^{33} pʰu̠^{33} ko^{34} nɯ^{33}，ʂu^{33} la^{21} fi^{33} ŋɯ^{33} di^{34} ta^{33} tʰi^{33}；
四 双 八 页 翻 时 就 不 祥 物 体 的 是 说

ɣa^{33} la^{33} ŋɯ^{33} ʥi^{21} tsʰi^{34} tɕi^{33} pu̠^{33} ko^{34} nɯ^{33}，ŋgu^{33} la^{21} ŋga^{55} mu^{33} di^{34} ta^{33} tʰi^{33}.
后 来 五 双 十 页 翻 时 就 生 育 好 事 是 的 说

xɯ^{21} tɯ^{21} ȵi^{55} tʰu^{33} ʐu̠^{33} mo^{33} di^{34}，bu^{21} ʥi^{33} a^{34} lu^{33} ʐu̠^{33} mo^{33} di^{34}.
清 晨 云 白 生 说 是 中 午 阿 鲁 生 说 是

pi^{34} ŋgɛ^{33} pi^{34} ʂɿ^{33} nɯ^{21} ɕi^{21} ma^{33} di^{34} hi^{34}，pi^{33}zɯ^{33} ka^{55}ka^{33}tsʰɿ^{33}tɕɿ^{55} tʰi^{55}xa^{33}lo^{34}.
毕 骗 毕 谎 你 这 个 是 说 毕 徒 呷呷 他 打 这 下了

zɿ^{21} li^{55} pi^{33} nzɿ^{34} ʐo^{33}，ʑi^{21} li^{55} pi^{33} bɔ^{33} ka^{33}. a^{21} ʥɿ^{33} tʰa^{55} tɕo^{33} tɕo^{33}，
左 手 毕 髻 抓 右 手 毕 肩 击 不 信 真 有 有

lu^{33} kʰu^{55} lu^{33} ɬɯ^{21} lu^{33} ȵi^{21} nɯ^{33}, xɯ^{21} tɯ^{21} ȵi^{55} tʰu^{33} ʑu̠^{33}, bu^{21}ʥi^{33} a^{34} lu^{33} ʑu̠^{33}.

龙 年 龙 月 龙 日 就 清 晨 云 白 起 中 午 阿 鲁 生

濮莫尼依呢，是个不祥物。找个使者去，找瓦笃瓦呷，找去喊毕摩。上村转三转，上村无毕摩；中村转三转，中村没毕摩；下村转三转，下村有毕摩。毕摩爷爷不在家，瘸子毕徒呷呷就在家。毕时拦住狗别进去，拿烟给客人，左手开箱口，右手摸箱底，拿出了经书卷帙，放在膝盖上。先翻一本两页，书上没有言，墨里没有语；后翻两本四页，书上没有言，墨里没有语；翻三本六页，书上没有言，墨里没有语；翻四本八页，说是不祥物；翻五本十页，说是有生育。清晨生白云，中午生阿鲁。你这个说谎的毕摩，甩了毕徒呷呷一掌。左手抓毕摩天菩萨，右手击毕摩肩膀。果不其然，在龙年龙月龙日，清晨起白云，中午生阿鲁。

mo^{55} ȵi^{33} mo^{21} mi^{55} i^{55} ma^{21} na^{33}, sɿ^{55} ȵi^{55} mo^{21} ȵi^{21} ndo^{33} ma^{34} na^{33}.

抱 是 母 手 睡 不 肯 渴 是 母 乳 饮 不 肯

zɯ^{33} ʂu^{33} zɯ^{33} ɦi^{33} di^{34}, mo^{21} ɦi^{33} va^{55} vu̠^{33} tsi^{21}, va^{55} ɣa^{21} lu^{33} ʥu̠^{33} lo^{34}.

儿 怪 儿 魔 是 母 抛 岩 下 入 岩 下 龙 住 有

sɿ^{55} ȵi^{55} lu^{33} ȵi^{21} ndo^{33}, tsʰɿ^{55} ȵi^{21} lu^{33} ʥa^{33} ʥɯ^{33}, ŋgo^{33} ȵi^{21} lu^{33} vi^{55} ga^{55}.

渴 是 龙 奶 吃 饿 天 龙 饭 吃 冷 天 龙 衣 穿

ɣa^{33} la^{33} tsʰɿ^{55} ȵi^{55} nɯ^{33}, pʰa^{55} bo^{21} pʰa^{55} ʂɯ^{55} li^{33} mo^{33} di^{34},

后 来 一 天 呢 父 有 父 找 去 说 是

mo^{21} bo^{21} mo^{21} ʂɯ^{33} li^{33} mo^{33} di^{34}, ʂɯ^{21} no^{33} tsʰɿ^{21} a^{34} mo^{33} tso^{33}.

母 有 母 找 去 说 是 找 到 他 母 亲 遇

nɯ^{34} li^{33} i^{21} zɯ^{33} ŋɯ^{33} vo^{34} nɯ^{33}, ʐɿ^{33} dɔ^{21} tsʰɿ^{33} a^{33} nɯ^{34}, va^{55} ʥɔ^{33} tsʰɿ^{33} a^{33} nbo^{34}.

你 呢 我 儿 是 若 就 水 涨 他 不 淹 岩 垮 他 不 埋

nɯ^{34} li^{33} i^{21} zɯ^{33} ŋɯ^{33} vo^{34} nɯ^{33}, ɔ^{33} ȵɛ^{33} gu^{33} tsʰi^{34} gu^{33} li^{33} ʥi^{21}su^{33}ʂɯ^{21}si^{33} la^{33} ʑi^{21}di^{34},

你 呢 我 儿 是 若 就 头发 九 十 九 寸 成 的 找 起 来 就 是

mɛ^{21} tsɿ^{55} hi^{55} tsʰi^{33} hi^{55} li^{33} ʥi^{21} su^{33} ʂɯ^{21} si^{34} la^{33} ʑi^{21} di^{34},

胡 须 八 十 八 寸 成 的 找 起 来 就 是

a^{33} nɯ^{33} i^{21} zɯ^{33} ŋɯ^{33} vo^{34} di^{34}. a^{21} ʥɿ^{33} tʰa^{55} tɕo^{33} tɕo^{33},

那 样 我 儿 是 说 是 不 信 真 恰 恰

tʂɿ^{34} ki^{33} a^{34} lu^{33} ȵi^{33}, ʂɯ^{21} nɯ^{33} mɛ^{21} tsɿ^{55} hi^{55} tsʰi^{33} hi^{55} li^{33} ʥi^{21} su^{33} ʂɯ^{34},

支 格 阿 鲁 呀 找 呢 胡 须 八 十 八 寸 成 的 找

ɔ^{33} ȵɛ^{33} gu^{33} ts^{h}i^{34} gu^{33} li^{33} ʥi^{21} su^{33} ʂɯ^{34}. ʂɯ^{21} nɯ^{34} o^{21} du^{33} ŋgɯ^{34},
头 发 九 十 九 寸 成 的 找 找 呢 鹅 家 宿

o^{21} mo^{21} o^{21} zɯ^{33} tɕ^{h}o^{33} nɯ^{33} nzɯ^{33}, i^{33} tɕ^{h}ʅ^{21} a^{34} lu^{33} tʂa^{33} di^{34} hi^{34}.
鹅 母 鹅 子 伴 就 美 我 烧 阿 鲁 吃 是 说

o^{21} pu^{33} di^{21} ko^{33} nɯ^{33}. o^{21} mo^{21} di^{21} ko^{34} nɯ^{33}, no^{33} mu^{33} a^{33} zɯ^{33} tɕ^{h}o^{34} nɯ^{33} nzɯ^{33},
鹅 公 说 时 呢 母 鹅 说 时 呢 鹅 公 鹅 子 伴 就 美

i^{33} tɕ^{h}ʅ^{21} a^{34} lu^{33} tʂa^{33} di^{34} hi^{34}.
我 烧 阿 鲁 吃 是 说

tʂʅ^{34} ki^{33} a^{34} lu^{33} ȵi^{33},
支 格 阿 鲁 呀

du̠^{33} ndi^{55} tɕɛ^{55} mo^{21} zɯ^{33}, du̠^{33} ndi^{55} xɯ^{33} a^{21} ʥɯ^{33} su^{33} ŋɯ^{33} ʑi^{33} di^{34}.
翅 长 鹰 母 子 翅 有 肉 不 吃 的 是 还 是

ɣa^{33} la^{33} ts^{h}ʅ^{34} ȵi^{34} nɯ^{33}, xɯ^{21} tɯ^{21} tɕi^{21} xo^{33} xo^{33} mu^{33} tɯ^{34},
后 来 一 天 呢 清 晨 亮 蒙 蒙 天 起

tʂʅ^{34} kɯ^{21} a^{34} lu^{33} ȵi^{33}. o^{21} mo^{21} o^{21} zɯ^{33} sɔ^{33} mo^{34} ȵi^{33},
支 格 阿 鲁 呀 鹅 母 鹅 子 三 个 呢

mu^{33} ma^{21} t^{h}i^{33} mu^{33} tɯ^{34}, du̠^{33} ka^{33} tʂɯ^{21} ndo^{33} lo^{34}.
天 未 亮 就 起 翅 拍 伸 打 着

tʂʅ^{34} kɯ^{21} a^{34} lu^{33} ȵi^{33}, xɯ^{21} tɯ^{21} tʂɯ^{21} xo^{33} xo^{33} mu^{33} tɯ^{34},
支 格 阿 鲁 呀 清 晨 亮 蒙 蒙 就 起

bo^{33} ʥɯ^{33} ts^{h}o^{33} da^{33} ni^{21} ɕi^{21} ma^{33} di^{34} hi^{34}. a^{21} mu^{33} ʥʅ^{33} ho^{55} nɯ^{33},
男 子 人 棒 你 这 个 是 说 昨 天 晚 上 呢

mo^{21} tɕ^{h}ʅ^{33} zɯ^{33} sʅ^{55} ni^{33} a^{33} lo^{33} vo^{33} ʑi^{21} di^{34}. i^{33} li^{33} du̠^{33} ndi^{55} tɕi^{55} mo^{21} zɯ^{33},
母 烧 子 熏 嗅 差 点 泪 就 是 我 是 翅 长 鹰 母 子

du̠^{33} ndi^{55} xɯ^{33} a^{21} ʥɯ^{33} su^{33} ŋɯ^{33} ʑi^{33} di^{34}, nɯ^{33} li^{33}xa^{33}ʂʅ^{55}ʂɯ^{21}ma^{33}ŋɯ^{33}di^{34}hi^{34}.
翅 有 肉 不 吃 的 是 就 是 你 呢 什 么 找 的 是 呢 说

ɔ^{33} ȵɛ^{33} gu^{33} ts^{h}i^{34} gu^{33} li^{33} ʥi^{21} su^{33} ʂɯ^{21} mo^{33} di^{34},
头 发 九 十 九 寸 成 的 找 去 是

mɛ^{21} tsɿ^{55} hi^{55} tsʰi^{33} hi^{55} li^{33} ʥi^{21} su^{33} ʂɯ^{21} mo^{33} di^{34}.

胡 须 八 十 八 寸 成 的 找 去 是

o^{21} mo^{21} tsʰɿ^{21} lɔ^{33} ka^{33}, o^{21} ʥɿ^{55} o^{21} mo^{21} ka^{33}; o^{21} zɯ^{33} ȵi^{21} lɔ^{33} ka^{33},

鹅 母 一 下 拍 鹅 身 鹅 整 抖 鹅 子 两 下 拍

o^{21} mu^{33} o^{21} ŋgo^{21} ka^{33}; o^{21} pu^{33} tsʰɿ^{21} lɔ^{33} ka^{33}, mu^{21} ʥi^{21} du^{34}mu^{33} zɯ^{34} tɕi^{33} ka^{34} du̠^{33} la^{33}.

鹅 身 鹅 胸 抖 鹅 公 一 下 拍 马 驹 刀 马 小 把 抖 出 来

mu^{21} ʥi^{21} du^{33} mu^{33} zɯ^{33}, bo^{33} to^{34} bo^{33} ʥo^{34} gi^{55}, lo^{33} to^{33} lo^{33} ʥo^{34} gi^{55}.

马 驹 刀 马 小 山 指 山 就 垮 沟 指 沟 填 平

si^{21} la^{33} ta^{55} la^{33} ŋa^{33} pʰɛ^{55} tɕo^{55}, tʰɯ^{33} bo^{33} ʂɿ^{34} bo^{33} to^{21} ʥo^{33} gi^{55}.

拿 来 达 拉 对 面 指 松 山 七 座 指 就 垮

tʰɯ^{33} bo^{33} ʂɿ^{34} bo^{33} vo^{55}, lɔ^{33} tɕɔ^{33} ʂɿ^{33} ma^{33} i^{55}, ɔ^{21} tɕɔ^{33} ʂɿ^{34} ma^{33}tɯ^{21} nʥo^{55} gi^{55}.

松 山 七 堆 下 石 板 七 块 有 石 块 七 个 击 就 碎

lɔ^{33} tɕɔ^{33} ʂɿ^{33} ma^{33} vo^{55} , sɿ^{33} a^{21} mɿ^{33} si^{33} a^{21} mɿ^{33} zɯ^{33}.

石 块 七 个 下 树 阿 木 神 阿 木 子

ɔ^{33} ȵɛ^{33} gu^{33} tsʰi^{34} gu^{33} li^{33} ʥi^{21} su^{33} tʰi^{55} ko^{33} i^{55} ʑi^{21} di^{34},

头 发 九 十 九 寸 成 的 这 里 有 就 是

tsʰɿ^{21} mu^{33} tsʰɿ^{33} ʂɯ^{21} si^{34}. tsʰɿ^{21} a^{34} mo^{33} po^{21} ko^{34} nɯ^{33},

这 样 它 找 到 他 母 亲 看 时 呢

a^{34} mo^{33} di^{21} ko^{33} a^{34} ʑi^{33} nɯ^{21} vi^{33} kʰa^{55} ko^{33} ta^{33} si^{21} la^{33} su^{33} ŋɯ^{33} ʑi^{21} di^{34}.

母 亲 问 时 孩 子 你 的 哪 里 从 拿 来 的 是 就 是

nɯ^{21} vi^{33} mu^{21} nʥi^{21} du^{34} mu^{33} zɯ^{33}, bo^{33} to^{34} bo^{33} ʥɔ^{55} gi^{55}, lo^{33}to^{34}lo^{33}ʥo^{55}gi^{55}.

你 的 马 驹 刀 马 小 山 指 山 就 垮 沟 指 沟 填 平

a^{34} ʑi^{33} nɯ^{21} vi^{33} si^{21} lɑ^{33} ka^{33} pʰɔ^{33} mu^{21} nʥi^{55} ŋo^{34} zɯ^{33} tsʰɔ^{21} lɔ^{33} to^{21} di^{34} hi^{34},

孩 子 你 的 拿 来 堂 右 马 骏 果 子 稍 微 指 是 说

mu^{33} nʥɛ^{55} ŋo^{34} zɯ^{33} tsʰɿ^{33} to^{21} sɿ^{33}ko^{34} xa^{33}. si^{21} la^{33} a^{34} mo^{33} ko^{33} tsʰɔ^{21} lɔ^{33} to^{21} di^{34} hi^{34},

马 骏 果 子 他 指 死 去 了 用 来 母 亲 这 稍 微 指 是 说

ŋa^{21} a^{34} mo^{33} i^{33} to^{21} sɿ^{33} tɕɛ^{33} tɕɛ^{33} di^{34} ta^{33} hi^{21}, hɛ^{33} nzɛ^{33} nzɛ^{33} mu^{33} to^{34} di^{33} hi^{34}.

我 母 亲 我 指 死 怕 怕 这 里 说 斜 点 点 地 指 是 说

tsʰɿ^{21} a^{34} mo^{33} tsʰɿ^{33} to^{21} na^{33} ko^{34} ta^{33},

他 母 亲 他 指 病 这 里

tsʰɿ^{33} ba^{33} si^{34} ta^{33} nɔ^{33} mu^{33} bu^{55} tsʰɿ^{33} ɬɔ^{33} tsʰɿ^{33} ndo^{33} gi^{33} mo^{34} di^{33} hi^{34}.

他 背 起 到 彝 区 草 药 石 药 吃 去 要 是 说

tʰa^{21} gɛ^{21} a^{21} mo^{21} ka^{34} dʑɯ^{33} xa^{33}, tʰa^{21} gɛ^{21} a^{21} mo^{21} tsʰɿ^{33} tɕʰi^{55} ko^{33} ta^{33} ɕɛ^{33}.

塔 格 阿 魔 掉 吃 了 塔 格 阿 魔 他 捆 来 起 打

nɯ^{33} a^{33} ʂɿ^{55} mu^{33} ta^{33} i^{21} a^{34} mo^{33} dʑɯ^{33} di^{34} hi^{34}?

你 为 什 么 而 我 母 亲 吃 是 说

i^{33} ȵi^{33} i^{33} a^{34} ndi^{33} vo^{33} di^{34} hi^{34}. i^{33} li^{33} sɔ^{33} kʰu^{55} tsʰɿ^{21} ga^{55} dʑo^{33},

我 也 我 不 怪 了 是 说 我 呢 三 年 一 处 在

sɔ^{33} ɬɯ^{21} tsʰɿ^{21} ga^{55} dʑo^{33}, sɔ^{33} ȵi^{21} tsʰɿ^{21} ga^{55} dʑo^{33}.

三 月 一 处 在 三 日 一 处 在

no^{21} mo^{33} dʐɿ^{33} kʰu^{55} si^{33} ɬɯ^{21} ta^{33} ta^{33} a^{21} la^{33} vo^{33} di^{34} hi^{34}.

你 轻 易 年 算 月 测 测 不 来 呢 是 说

mu^{33} ȵi^{21} mu^{33} ho^{55} tsʰɿ^{21} ȵo^{33} ȵo^{33}, kʰɯ^{21} mu^{33} tsʰɿ^{33} si^{33} mi^{33} di^{34} hi^{34}?

天 白 天 黑 那 多 多 如 何 它 算 呢 是 说

no^{21} i^{33} ti^{34} ʑɿ^{33} lo^{33} ʂɿ^{33} ma^{33} vo^{55}, hɛ^{33} kʰu^{55} hɛ^{33} ma^{33} ʑɿ^{33} ndo^{33} la^{33},

你 屋 近 水 池 黄 个 里 鼠 年 鼠 个 水 喝 来

hɛ^{33} kʰu^{55} hɛ^{33} ɬɯ^{21} hɛ^{33} ȵi^{21} di^{34} ta^{33} ki^{33}. ȵu^{55} ma^{33} ʑɿ^{33} ndo^{33} la^{33},

鼠 年 鼠 月 鼠 日 从 这 算 猴 个 水 喝 来

ȵu^{55} kʰu^{21} ȵu^{55} ɬɯ^{55} ȵu^{55} ȵi^{55} di^{33} ta^{33} kɛ^{33}. tsʰɿ^{33} ma^{33} ʑɿ^{33} ndo^{33} la^{33},

猴 年 猴 月 猴 日 从 这 记 狗 个 水 喝 来

tsʰɿ^{33} kʰu^{55} tsʰɿ^{33} ɬɯ^{21} tsʰɿ^{33} ȵi^{21} di^{34} ta^{33} kɛ^{33}.

狗 年 狗 月 狗 日 从 这 记

ʑo^{33} ma^{21} ʑɿ^{33} ndo^{33} la^{33}, ʑo^{33} kʰu^{55} ʑo^{33} ɬɯ^{21} ʑo^{33} ȵi^{21} di^{34} ta^{33} kɛ^{33}.

羊 个 水 喝 来 羊 年 羊 月 羊 日 从 这 记

vi^{55} ma^{33} ʑɿ^{33} ndo^{33} la^{33}, vi^{55} kʰu^{21} vi^{55} ɬɯ^{34} vi^{55} ȵi^{34} di^{34} ta^{33} kɛ^{33}.

猪 个 水 喝 来 猪 年 猪 月 猪 日 从 这 记

kʰu^{55} si^{33} ɬɯ^{21} ta^{33} tsʰɿ^{21} ʑɿ^{33} dɯ^{33}.
年　算　月　测　此　缘　故

睡也不肯母抱着，渴也不肯喝母乳。是个怪物儿，母抛入岩下，岩下住有龙。口渴喝龙乳，饿了吃龙饭，冷天穿龙衣。后来有一天，有父去找父，有母去找母，找到了母亲。若是我儿子，涨水不会被淹，垮岩不会被埋。若是我儿子，去找九十九寸长的头发来，去找八十八寸长的胡须来，那就是我儿。说的也很怪，支格阿鲁呀，去找八十八寸长胡须，去找九十九寸长头发。夜宿鹅一家，鹅母鹅子伴着才是美，把我杀来待阿鲁，公鹅发话说。母鹅却说道，公鹅伴子才是美，把我杀来待阿鲁。支格阿鲁呀，长翅鹰母子，不吃有翅肉。到了第二天，天蒙蒙亮就起，支格阿鲁呀。鹅家父母子，天没亮起来，拍打着翅膀。支格阿鲁呀，天蒙蒙就起，你是个真正的好人。昨天晚上呢，差点母死子掉泪。我是长翅鹰母的儿子，不吃有翅肉，你是找啥去的呢。要去找九十九寸长头发，去找八十八寸长胡须。母鹅拍一下，整个身抖动；鹅子拍两下，整个身抖动；公鹅拍一下，抖出一把小马刀。这把小马刀，指山山就垮，指沟沟被填。指向了对面，七座松山被指垮。七堆松山下，有七块石板，七个石块被击碎。七个石块下，住有一女神。有九十九寸长头发，找到了头发。让母亲看看，母亲问孩子你从哪里找到的。你的小马刀，指山山就垮，指沟沟被填。用来指指堂里的骏马，骏马被指死了。用来指一指母亲，说是指母怕母死，轻轻试试看。他母亲被他指病了，背到彝区找药吃药去。母被塔格阿魔吃掉，抓来塔格阿魔打。审问为何吃母亲？这也不怪我。我是三年在一处，三月在一处，三日在一处。怪你不算年月就来了。岁月日子那么多，怎样计算呢？你房附近水池里，有老鼠来喝水，记为鼠年鼠月鼠日。有猴子来喝水，记为猴年猴月猴日。有狗来喝水，记为狗年狗月狗日。有羊来喝水，记为羊年羊月羊日。有猪来喝水，记为猪年猪月猪日。算日子就是此缘故。

3. 古候曲涅的起源

hɛ^{33}tɛ^{33} a^{21}bu^{21} a^{21}ɬɿ^{21} a^{21} hi^{21} vo^{34}，tɕɛ^{55}tɛ^{33} mu^{33}lɿ^{55} ʑo^{33}ta^{55} a^{21} hi^{21} vo^{34}，
外层　阿布　阿尔　不　说　了　中层　慕尔　约达　不　说　了

kʰu^{33}tɛ^{21} gu^{33}ho^{33} tɕʰo^{55}ni^{34} nɯ^{33}，tɕʰo^{55}ni^{55} mu^{33} tsʰɿ^{33} tsʰɿ^{34}.
内层　古候　曲涅　呢　曲涅　为　开　端

tsʰɿ^{21}tsʰɿ^{33} lɯ^{21}nɯ^{33} tsʰɿ^{21}，tsʰɯ^{21} lɯ^{21} ha^{33} nɯ^{33} ȵi^{21}，ha^{33} ha^{21} di^{21} nɯ^{33} sɔ^{33}，
一茨　勒就　一　茨　勒　哈　就　二　哈　哈　迪　就　三

di^{21} ɣa^{33} ʂɿ^{33} nɯ^{33} lɿ^{33}，ɕɿ^{33} o^{21} mu^{34} nɯ^{33} ŋɯ^{33}，o^{33} mu^{33} a^{33} li^{55} xo^{55}，
迪　呷　诗　就　四　诗　俄　慕　就　五　俄　慕　阿　就　六

a^{33}li^{55} du̠^{33}tɕi^{33} ʂɿ^{21}，du̠^{33}tɕi^{21} la^{21}ma^{33} hi^{55}，la^{21} ma^{33} a^{21} mu^{34} gu^{33}，
阿勒　都金　七　都金　辣马　八　辣　马　阿　姆　九

a^{21} mu^{33} dɔ^{21} ɕɛ^{21} tsʰi^{33}, dɔ^{21} ɕɛ^{21} a^{21} ȵi^{55} tsʰi^{33} tsɿ^{33} tsʰɿ^{55}.
阿 姆 朵 弦 十 朵 弦 阿 尼 十 一 代

o^{33}ȵi^{33} o^{33}ki^{34} ʂɯ^{34}, ʂɿ^{21}mu^{33} ŋɯ^{33}ȵi^{55} ho^{33}, ʂɿ^{21}mu^{33} ŋɯ^{33}ȵi^{55} nɯ^{33},
舅父 舅爷 找 天堂 上界 养 天堂 上界 呢

ho^{55}tʂʰɯ^{55} mu^{33}vo^{55} li^{33}. ɬɔ^{33}tɕɛ^{21} mu^{33} tsʰɿ^{33} ti^{55}.
云雾 上空 去 神绳 马 狗 栓

外层阿布阿尔不说了，中层慕尔约达不说了，内层古候与曲涅呢，曲涅是开端。一代为勒氏，二代茨勒哈，三代哈哈迪，四代迪呷诗，五代诗俄慕，六代俄慕阿勒，七代阿勒都金，八代都金辣马，九代辣马阿姆，十代阿姆朵弦，十一代朵弦阿尼。寻找舅父系，上界天堂养。上界天堂呢，云雾往上飘，神绳拴狗马。

调查手记

2016年我们开始做“中国语言文化典藏·普格彝语”调查项目，课题组成员全力以赴，克服困难，利用寒暑假和传统彝历年、火把节的时间，多次奔波在北京与四川调查点之间，深入到普格县螺髻山镇发音人所在乡村一带及县城境内的田边地角和西昌市城区、响水乡斯阿祖村、安哈镇等地进行实地田野调查，采访、收集、访谈语言词条文化信息、记录语音语料、拍摄文化影像、学习和利用“三位一体”摄录技术完成整个项目摄录、图书撰写等工作。我们实实在在体验了四川大凉山山高水深、沟壑纵横、风景迷人的自然环境与民族文化浓郁独特的人文环境，克服了一天从早到晚只吃一顿饭、夏日夜宿老乡家蚊虫叮咬、冬天开车夜遇风雪肆虐堵在山顶上车中过夜等境遇，见证了当地社会经济发展带来的村容村貌变化、语言文化传承交融流变、村民日子过得越来越好的情景。回想起来，令人感慨万千，印象深远，难以忘怀。这里节录些许刻骨铭心而有深刻意义的事项，以供纪念。

一、发展中的乡村公路——在山坡土路开车

本书所说的乡村公路是指在乡村羊肠小道上扩建的农村“村村通”公路，路面比较窄。从螺髻山镇中心街上到本课题发音合作人吉木日么家最近的路有两条。从镇中心出发，往西

10-1◆维修课题组租借的车

昌方向的省道行走半公里或一公里半处，两条路分别通向山坡。第一条几乎是绕着笔直的山坡蜿蜒而上的泥土路。2016年第一次去时，我们课题组一行人跟着吉木日么老人一起背着调研所需的器材及给被调查人准备的礼物，走在阳光下，汗流浃背，气喘吁吁，每走几米或十几米就得歇息一下，大约走了一个多小时才看见他家的房屋，再走几分钟平缓的路才到家。吉木老人看着我们疲累不堪而兴奋的样子，又高兴又歉意地说："其实还有一条稍缓的路可以上来，就是绕远了一点，早知道，带你们走那条路就不这样累了，那条路车子都能上来的。"他这么一说，我们都期待着走走第二条山路。

说来也巧，2017年第二次专门去调研拍摄火把节活动时，拍摄完庆祝火把节的斗牛、斗羊、赛马、摔跤等表演活动返回，吉木日么老人执意让我们住到他家，我们准备从第二条山路开上去。我们从省道上的岔路口拐弯，泥土路很窄，没开几米就下坡至沟边，过一道小石桥后，杂草丛生，看不见路。我使劲握住方向盘，凭着感觉，继续往前开。在杂草里匍匐前进，像是开坦克似的。刚开过杂草路后，是六七十度的上坡弯路，再加上有溪水湿滑，车突然熄火，所有坐车的人只能都下去推车。车开上去，连续拐弯到稍缓处停下，等候大家赶上来。大家坐

10-2◆螺髻山 课题组成员与村民会谈

定后，继续开车上坡，没走几米又遇到类似之前的陡坡，车又熄火了。大家再次下车推车，我铆足劲踩着油门往上开，直到有段平直的地方才停下。此时，天早已漆黑。等了半小时左右，他们才上气不接下气地追上来。“你开得太快太猛了！”“累死我们了，也不等等我们！”“你开车技术还不错嘛”，大家七嘴八舌说个不停。“还有多远？”我问吉木日么老人。“还有一小段，快了。”“上车，我们继续走。”大家坐上车，继续上坡。刚过平直的路后，又是七八十度的陡坡路。车再次熄火，大家又下去推。推上后，顾不得他们，我一口气直开到吉木日么老人家的房子前停下。第二天午前，我怕第二天下雨路滑车开不走，就先开车下去。当我开着车沿着前夜开上来的路慢慢下去时，才发现，路非常狭窄，有些路段，稍不留神就有可能翻下悬崖的危险，想想背脊都发凉，后怕。最让我无奈而尴尬的是，车开过铺满杂草的路段后，那段四五米长接近九十度的上坡，踩足油门，加足马力，反复上了三四次都没有把车开过去，无奈之下打电话给吉木日么老人，请他安排几位年轻人来推车。等了约一小时，吉木日么老人的大儿子木呷领着另外两个年轻人赶到了。三个年轻人左看看右瞧瞧后，木呷钻进车里，往后倒了倒，再轰油门，车奋力迎坡而上，疾驰奔过。木呷下来跟我说：“车开到这种坡路时，一定要从离坡稍远的地方加足马力匀速往上冲才能冲过来的。”脸红之余又学到一招开车技术。

2017 年 12 月，我们课题组计划再次去普格县收集词条、拍摄文化图片和视频，在与吉木日么老人电话联络中，老人家兴奋地告诉我，说那条路已铺上水泥，白白亮亮的，非常好走了。果然，当我们重走之前走过的路时，路上杂草全无，路面变宽，水泥石子混合的路面白白净净的，蜿蜒在崇山峻岭间，宛如白飘带。行人、小车、摩托车不时交错而过。乡村公路在变化，我们心情也在变化，螺髻山寨彝家父老乡亲们的精神面貌也在变化，彝语、汉语交流的声音不绝于耳，村里再无人抱怨交通不便的事了。

最让我们无奈也难以忘怀的是，调研的最后那天，车在山路上颠簸行走后有一扇车门关不上了。虽然螺髻山镇的冬天不算冷，但坐在疾驰在蜿蜒崎岖的山林中的车里吹着风，吸着飞扬的尘土，还是很难受的。山上离镇里很远，拍摄图片工作还没结束。我们走走停停，直到太阳下山，按计划和线路拍摄完后才往镇里赶，找地方修车门。在离镇中心一公里半的岔路口发现一家修车洗车的店铺。不由分说就开进去，一位女士说修车师傅回家去料理家事还没回来，只好往镇里开，可镇里的修车铺子都关门了。第二天一早天刚亮，我们又迫不及待地开车直冲修车铺，一家、两家、三家直到第七家，没有一家能修的。再问，整个螺髻山镇中心也没有修车铺了。开到岔路口那家问，说师傅还没回来，我们只好往西昌开了。

二、普格螺髻山镇点滴的彝族语言文化事项印入脑海里

一年多来，寒暑假和节假日都在做项目调查和资料整理。课题组住在螺髻山镇德育村吉木日么老人家里，吉木老人德高望重，熟悉各种民间民歌说唱活动，经常被请去做简单毕摩

10-3◆螺髻山镇火把节

活动。调研中感受到所地文化的魅力，也感受到方言文化不断丢失的现状。完整记录所地彝语语言文化迫在眉睫。

一个地方住着什么人，住什么样房子，穿什么服饰，说什么语言，吃什么食物，栽种什么作物，有什么样建筑等，就是这个地方的特色。一种语言文化的保护，应该保护特色。德育村地处螺髻山东面，传统上是大凉山小裤脚区，系所地土语区。村里除婚丧和节日外，可能出于方便经济等考虑，男子已很少有人穿小裤脚的裤子及男上衣、戴英雄髻的头帕了，只有部分老年人穿戴棉帽。上年纪的女子倒还常穿戴巾帕和传统的所地女装。擦尔瓦和披毡还有人穿。集市上能找到各种款式的不同性别和年龄结构的彝族服饰，也有所地彝族服饰以外的衣服。服饰文化还在延续。

人们住着土墙瓦板房，传统的竹板房和茅草房的房屋建筑已稀有，木板房已消失。整个普格县的彝族房屋建筑都成了砖混钢筋水泥房，造型整齐划一，清一色彝族特色装饰，成为一种新的建筑特色。

10-4◆新郎新娘与伴娘们

说唱是凉山彝族婚礼场合不可缺少的语言文化现象。课题组在德育村参加的两场婚礼都有“塔冉”（汉意“别说”）说唱活动。“塔冉”相当于其他彝族地区的“克智”（汉意“口赛”）。内容包括主客双方相互问候和讲述家族历史的强大、智慧和荣耀及一些历史知识，让旁观者在潜移默化中学会知识，了解民族历史。随着时代发展变化，在村里看到的说唱者都是上了年纪的人，年轻人主要学习英语和汉语，忽视本民族文化的学习。这种说唱文化将来能否一直延续或后继有人，是值得思考的问题。

有些农户家里的壁画，上面有支格阿鲁、候夷甸古、合特拉巴等彝族神话故事。壁画看似简单，却讲述着一个民族在天地自然间的斗争史，让村民无意中加深了对彝族历史文化的记忆。旧时，彝族的造型艺术掌握在毕摩手里，用泥巴捏出各种鬼神形象，用草扎出栩栩如生的鬼神造型，在纸上画出了天地间各种物象。村里不知还有多少人在传承，但从这些农户家的文化事项来看，说明有的人还在不断讲述着彝族自己的故事，并掌握着一定的绘画技能。

彝族民间乐器是什么，是口弦，是月琴，是竹笛？在记忆中，我家乡有个琴不离身的二弦月琴爱好者，经常到方圆几十里受邀演奏。后来走的地方多了，我发现有彝族居住的地方，就

10-5◆立在县城的浮雕一角

有人喜欢弹月琴。琴手没有受过专业训练，月琴是自制的，弹的曲调是彝族的。不知月琴是谁发明的，如今成了最常见的彝族民间乐器。德育村有人拉二胡、吹笛子、吹木叶，吹奏的内容是普通的流行歌曲，没有看见有人弹月琴。口弦是彝族最有特色的乐器之一，但在村里很少有人会吹奏了。不少村民玩起手机，短信、QQ、微信，样样会。让人不得不思考，民间艺术在当今社会发展变化中继承了什么，发展了什么。

传统上，彝族是以土豆、荞麦、玉米为主食的民族。其实，彝族居住地域广阔，不同地区的彝族人饮食习惯也不同。在凉山，居住在高山、半山区、河坝等的彝族人饮食习惯很不相同。住在高山的人，以土豆、荞麦和燕麦为主食；住在半山的人，以玉米、土豆和荞麦为主食；住在河谷地带的人，以大米和玉米为主食。德育村属半山区，水源丰富，土地平缓，适宜耕种，农作物多样。土豆、荞麦、水稻、玉米、蔓菁等都有种植。平时，村民主要以大米为主食，附加玉米、土豆等。节日期间，特意做荞粑、荞条来吃，似乎成了一种不可缺少的食品。这也许是对远古饮食的一种记忆与传承。

普格螺髻山镇的传统节日火把节和彝族年都保留得很好，家家都过节，每家过的从形式到内容上基本一致。每年政府都组织大型的火把节活动，举行斗牛、斗羊、斗鸡、摔跤和选美等赛事，前来观看的游客人山人海，场面壮观，增添浓厚的节日气氛。彝族年保留完整，只是没有像火把节那样有政府组织，群众参与，而是家庭聚会似的举办杀过年猪来庆贺。家庭成员共同参与家务，共同分享美食。一些旧俗，如看猪的胆、脾、胰是否完好无损等依旧保留。无论是火把节还是彝族年，一个重要的环节就是祭祖。祭祖的目的既是祈福家人们平安，六畜兴旺，五谷丰登，也是彝族人崇拜祖先神灵的表现。

普格螺髻山镇彝语所地土语的保留，体现在语音、词汇和语法上。语音上，所地土语没有清化鼻音，也没有阿都土语中的复元音 ui，元音 y 不能和部分舌尖音配合发音，如“水”一词读成舌面音。词汇上，所地土语保留了一些方言词，比例约占 10%。语法方面，所地土语最明显的是“ko”能表示工作行为心灵活动的对象。这种功能在圣乍土语和义诺土语中是没有的。螺髻山镇中小学开展彝汉双语教学，彝语是一门课程，用凉山彝语标准语教学。从居住人口结构上来看，螺髻山镇除用所地土语的本地人外，近年来也有从凉山其他地方搬迁来的用圣乍土语、义诺土语和阿都土语的人。村里人在外面打工比较普遍，几乎每家都有在外打工的。吉木日么老人有三个儿子，一个女儿。两个儿子常年在浙江打工，幺儿在绵阳读书，女儿已出嫁。大儿子还找了一个湖南籍的汉族媳妇，家庭交流语言时而用汉语，时而用所地土语。由于受到各种因素的影响，这里的所地土语正处于变化之中。鉴于此，要完整保留所地土语，不是一件容易的事。因为之前没有完整记录，不知道所地土语原始形态是什么。加上所地地区地域广阔，方言土语内部有差异，没有标准音的说法。当地经济活动中虽有一定使用功能，部分汉族人也会说所地土语，但政府机关的工作语言是汉语。年轻人使用所地土语的频率减少，一些机关干部子女和在外打工的年轻人已有人放弃使用所地土语，所地土语使用人口数量和使用功能有不断弱化的趋势。

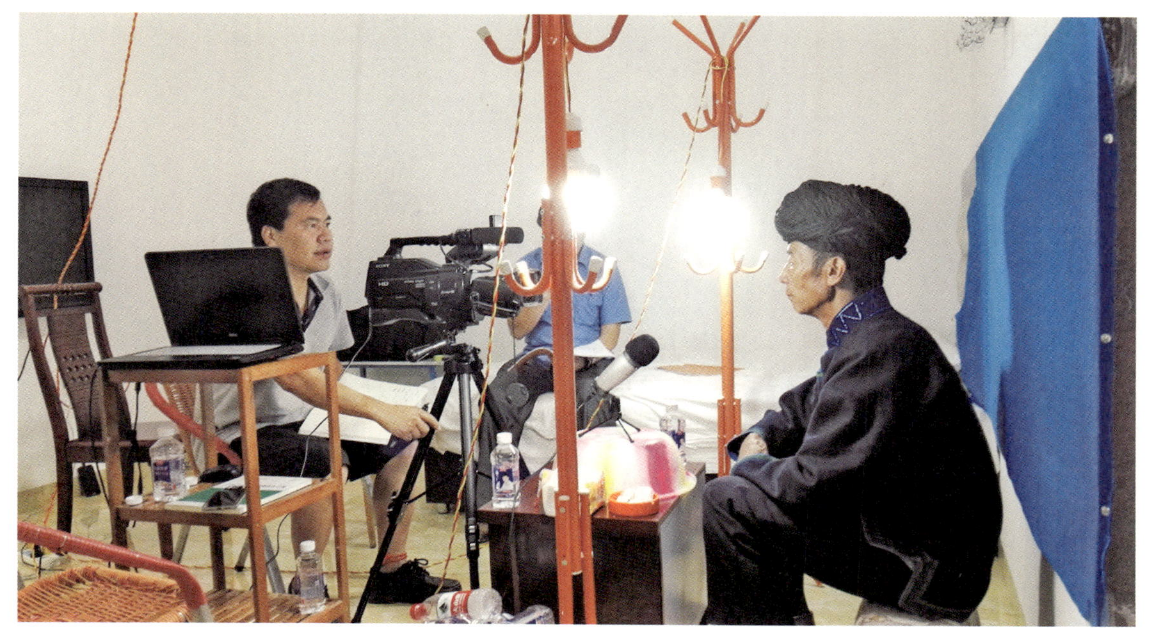

10-6◆第一次摄录

三、盛开在科技树上的索玛花

“最美丽的索玛花，是你让我一次次留下。你的甜美，你的静默，让我一生都难忘啊。最美丽的索玛花，我曾把青春都献给了她。每当月亮静静升起，那是我想你的情景。每当月亮静静升起，那是我想你的情景……”蜿蜒于熟悉的盘山公路之上，我耳边响起了陈亮的《美丽的索玛花》。

索玛花是杜鹃花的彝语名，又名映山红。索玛即迎客之花，是彝族的族花，在彝族人眼中奇特而美丽。生长在高山，象征美丽与善良、坚韧与质朴，是彝族人民的吉祥之花、幸福之花、希望之花。

自 20 世纪 80 年代个人计算机普及开始，信息传递变得越来越简便、快捷，全球进入信息革命时代。三十年后的今天，伴随着一阵春风吹入这片古老而神秘的土地上，名为“语保”的科技之树在此生根发芽。借由“语保工程”先进科学“三位一体”摄录技术，古老的彝语及其背后丰富的文化得以呈现在更多人面前。

“三位一体”摄录是一个复杂又需耐心的工作。课题组在两年多时间里拍摄两万余张

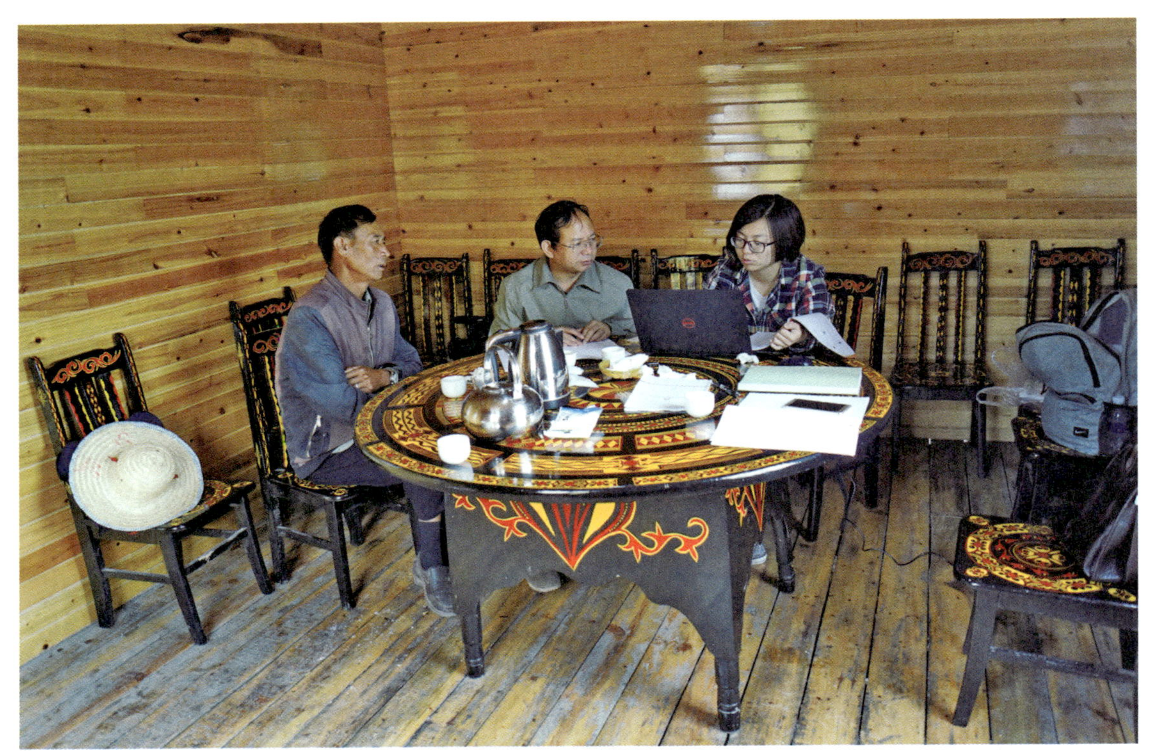

10-7◆第一次核对词条

照片，最后精选六百余幅用于本书出版。前后进行了四次音像摄录，最终才得到了比较满意的结果；后期整理时，一次小小的意外差点使我们两年来的努力功亏一篑。

记得2016年春节，课题组第一次进行音像资料预摄录。面对这一全新技术，我们既忐忑又期待，严格按照培训要求和说明手册安装调试，不敢有分毫差错。一切准备就绪，发音合作人吉木阿普（阿普为爷爷之意，是尊称）略有些紧张地盯着摄像机，深深吸了一口气，准备发出第一个音时，突然，从窗外传来了尖锐的“嘟——嘟”声。他笑了，我们也笑了。原来，摄录地点位于螺髻山镇主干道旁，是西昌通向普格县城的必经之路，来往车辆众多。尽管摄录开始前宾馆里的噪声控制达到要求，但仍不时被路过的汽车喇叭声干扰，摄录效果不好。第一次预摄录，以失败告终。

时隔小半年，我们利用暑假时间，开始第二次摄录工作。吸取之前的经验，将摄录地点选在距离螺髻山镇主干道最远的四面无窗的宾馆里最安静的房间。布置时，推开宾馆床架，在床头用图钉扎好集市上买来的作为背景布的彝家青蓝色布料，用热毛巾仔细熨平褶皱。三盏明亮的LED灯分别用灯架和衣帽架悬挂在房间顶端和发音人座位两侧，灯管外蒙上一层A4

10-8◆课题组与发音人亲朋合影

纸制成的简易的柔光灯。茶几、鞋架、杂物架，洗脸盆等杂物轮番上阵，搭建好一间看上去不错的录音棚。摄录过程很顺利，仅三天时间便录完所有词条。然而我们仍然犯了一个错误，就是没有在录好的当天及时检查，以至于回到北京回放检查时才发现有很多小小的“嘟——嘟”的刺耳杂音。第二次摄录又失败了。

抱着尽善尽美的态度和决心，2017 年春节再次来到普格螺髻山镇，准备重新摄录。在一位组员建议下，找到西昌学院的一间演播室开始为期一周的摄录工作。演播室整体隔音和灯光效果很好，美中不足的是，因年久失修隔音墙体有一处破损。尽管能屏蔽如前两次摄录中遇到的令人头疼的汽车喇叭声和轰鸣声等绝大部分噪音，但却无法隔绝远处路过的拖拉机“突——突——突”的噪音。在每一条词条摄录前，我们都会屏住呼吸，竖起耳朵听是否有拖拉机的声音，静等几秒确认没有噪音后才开始摄录。然而，遇见两种情况令人不爽。一是某个词条摄录到一半时突然听见拖拉机的噪声而被迫停止。二是白天车流量大，拖拉机的声音此起彼伏而长时间不能摄录，导致白天摄录工作进展缓慢而艰苦，深感疲惫。我们想避开拖拉机出现的白天而在晚上工作，但怕影响摄录效果，便继续在白天与拖拉机作斗争。这次摄录效果比前两次好，但在后期检查时发现部分音频文件播放时出现合音现象。第三次摄录勉强算是成功一半。

最后一次摄录是在 2018 年春天，我们邀请发音合作人吉木阿普来到北京。找到更为专业的录音棚，在相关专家细致指导和帮助下，换上“语保”中心最新开发的摄录软件进行摄录。功夫不负有心人，经过一周的摄录、检查、整理、补录、再检查，再整理，再补录……终于顺利完成所有项目的摄录工作。至此，历经曲折的“三位一体”摄录工作总算告一段落。

记录这些文字时，有时情不自禁翻看移动硬盘里存得满满当当的调研资料。里面有我们用照片记录下来的彝族房屋建筑、生活起居、宗教信仰等有关的丰富文化，也有用视频记录下来的火把节、彝族年等节日活动的精彩瞬间，还有音频、视频、文字、图片同步的寓意深刻的彝语谚语和优美动听的彝语歌谣……古老而神秘的彝语和彝族文化通过现代科技手段得以便捷而长久地记录、保存和传承，美丽的索玛花在现代科技之树上绽放、盛开，她是那样的多姿、那样的芬芳。

参考文献

曹志耘主编 2015《中国方言文化典藏调查手册》，商务印书馆。

凌锋 2017《中国语言文化典藏·苏州》，商务印书馆。

凉山彝族自治州地方志编纂委员会 2002《凉山彝族自治州志》，方志出版社。

刘正发 2007《凉山彝族家支文化传承的教育人类学研究》，中央民族大学出版社。

四川省普格县志编纂委员会 1992《普格县志》，四川大学出版社。

伍精忠 1993《凉山彝族风俗》，四川民族出版社。

中国彝族通史编委会 2012《中国彝族通史》（全四册），云南人民出版社。

朱文旭 1999《彝族火把节》，四川民族出版社。

http://www.pgx.gov.cn/index.html。

索引

1. 索引收录本书“壹”至“捌”部分的所有条目，按条目音序排列。“玖”里的内容不收入索引。

2. 每条索引后面的数字为条目所在正文的页码。

D

E

T

W

X

Y

Z

后记

“中国语言资源保护工程”的“中国语言文化典藏项目·四川普格彝语”的调查、拍摄、录音和图册编写及出版工作已接近尾声。从 2016 年 1 月参加培训、确定调研点、预调研到立项获批，到词条调查确认、图片拍照、文化视频拍摄、发音录音、图册编写，十余次往返于北京与调查点之间的点滴事项，每一次行动的每个环节和细节，依然历历在目，心智洗礼，思想升华，感受很多，收获颇丰。那里的一山一水，一草一木，人们的音容笑貌与乡村发展脱贫致富的音讯都让我们难以忘怀。在编辑出版的修改过程中，条目与图片的搭配阐释，语句的字斟句酌，篇幅的缩略与表达等都有再次深入学习与详细调研的体验，有再次身临其境的感觉。

书稿虽未能全面展示普格彝族语言文化的全貌，但它像一扇窗户，为我们走进和了解其丰富多彩的语言文化世界打开了一个口子，也为我们了解整个彝语北部方言各土语语言文化之间的异同及与各民族语言文化之间的交往交流交融现象提供了一些素材，为我们进一步调查、研究和探索整个彝族语言文化发展变化的规律提供了鲜活的实例。语言交融不可避免，丢失的不可复得，保护所地土语现在要做的，就是实事求是地完整记录当今所地土语的现状。

课题和书稿能够顺利完成，凝聚了很多人的心血和智慧，值得感恩、抒写与纪念。

感谢李锦芳老师的信任与相助，不仅推荐我们申报彝族语言文化典藏课题，还在课题进行过程中不辞辛劳地指导，不厌其烦地解答我们所遇到的每一个疑问和难题，使项目能够顺利开展并完成。在出版过程中又不吝赐教，悉心指导，反复叮嘱。专业精湛，令人敬佩。

感谢曹志耘教授、王莉宁老师、刘晓海老师和黄拾全老师的关心、指导、培训和答疑。

感谢素未谋面的四川省美姑县档案局（馆）长彝族学者、摄影家阿牛史日先生，因他无私相助，得以充实了项目中丧葬类词条中的一些图片和日常活动中被称为彝族儿童节的“阿依蒙格”的照片。

感谢彝族文化爱好者、传播者四川省西昌市古杰影视婚纱摄影工作室阿瑟老弟的无私帮忙，他提供的很多农工百艺类照片中我们选取了几张有关剪羊毛的照片，很是珍贵。

感谢四川省普格县许多不知名的彝族同胞的热情与善良，尤其是螺髻山镇淳朴的彝族父老乡亲们，在他们劳作或休闲时，我们随时随地拍摄词条图片和文化视频中从不计较个人得失，分文不取酬劳不说，还主动配合我们的询问，甚至邀约我们到家里做客招待，甚是感动。

感谢我们团队每个成员的努力与贡献，我们有过为了某个词条是否选入，某张照片是否选用等问题，时而争论不休，时而吵架生气。但是，我们始终彼此尊重，团结协作，按时完成了项目的所有工作。其中，发音人吉木日么先生的睿智、博学、坦诚与担当令我们感动不已。还有团队里因公务繁忙未能实际参与摄录工作的吉木日哈先生和毛志华先生，在联络发音人、提供照片、咨询文化民俗知识等方面付出辛劳；西昌一中俊波外国语学校在读初中生龙那布东同学对文化视频的拍摄、整理、剪辑和归档作出贡献。在此，一并表示衷心感谢。

感谢中央民族大学少数民族语言文学系 2017 级在读硕士研究生马友呷莫利用休假时间参与项目语音、语料、词条索引的整理与婚礼图片的拍摄。

感谢中央民族大学文学与新闻传播学院汤文靖老师、杨磊老师及少数民族语言文学系研究生韦懿辰、黄烁炎和本科生杨亚军、张卓、勒伍布堵莫的倾力相助，而顺利完成了后期入库前“三位一体”的摄录工作。

感谢本书执行编委中国社会科学院人类学与民族学研究所研究员黄成龙先生在本书出版过程中的悉心指导与帮助。

感谢商务印书馆副总编辑余桂林先生、编审冯爱珍女士及几位编辑提出的宝贵修改意见。

最后，感谢我们课题组团队的家人和亲人的理解和支持。

由于水平有限，书中难免有遗漏与错误之处，敬请读者批评指正。

刘正发　杰觉伊泓　钱婧萱

2021 年 1 月 20 日（星期三）于北京

图书在版编目（CIP）数据

中国语言文化典藏．普格彝语/曹志耘，王莉宁，李锦芳主编；刘正发，杰觉伊泓，钱婧萱著．—北京：商务印书馆，2022
ISBN 978-7-100-21445-2

Ⅰ．①中… Ⅱ．①曹… ②王… ③李… ④刘… ⑤杰… ⑥钱… Ⅲ．①彝语—研究—普格县 Ⅳ．① H17

中国版本图书馆 CIP 数据核字（2022）第 128332 号

中国语言文化典藏·普格彝语

曹志耘 王莉宁 李锦芳 主编
刘正发 杰觉伊泓 钱婧萱 著

商务印书馆出版
（北京王府井大街 36 号 邮政编码 100710）
商务印书馆发行
南京爱德印刷有限公司印刷
ISBN 978-7-100-21445-2

2022 年 9 月第 1 版
2022 年 9 月第 1 次印刷
开本：787×1092 1/16
印张：$21\frac{1}{4}$

定价：280.00 元